実務
必携

契約書
チェックマニュアル

弁護士法人 飛翔法律事務所 編

商事法務

●はじめに●

　弊所は、経済産業省の外郭団体的位置づけであった一般財団法人経済産業調査会から人事労務・M&A・ベンチャー法務・学校法務・ビジネス契約書式等の弊所が主として手掛ける分野に関して多数の書籍を出版していました。中でも「実践　契約書チェックマニュアル」は、ご好評を得て三版まで版を重ねて出版することができました。

　しかしながら、経済産業調査会が解散することとなり、「実践　契約書チェックマニュアル」その他弊所の書籍も絶版になるという事態が生じました。解散は、時代の推移の中で諸事情により仕方のないことですので、これまで出版いただいたことに感謝を申し上げるのみですが、折角ご好評を得ていた書籍が絶版になるのは勿体ないという思いがございました。また、絶版となった後、購入を希望する方から弊所に直接問い合わせがあり、弊所が保管していた書籍を直接提供するというような状況となり、お困りの方も多々おられるものと思い、心を痛める面もございました。

　こうした中で、株式会社商事法務とのご縁を得ることができ、「実践　契約書チェックマニュアル」の後継書籍を発刊させていただけることとなりました。弊所一同、商事法務に深く感謝し、早速後継書籍の執筆メンバーを選抜し、今回の執筆陣となりました。

　折角の機会を頂いたのですから、「実践　契約書チェックマニュアル」の良い部分は継承しつつ、後継書籍の域を脱し、大胆な改変を加えて「真に契約書チェックの友」となるような書籍にしたいと考えました。そのため、法務部等に所属することとなった方が実際の契約書チェックのイメージを共有していただけるような「初めての契約書チェック」というドラマ仕立ての記載を冒頭に据え、契約書にまつわる実務的な疑問を解き明かすコラムを30本に充実させました。肝心の契約書チェックのポイントも、各種契約書に共通する点と、個々の契約書に特有の点とに分けて記載するように致しました。こ

はじめに

れにより、対応できる契約書の種類が大幅に広がりました。また、収入印紙に関しても詳細な記載にバージョンアップしております。その一方で削ることが可能と思われる箇所は大胆に削り、大部になり過ぎないよう配慮いたしました。

　その結果、本書は、「実践　契約書チェックマニュアル」の後継本でありながら、前著を大きく上回るものであり、より読みやすく、より詳しく、より幅広い契約に対応できるものとなりました。前著をお使いいただいた皆様にも、そして新たに手に取っていただいた皆様にも、ご満足いただける内容になったと自負しております。

　是非、本書を契約書チェックの実務の場面でご活用下さい。

　　　　　　　2024年秋　弁護士法人飛翔法律事務所　執筆担当者一同

目　　次

第1章　初めての契約書チェック

1　はじめに　2

2　取引基本契約書　3

3　相手方ひな型のチェック及び第1次修正案の作成　8

4　相手方からの再度修正案　16

5　デブリーフィング　19

第2章　いまさら聞けない契約書に関するQ＆A30ポイント

いまさら聞けない契約書に関するQ＆A30ポイント　24

第3章　契約書チェックポイント

第1節　共通事項 ……………………………………………………… 42

1　表題の記載方法　42

2　前文の記載方法　44

3　目的・基本原則条項の活用　46

4　最終合意確認条項（完全合意条項）の活用　48

5　契約変更の要件　49

6　担当者条項の記載方法　50

7　クレーム処理　52

8　支　払　55

9　相　殺　57

10　遅延損害金　59

11　権利義務の譲渡制限　61

12　個人情報の保護　64

13　報告義務条項　66

iii

目　　次

14　任意解約（予告解約含む）　69

15　解除（債務不履行）　71

16　契約終了時の措置　76

17　損害賠償（賠償制限含む）　78

18　組織変更等に係る通知条項　81

19　存続条項の使い方　83

20　保証金　84

21　担保の提供　87

22　契約の有効期間　91

23　遡及条項の使い方　93

24　反社会的勢力の排除条項の記載方法　95

25　分離可能性　99

26　誠実協議の使い方　100

27　適用法令　101

28　仲裁条項　103

29　合意管轄条項について　105

30　後文の記載方法　109

31　当事者の表示　114

32　複数当事者間の契約　118

第2節　売買基本契約書　……………………………………………………………………　121

1　基本契約と個別契約との関係　121

2　個別契約の成立要件　122

3　納入条項の記載方法　125

4　仕様条項の記載方法　128

5　品質保証の範囲や内容　131

6　検査（検収）の条件と対応　133

7　特別採用条項の活用　138

8　不合格品の返還とそれまでの保管　140

9　契約不適合責任（瑕疵担保責任）の明確化　142

iv

目　　次

10　契約不適合責任（瑕疵担保責任）の期間経過後の措置　146

11　製造物責任　148

12　所有権の移転　152

13　危険負担　154

14　原材料、部品、半製品等の支給　156

15　工具、機械、金型、設計図等の貸与　160

16　商品価格の設定　164

17　価格の変更要件　166

18　知的財産権非侵害の保証　167

19　知的財産権の取扱い　171

20　類似品譲渡制限　174

21　再委託禁止条項　177

22　データ提供　180

23　在庫の確保　182

24　補修部品の確保　185

25　不可抗力　187

第3節　業務委託契約書（準委任型）…………………………………… 191

1　委託業務の内容及び範囲　191

2　委託料　194

3　報告義務　196

4　再委託の制限　200

5　中途解約　204

業務委託契約書（準委任型）サンプル　207

第4節　請負契約書（システム開発契約書）………………………… 212

1　請負契約と準委任契約との違い　212

2　請負代金の支払時期　214

3　着手時期や工程表についての合意　215

4　契約不適合責任の権利行使期間・起算点　217

v

目　　次

5　著作権の取扱い　219

システム開発委託契約書サンプル　221

第5節　代理店契約書 ·· 226

1　契約形態について　226

2　独占的代理店か否か、その他制限の有無　227

3　メーカーの直接販売権の有無　229

4　競業避止義務　231

5　最低取引額　233

代理店契約書サンプル　236

第6節　建物賃貸借契約書（事業用、普通賃貸借） ··········· 240

1　使用目的　240

2　賃料の増減額　244

3　本物件の造作等　247

4　中途解約　251

5　明渡し及び原状回復　254

建物賃貸借契約書サンプル　259

第7節　金銭消費貸借契約書 ·· 265

1　返済期限・返済方法　265

2　利息・遅延損害金の有無、利息制限法　267

3　連帯保証　269

4　期限の利益の喪失　273

5　公正証書の作成　277

金銭消費貸借契約書サンプル　278

第8節　秘密保持契約書 ··· 282

1　秘密情報の定義　282

2　秘密保持義務の内容　286

目　　次

3　複写及び複製　290

4　損害賠償等　292

5　有効期間及び義務の存続期間　295

秘密保持契約書サンプル　298

第 9 節　共同研究開発契約書 ……………………………………………… 301

1　共同研究開発の業務分担　301

2　研究開発の費用分担　304

3　公表制限　306

4　研究成果の帰属　308

5　出願費用の分担　310

共同研究開発契約書サンプル　312

第10節　ライセンス契約書 …………………………………………………… 317

1　ライセンス契約の範囲　317

2　ライセンスの対価　321

3　特許の有効性及び非侵害性についての表明保証　325

4　有効期間　328

5　不争条項　330

ライセンス契約書サンプル　333

第 4 章　印紙税の基礎知識

1　契約書における収入印紙の取扱い　340

2　問題となるいくつかのケース　343

vii

目　　次

資料編

用語集 ··· 348

印紙税額一覧表 ··· 366

執筆者紹介 ··· 372

おわりに ·· 375

事項索引 ·· 377

第 **1** 章

● ● ●

初めての契約書チェック

第1章　初めての契約書チェック

1　はじめに

　契約書のチェック業務においては、各条項が不当な内容になっていないかということや、必要となる条項がきちんと網羅されているかを適切に判断することが重要となります。しかし、実際の契約書締結に至るプロセスは、当然、契約の相手方との交渉を伴うものとなりますので、こちらの希望する修正案が必ず通るとは限らず、また逆に相手方提示の修正案をこちらが是認するか否かの判断を要求される場面も出てきます。

　本章においては、典型的かつ簡易なケーススタディを通じて、契約書チェック業務のフローを追体験していただき、実際の契約締結過程の一例をお示ししたいと思います。主として、若手法務部員の方々や若手法曹の方々などを想定しておりますが、法務分野にて一定の年次を経た読者の方々にもぜひご一読いただき、日々の契約書チェック業務の流れを再点検していただけますと幸いです。

　※　本パートに登場する登場人物・団体については「弁護士法人飛翔法律事務所」を除いて全てフィクションであり、実在の人物等とは一切関係ありません。また、下記の物語中において登場する条項の修正や交渉の方法については、あくまで典型的な事例を想定した一例としてご提示するものにすぎませんので、実際の契約書チェック実務ではより個別具体的な事情を踏まえた判断が必要となります。

○主な登場人物紹介

> **近藤　楽人（こんどう　らくと）**
> 本章の主人公。株式会社リーガル商事の新入社員　23歳　新卒　英語で契約書を意味する"Contract"に名前の語感が近いという理由から、法務部で契約書チェックを担当することになった。「契約書チェックマニュアル」を用いて、初めての契約書チェック業務に取り組む。

2

> **中山 圭哉（なかやま けいや）**
> 株式会社リーガル商事の中堅法務部員　30歳　契約書チェックには定評があり、「契約書チェックマニュアル」を座右の書としている。法務部では、「けいやくん」の愛称で親しまれている。

　それでは、工業製品の製造・販売を行う**株式会社リーガル商事**の契約書チェック業務をのぞき見ながら、簡易なモデルケースを前提に、実際の契約書チェックの流れを見てみましょう。

2　取引基本契約書

　2024年4月、株式会社リーガル商事（本店所在地は東京都内）は、機械部品の販売業者であるマシンテクノロジーズ株式会社（同じく本店所在地は東京都内）との間にて、株式会社リーガル商事の製造用機械の修理用部品等を発注するための取引基本契約書を締結することになった。取引の頻度はそこまで高くなく、また小口の取引となることが予想されたため、新入社員である近藤さんのOJTに資すると考えた法務部長から、契約書チェックの指示がなされた。なお、近藤さんのサポートとして、先輩である中山さんがつくことになった。なお、提示されたマシンテクノロジーズ株式会社からのひな型の内容は次の通りである。

売買基本契約書

　売主マシンテクノロジーズ株式会社（以下「甲」という。）と買主株式会社リーガル商事（以下「乙」という。）とは、本日、機械部品（以下「本件商品」という。）の継続的売買に関し、次のとおり基本契約（以下「本契約」という。）を締結する。

第1章　初めての契約書チェック

第1条（本契約の適用範囲）
　本契約は、甲乙間の本件商品に関する個別の商品売買契約（以下「個別契約」という。）に対し共通に適用される。ただし、個別契約の内容と本契約の内容が異なる場合は、個別契約が優先する。

第2条（個別契約の成立）
　個別契約は、乙が甲に対し、品名、数量、納期その他の事項を明記した所定の注文書を交付し、甲が乙に対し、注文請書を交付することによって成立する。

第3条（最終合意確認）
　甲及び乙は、甲乙間の継続的売買契約に関して、本契約に規定された事項が当事者間の完全な最終合意を構成するものであり、本契約締結以前の甲乙間の全ての文書、契約、覚書、合意、了解、協議事項等（口頭によるものを含む。）は、その効力を失うことを確認する。

第4条（契約書変更）
　本契約は、甲乙代表者の記名押印ある文書によってのみ変更することができる。

第5条（商品の納入）
　甲は、個別契約において定める条件に従い、本件商品を乙に納入するものとする。

第6条（商品の検査）
　1　乙は、本件商品を受領した後直ちに、納入された本件商品がその種類、品質、数量に関して契約の内容に適合するか否かの検査を行う。乙は、納入された本件商品がその種類、品質、数量に関して契約の内容に適合しない（以下「契約不適合」という。）ものと認めた場合には、本件商品受領後直ちに文書をもって甲に通知しなければならない。甲が乙より何らの通知も受領しない場合には、乙の本件検査は終了したものとみなす。
　2　前項の通知を受けた場合、甲は、速やかに本件商品を自己の費用で回収した上で調査する。本件商品に契約不適合が存在し、当該契約不適合が乙

の責に帰すべき事由によらない場合には、甲は、契約不適合のない本件商品との交換、不足品の追納並びに契約不適合のある本件商品及び超過納入分の引き取りを、甲の費用により行わなければならない。なお、本件商品に契約不適合が存しない場合、又は、乙の責に帰すべき事由により契約不適合が生じた場合には、本件商品の回収、調査、再納品の費用は、全て乙の負担とする。

3　乙は、欠陥ある商品及び追加納入分を甲が引き取るまで善良な管理者の注意をもって保管する。

4　本件商品の引渡しは、乙による本件検査終了と同時に完了し、それ以降、乙は、甲に対し、契約不適合責任を含め、本件商品に関し何らの請求をすることはできない。

第7条（特別採用）

乙は、前条の検査により不合格とされた本件商品であっても引き取ることができる。この場合、乙は、甲に対して代金の減額を請求できるものとし、減額の金額は、甲乙協議の上決定する。

第8条（所有権の移転時期）

本件商品の所有権は、乙が本件商品の代金を完済した時点で甲から乙に移転するものとする。

第9条（危険負担）

本件商品の引渡し前に生じた滅失、毀損、盗難その他の危険は、甲がこれを負担し、納入後は、乙がこれを負担する。

第10条（価格）

本件商品の価格に関しては、甲から提出する見積書に基づき、甲乙協議の上決定する。

第11条（支払）

乙は、毎月末締めで引渡しを受けた本件商品の代金を、翌月15日までに甲の指定する銀行口座に振り込んで支払うものとする。ただし、代金支払日が土曜

第1章　初めての契約書チェック

日、日曜日、祝日にあたる場合、その前営業日までに支払うものとする。なお、振込手数料は、乙の負担とする。

第12条（遅延損害金）
　乙が甲に対する債務の履行を怠ったときは、支払期日の翌日より完済の日まで年3パーセントの割合による遅延損害金を相手方に対して支払う。

第13条（権利義務の譲渡禁止）
　甲及び乙は、本契約に基づいて発生する権利及び義務の全部又は一部を、相手方の事前の書面による承諾を得ることなく、第三者に譲渡し、又は第三者のために担保に供し、その他一切の処分を行ってはならない。

第14条（秘密保持）
　1　甲及び乙は、本契約により相手方より開示を受けた相手方の経営上、技術上の情報について、相手方の事前の書面による承諾なく第三者に開示又は漏洩してはならない。ただし、次の各号に該当する情報については、この限りではない。
　　⑴　相手方から開示を受けた時点で既に公知であった情報
　　⑵　相手方からの開示後に自らの帰責事由によらず公知となった情報
　　⑶　第三者から秘密保持義務を負うことなく適法に入手した情報
　　⑷　相手方から開示を受けた情報に依拠することなく自ら開発した情報
　　⑸　法令又は官公庁の命令により開示を強制される情報
　2　本条の規定は、本契約終了後5年間は効力を失わない。

第15条（損害賠償）
　甲又は乙が、故意又は過失により本契約又は個別契約の条項に違反し、相手方に損害を与えたときは、その一切の損害を賠償するものとする。

第16条（任意解約）
　甲又は乙は、相当な予告期間をおいて相手方に書面で通知することにより本契約を解約することができる。

第17条（反社会的勢力の排除）

1 甲及び乙は、それぞれ相手方に対し、本契約締結時において、自ら（法人の場合は、代表者、役員又は実質的に経営を支配する者）が暴力団、暴力団員、暴力団関係企業、総会屋、社会運動標ぼうゴロ又は特殊知能暴力集団その他反社会的勢力に該当しないことを表明し、かつ将来にわたっても該当しないことを確約する。

2 甲又は乙の一方が前項の確約に反する事実が判明したとき、その相手方は、何らの催告もせずして、本契約を解除することができる。

3 前項の規定により、本契約を解除した場合には、解除した当事者は、これによる相手方の損害を賠償する責を負わない。

4 第2項の規定により、本契約を解除した場合であっても、解除した当事者から相手方に対する損害賠償請求を妨げない。

5 甲又は乙の一方が第1項の確約に反する事実が判明したとき、かかる甲又は乙は、相手方に対して本契約において負担する一切の債務につき当然に期限の利益を喪失するものとし、債務の全てを直ちに相手方に弁済しなければならない。

第18条（期限の利益の喪失及び契約の解除）

1 甲又は乙に、次の各号の一つにでも該当する事由があるときは、相手方に対して負担する全ての債務について当然に期限の利益を喪失し、相手方に対し直ちに一括して債務の弁済をしなければならない。

⑴ 本契約又は個別契約に違反したとき。

⑵ 破産手続開始、民事再生手続開始、会社更生手続開始の申立てもしくは、特別清算開始の申立てがあったとき。

⑶ 自ら振り出し又は引き受けた手形、小切手について、不渡処分を受けたとき。

⑷ 差押え、仮差押え、仮処分若しくは競売の申立て、又は公租公課の滞納処分を受けたとき。

⑸ 監督官庁より業務停止又は事業免許若しくは事業登録の取消し処分を受けたとき。

⑹ 資本減少、事業の廃止若しくは変更又は解散の決議をしたとき。

⑺ その他信用状況が悪化したとき。

第1章　初めての契約書チェック

2　甲又は乙は、相手方が前項各号に定める事由の一つにでも該当する場合、何らの通知、催告を要することなく、直ちに本契約並びに個別契約の全部又は一部を解除することができる。この場合、解除権を行使した当事者は、相手方に対する損害賠償請求を妨げられない。

第19条（存続条項）
　期間満了又は解除その他事由の如何を問わず本契約が終了した場合といえども、第14条及び第20条の規定はなお効力を有する。

第20条（管轄合意）
　甲及び乙は、本契約及び本契約に関連する個別契約について訴訟の必要が生じた場合には、甲の本店所在地を管轄する地方裁判所を第一審の専属的合意管轄裁判所とすることに合意する。

　本契約の締結を証するため、本書2通を作成し、甲及び乙が記名押印のうえ各自1通を保有する。

（日付、記名押印）

　近藤さんは、当該ひな型の内容を通読し、気になるポイントを整理した上で後日、先輩の中山さんと契約書の修正案についての会議を行うことになった。

3　相手方ひな型のチェック及び第1次修正案の作成

　2024年4月15日、近藤さんはひな型を一通り通読し、自分なりに修正すべきと考えたポイント等を整理したうえで、中山さんと、具体的にどのように契約書の修正案を作成すべきかについての会議を行うことにした。

　中山さん　近藤さん、相手方提示の契約書案の内容についてはしっかりと目を通してきたようだね。

8

近藤さん　はい。そのうえで、私なりに修正すべきと思われる箇所を検討してきましたので、本日はその点について協議させていただければと思います。」

中山さん　個別の修正箇所の検討に入る前に、まずはこの契約書の全体としての特徴と、契約書チェックの大まかな方針について教えて下さい。

近藤さん　はい。この契約書は売主である相手方のマシンテクノロジーズ株式会社によりこちらに提示されたものでありますので、当然、全体的に売主側にとって有利な規定が多くみられます。従いまして、買主側の当社としては、そうした売主側有利の文言について、リスクを適切に判断した上で、修正案を作成していくべきと思われます。

中山さん　わかりました。それでは、重要だと思った部分から考えをお聞かせ下さい。

(1)　「**第6条（商品の検査）**」について（☞第3章第2節「5　品質保証の範囲や内容」〔P.131〕参照）

近藤さん　まず重要な点としては、第6条の商品の検査に関する規定が挙げられます。

中山さん　具体的には、どのような文言について、当社にリスクが大きいと考えますか。

近藤さん　まず第1項にて、検査を「直ちに」完了しなければならないとされていますが、そのようにして直ちに検査を完了して契約不適合の有無を調査しなければならないのは、かなりの負担とプレッシャーがかかるものと予想され、当社にとっては酷な規定ではないでしょうか。「**甲が乙より何らの通知も受領しない場合には、乙の本件検査は終了したものとみなす。**」との文言もありますので、そのようにして検収の対応を「直ちに」求められる中で、十分な時間的余裕があれば発見できたはずの契約不適合について発見できないまま、検査が終了とみなされてしまう危険性があります。

中山さん　そうですね。この点は近藤さんのおっしゃる通りのリスクがあるように思います。具体的にはどのような文言の変更案が考えられますか。

近藤さん　当社にとって十分な期間を確保しつつ、具体的な日数によって示すことで期限を明白にするべきと考えました。次のような変更案はいかが

9

第1章　初めての契約書チェック

でしょうか。

> 1　乙は、本件商品を受領した後**7営業日以内**~~直ちに~~、本件商品がその種類、品質、数量に関して契約の内容に適合するか否かの検査を行う。乙は、納入された本件商品がその種類、品質、数量に関して契約の内容に適合しない（以下「契約不適合」という。）ものと認めた場合には、本件商品受領後直ちに文書をもって甲に通知しなければならない。甲が**上記期間内に**乙より何らの通知も受領しない場合には、乙の本件検査は終了したものとみなす。

（※太字下線部が修正後文言であり、取り消し線は元の案文の削除を提案した箇所。以下同様とする。）

　中山さん　7営業日ほどあれば、確かにうちの会社でも十分に納入された商品の検査を行うことができるだろうね。ちなみに、「7日」とせずに「7営業日」とした理由を教えてもらってもよいかな。

　近藤さん　はい。単に7日とした場合には、土日祝を含めて純粋に7日以内となりますが、当社では土日祝日は一律に休業日としておりますので、土日祝をまたぐ場合でも平日のみで十分に検収のための時間が確保できるよう、「7営業日」としています。

　中山さん　よい考え方だと思います。そのほかに、第6条の問題点はありませんか。

　近藤さん　第4項の存在です。第4項によると、検査終了以降、契約不適合責任の追及は一切できないこととされていますので、この点は買主である当社に不利だと思います。

　中山さん　そうですね。本来的には、商法第526条第2項により、検査によって直ちに発見することができない契約不適合を発見した場合は、商品を受領したあと6か月以内に通知すれば責任追及を行うことができるにもかかわらず、第4項の規定によるとそうした責任追及もできないことになりそうですので、当社にとって大きく不利な点だと思われます。この点、当社では過去に、納品後かなりの期間が経ってから部品の不具合が明らかになった事

例なども散見されていることからすると、商法上の6か月に関わらず、少なくとも1年間はそうした契約不適合責任について追及可能な文言としておくのが望ましいのではないでしょうか。

　近藤さん　はい。さらに、第5項として、念のため損害賠償請求を可能とする文言を追記しておくことも重要と考えます。具体的には以下のような変更案ではいかがでしょうか。

> 4　乙は、検査を終了した後も、検査時において容易に発見できない契約不適合で、検査終了後1年以内に発見されたものについては、第2項と同様とする。~~本件商品の引渡しは、乙による本件検査終了と同時に完了し、それ以降、乙は、甲に対し、契約不適合責任を含め、本件商品に関し何らの請求をすることはできない。~~
>
> 5　乙は、甲から契約不適合のある商品を提供されたことにより損害を被った場合は、甲に対してその賠償を請求することができる。なお、この場合の損害には、履行利益を含むものとする。

⑵　**第5条（商品の納入）について**（☞第3章第2節「2　個別契約の成立要件」〔P.122〕参照）

　近藤さん　うちの会社では、製造用の機械について、急な故障が発生し、緊急で部品の発注を行うこともありますよね。そのようなときに万が一、納期遅れが生じた際、当社の側から相手方に対してリスケジュールや、場合によっては一部のものを優先的に納入するよう、こちらがイニシアチブをとって対応の指示を細かく行うことができる条項を付した方がよいのではないかと思われます。

　中山さん　そうですね。それに加えて、納期前にあらかじめ納入遅延が見込まれる場合には、これに対する適切な対応を事前に講じることができるようにするために、その旨の通知を事前に行わなければならないというような文言にしておくべきではないかと思われます。また、納入遅れによる損害を賠償しなければならない旨の確認的な文言も、相手に対する注意喚起のためにも一応置いておくべきでしょう。

　近藤さん　さらに、納入場所については、本社である場合や別の支店の工

第1章　初めての契約書チェック

場に納入してほしい場合もありますので、こちらが具体的に指示できるようにする文言も追記しておくのがよいと思います。具体的には、以下のような変更案ではいかがでしょうか。

第5条（商品の納入）
1　甲は、個別契約において定める条件に従い、**乙の指定する場所に持参・送付して納入するものとし、**本件商品を乙に納入するものとする。
2　**甲において、定められた期日に本件商品の納入ができないことが判明した場合には、直ちに乙に対し書面をもって通知し、事後の措置は乙の指示に従う。この場合甲は、乙が被った損害を賠償しなければならない。**

(3)　**第11条（支払条項）について**（☞第3章第1節「8　支払」〔P.55〕参照）

中山さん　支払に関する条項についても重要かと思いますが、この点の記載はいかがですか。

近藤さん　第11条を見ますと、振込手数料が当社（乙）の負担とされている点は、当社の金銭負担が増加するという点で当社に不利となりますので、この点は相手方（甲）の負担とする方がよいのではないでしょうか。また代金支払日が土日祝にあたる場合、その前営業日までに支払うものとされている点については、本来的な支払日よりも前倒しで支払うことを求められることになりますので、この点もできれば「後営業日」までの後払いとしたいところではないでしょうか。

中山さん　確かに、振込手数料の負担と支払日が金融機関休業日の場合の支払期日の問題については、近藤さんのおっしゃる通りの改訂が可能であれば望ましいですね。しかしながら、まず振込手数料の問題については、当社の利用している金融機関では、せいぜい数百円程度の問題ですので、取引の頻度・金額との比較から言っても、重要度の高い問題であるとは言えないと思いますし、基本的には送金する側の負担が一般的でしょう。「前営業日」の問題についても、数日程度変動するぐらいであれば、当社の資金繰りの観点からも特に問題ない話といえます。今回は先ほどの検収の規定なども含めて、他により優先度の高い論点があることもありますし、またそこまで細か

い論点まで含めて修正に応じてもらえるほどに、当社の立場が優位にあるというわけでもありませんので、本件ではこの点について、変更を求めるのはやめておきましょう。ただし、相手方からの請求書がないと、支払の事務処理にも影響を与えそうですので、相手方が請求書を一定の期限内にこちらに交付すべきことを明記することは必要でしょう。また、請求書の記載金額について疑義が生じた場合には入金についての協議をしなければなりませんので、その可能性についての文言を念のため追記しておいた方がいいでしょう。具体的には以下のような文言案ではいかがでしょうか。

第11条（支払）

　乙は、毎月末締めで引渡しを受けた本件商品の代金**に関し、翌月５日までに請求書を発行し、乙は甲の請求書記載の金額を、**を～翌月15日までに甲の指定する銀行口座に振り込んで支払うものとする**（なお、乙から請求書の記載金額について異議があった場合、甲乙別途協議し、その金額を確定するものとする。）**。ただし、代金支払日が土曜日、日曜日、祝日にあたる場合、その前営業日までに支払うものとする。なお、振込手数料は、乙の負担とする。

---

(4)　**第２条（個別契約の成立）**（☞第３章第２節「２　個別契約の成立要件」〔P.122〕参照）

中山さん　個別契約の成立条件に関する規定は特に何か問題はないかな。

近藤さん　第２条によりますと、こちらが注文書を発行したのち、相手が注文請書を発行することが個別契約の成立条件になっているようですね。しかしながら、こちらが注文書を提出してから相手の請書の提出が遅れてしまうと、契約の締結が遅れてしまうといった問題もありますので、たとえば５日以内に相手が受注拒否をしない場合には、注文書通りの内容にて承諾したものとみなす旨の規定があればいいものと思います。

第２条（個別契約の成立）

　1　個別契約は、乙が甲に対し、品名、数量、納期その他の事項を明記した所定の注文書を交付し、甲が乙に対し、注文請書を交付することによって成立する。

第1章　初めての契約書チェック

> **2　前項に関わらず、注文書交付後5営業日以内に甲が受注拒否の申出をしない場合には、乙の発注内容通りに承諾したものとする。**

(5)　**第15条（損害賠償の規定）について**（☞第3章第1節「17　損害賠償（賠償制限含む）」〔P.78〕参照）

中山さん　損害賠償の条項については、改善すべき点はありませんか。

近藤さん　債務不履行責任の追及の場合、判例上、弁護士費用については賠償すべき損害の範囲に入らないというのが原則であるとお聞きしましたので、その点に関しては、万が一の場合に損害賠償の範囲内とすることを明記すべきではないでしょうか。

中山さん　そうですね。そのような観点から文言の変更を加えるとすれば、以下のようになるでしょう。

> 第15条（損害賠償）
> 　甲又は乙が、故意又は過失により本契約又は個別契約の条項に違反し、相手方に損害を与えたときは、その一切の損害**（合理的な範囲の弁護士費用を含むがこれに限られない。）**を賠償するものとする。

(6)　**第20条（管轄合意）について**（☞第3章第1節「29　合意管轄条項について」〔P.105〕参照）

中山さん　裁判管轄の規定について問題点は見当たらないかな。

近藤さん　裁判管轄は、相手方の本店所在地とされております。当社も相手方も東京都内に本店所在地を有する会社であり、お互いの住所に鑑みますと、第一審の専属的合意管轄裁判所は東京地方裁判所となりそうですので、一見しますと大きな問題は見えないようにも見えますが・・・。

中山さん　現状ではそのような結論となるとしても、相手方が本店所在地を移転し、これにより相手方の本店所在地を管轄する裁判所が変更となる場合——たとえば将来的に相手方が大阪市内の支店を本店とした場合、大阪地方裁判所に管轄があることになってしまうといった問題点があります。いざ訴訟となった際にどちらの裁判所で訴訟がなされるかは、弁護士や訴訟に関係する社員等が裁判所に出頭する際にかかる移動時間や交通費、宿泊費等に

関し、どちらの当事者がより大きな負担をするかという点につながってきます。当然、基本的には本店所在地から遠い方の当事者が負担を強いられるケースがほとんどかと思われます。少なくとも当社に関しては、当面の間は東京都内の現在の本店所在地を移転する予定はありませんので、管轄については、「東京地方裁判所」としておくのが無難ではないでしょうか。

> 第20条（管轄合意）
> 　甲及び乙は、本契約及び本契約に関連する個別契約について訴訟の必要が生じた場合には、**東京地方裁判所**を第一審の専属的合意管轄裁判所とすることに合意する。

(7)　知的財産権に関する条項について（新設）

中山さん　ここまでは、相手方のひな型に記載された文言を訂正・修正するという観点から進めてきましたが、一から新設すべき条項はありませんか。

近藤さん　はい。当社の製造ラインの機械に用いる部品の発注になりますので、中には、高度な知的財産に基づき作成される商品も今回の取引の対象になる可能性は否定できないものと思われます。その場合に、万が一本件商品が第三者の知的財産権を侵害しているなどといった事情がある場合には、当該第三者から使用の差し止めなどを含めて当社に対しても何らかの主張がなされ、その結果として当社が何らかの不利益を被る可能性も否定はできないものと考えられます。買主側の当社の立場としては、そのような場合に当社に一切迷惑をかけないようにすること、そして万が一の場合には損害賠償の請求や契約の解除もあり得ること等も含めて明記しておくべきでしょう。具体的には、下記のような文言を契約書のいずれかの箇所に挿入することが考えられます。

> 第○条（知的財産権）
> **1　甲は、本件商品が、第三者の特許権、意匠権その他の知的財産権を侵害していないことを保証する。**
> **2　乙は、本件商品が第三者の知的財産権を侵害するという理由により、苦**

第1章　初めての契約書チェック

> 情、請求、差止めその他何らかの主張を受けたときは、直ちに甲に通知する。
> 3　甲は、乙より前項の通知を受けたときは、甲は、自己の費用と責任をもって解決するものとし、乙に一切迷惑をかけないものとする。
> 4　第2項の場合において、乙に損害が生じたとき（乙が第三者の請求に応じて損害賠償を行った場合を含む。）は、乙は、甲に対し、その損害の全て（合理的な範囲の弁護士費用その他解決のために要した費用を含む。）を請求することができるとともに、本契約及び個別契約の全部又は一部を解除することができる。

中山さん　素晴らしいと思います。なお、細かいことですが、新しい条項を追記する場合、新たに挿入する条項の番号に関しては特に決まりはありませんが、新たな条項を挿入した場合、全体の条項数がズレることで、途中の条項で引用されている条項番号についても全て変更されますので、その点も適宜修正をお願いします。特に存続条項などはよく条項番号がズレてしまっていることが多くありますので、注意して下さい。

(8)　会議の終了

中山さん　よく検討されているかと思います。今回の会議を通じて、概ね追記・修正すべき点が出そろったように思いますので、この会議に出た修正案について、修正履歴付きで反映させたものを、一度先方に提案してみましょうか。

近藤さん　わかりました。こちらの修正案を受けて、相手がどのような反応を示すかはわかりませんが、いったん相手の返事を待ち、相手からの再度の修正案等が届きましたら、また検討のための会議を設定させて下さい。

4　相手方からの再度修正案

2024年4月15日、近藤さんは中山さんとの会議の結果を踏まえ、検討した修正案を契約締結の相手方であるマシンテクノロジーズ株式会社に対して送付した。

すると、2024年4月26日、マシンテクノロジーズ株式会社は、下記のメー

ル文言と共に、再度の修正案を送付してきた。

✉ 近藤様　お世話になっております。マシンテクノロジーズ株式会社法務担当の安栗綿人（あぐりめんと）と申します。さて、貴社との間にて交渉中の「売買基本契約書」締結案につきまして、ご提示の修正案を当社でも検討させていただきました。ご修正の内容につき、概ね承知いたしましたが、貴社ご提示案の第6条第4項にて、検査終了後1年もの間、当社が一部の契約不適合責任を継続的に負うこととなる部分につきましては、本来商法上の規定としてはあくまで6か月が原則であることに鑑みましても、当社があまりにも大きなリスクを負うことになると思われることから、この部分については承諾することができません。つきましては、下記の文言の通り、商法通りの6か月の期間にてお受けさせていただくことに致します。

> 4　乙は、検査を終了した後も、検査時において容易に発見できない契約不適合で、検査終了後**6か月**1年以内に発見されたものについては、第2項と同様とする。

(1)　2回目の会議

マシンテクノロジーズ株式会社から提示された修正案を前提に、中山さんと近藤さんは再び会議を開き、対応方針を検討することとした。

中山さん　相手としても、1点を除いて概ねこちらの修正案に同意してきたことからわかる通り、契約締結には前向きな姿勢を示していると言えそうですが、当方が重要と考えている検収・契約不適合責任に関する部分のうち、責任追及が可能となる期間に関して、商法の原則を超えてこちらに有利となる部分については、承諾しかねる部分があったようですね。

近藤さん　そうですね。今回の相手方からの提示案につきましては、こちらが商法の原則を超えて、検収終了後から1年間は、検収時に容易に発見できなかった契約不適合について、通知したうえでの責任追及を可能とする修

17

正案を送付したところ、相手としてはそのような文言について大きなリスクを負うことになるとして、再修正案として、商法第526条第2項通りの6か月の期間に変更することを求めてきました。

中山さん　今後の対応としては、当社としてこの部分に関し、何らかの再々修正案を改めて提示するか、もしくはあくまで前回送付のこちらの修正案にこだわるか、あるいはそのまま相手の提示案を受け入れて締結するか、いろいろな対応があり得るところかと思いますが・・・。近藤さんの意見を聞かせて下さい。

近藤さん　今回の再修正案は、オリジナルの文言とは異なり、検収終了時に容易に発見できなかった契約不適合についての責任追及そのものは認めるなど、相手としても一定の譲歩をした後の提示にはなっておりますし、その上やはり商法上の規定よりも有利な内容をこれ以上維持することができるほどに当社の立場が優位であるとはいいがたいように思います。従いまして、このまま契約を締結するか、もしくは何らかの折衷案的な再々修正案を提示できればと思うのですが・・・。

中山さん　もちろん、相手方との交渉をどのように進めていけばよいかということについては、常に相手の反応を予想しながらのものにならざるを得ませんので、特に正解があるというわけではありませんが、検収終了後の一定期間の対応という面については当社にとっても非常に重要な問題といえますので、今回は少し頑張って考えてみて、何かお互いの落としどころをさらに探ってみてはどうでしょうか。この点は純粋に事案に即した個別具体的な判断ですので、弁護士法人飛翔法律事務所編の「契約書チェックマニュアル」にも直接的な答えが載っているような問題ではないと思いますが、実際の契約締結の場面ではこのような判断ができるようになることも必要ですので、1つの練習として頑張ってみましょう。

近藤さん　わかりました。たとえば、発注する部品の重要性に着目するのはいかがでしょうか。当社の生産ラインの機械にも、重要度の高いものと低いものがあると思いますので、今回発注するもののうち、重要なものについては1年間の検収時容易に発見できない契約不適合についての責任追及を可能とし、それ以外については商法の原則通りの6か月として甘受するという

のはいかがでしょうか。

中山さん　判断として、一定の合理性を有するものと思います。確かに仰る通り、今回の契約では、当社の生産ラインの機械のうち、比較的重要なものに用いられる部品の購入も一部想定されているものですが、それ以外のものについては比較的重要度の低い部品もあるようですね。それでは、再々修正案においては、そのような重要度の高い一部の部品を「別紙」としてリストアップした上で、そちらについてのみ期間を1年、それ以外は原則通り6か月とする内容を盛り込んでみることにしましょうか。具体的には以下のような文言が考えられるでしょう。

4　乙は、検査を終了した後も、検査時において容易に発見できない契約不適合で、検査終了後6か月以内に発見されたもの**（ただし、本件商品のうち、別紙にて列挙するものに関しては、検査終了後1年以内に発見されたもの）**については、第2項と同様とする。

⑵　交渉の結果

中山さん、近藤さんの検討の甲斐あって、再々修正案についても相手方に納得してもらったことにより、無事に契約を締結することができた。

5　デブリーフィング

契約の締結後、中山さんと近藤さんは、今回の契約締結案件についての反省会を行うことにした。

中山さん　今回の案件については、よく頑張っていただきました。近藤さんにとっては、法務部員として初めての契約書チェックとなりましたが、今後のためにも、今回学んだ教訓をまとめてみましょうか。

近藤さん　はい。今回の案件は、相手方提示の契約書をチェックする業務となりましたが、その場合は本件のように、相手方に有利な条項が綿密に規定されていることがしばしばであることが分かりました。従いまして、やはり各条項について一つずつ吟味していき、すでに記載されている条項につい

19

第1章　初めての契約書チェック

て、当社に不利益なものはないか、不利益なものがあった場合、どのように
これを修正するかを検討する必要があります。また、すでに記載されている
条項の他に、自社の利益を守るために本来あるべき条項が欠けていないか、
新設すべき条項がないか、ということについても検討する必要があると思い
ました。

　中山さん　そうですね。特に、弁護士法人飛翔法律事務所編の「契約書
チェックマニュアル」には、それぞれの契約書類型ごとに典型的な条項につ
いて、各当事者の立場からの修正案が具体的な文言と共に記載されています
ので、実際の契約書中の条項文言と、「契約書チェックマニュアル」の該当す
る条項文言とを照らし合わせつつ、「契約書チェックマニュアル」に記載の修
正案を参考に、こちらに有利な規定に修正するかどうかを検討してみるとよ
いですよ。法務部員としてある程度年次を経た私にとっても、具体的な文言
を参照する際には非常に便利です。本件でも、特に第1次修正案においては、
「契約書チェックマニュアル」の該当する条項についての修正案を用いなが
ら、近藤さんなりに追記・修正を行っていましたね。

　近藤さん　ありがとうございます。ただし、契約締結交渉はあくまで相手
方のいる話ですので、今回の事案を通じて、いついかなる場合にもこちらに
最も有利な修正案をひたすら提示していくということが全てではないという
ことも学びました。

　中山さん　そうですね。お互いの関係性や立場の優位性、各条項の相対的
な重要度・優先度など、さまざまな要因に応じて、どこまでの修正を求める
べきかについては各自の判断があり得るところです。この点については、「契
約書チェックマニュアル」を参考にしつつも、各状況に応じて判断していか
ざるを得ない部分です。本件においても、検収・契約不適合責任の部分に比
して、比較的重要度の低い論点であった振込手数料の点や支払日が金融機関
休業日の場合の支払期日の問題などは、あえてこちらに有利な変更まで求め
ないという判断をしましたが、こうした点も、相手への優位性が確保できて
いれば違った判断となった可能性も十分ありますので、やはり具体的な状況
次第といえそうですね。

　近藤さん　また、再々修正案に対してどのように対応するかという点は、

20

悩ましい判断でした。

中山さん　個別具体的な事案に即して、その事案限りの柔軟な修正対応を行うことが、契約締結を前に進めるに当たり有効となる場合はあります。このような対応が必要となる場合、「契約書チェックマニュアル」の中に直接的な答えとなる文言が記載されている可能性はどうしても低くなりますが、「契約書チェックマニュアル」には、想定される代表的な条項例について、多数の修正パターンを掲載していますので、これらを参考に多数の契約書チェックの経験を積んでいくなかで、臨機応変な対応についても少しずつチャレンジしていただければと思います。

近藤さん　今回は相手方提示のひな型を修正する事案でしたが、あらかじめ自社に有利な内容の契約書案を提示できることも重要だと思いました。

中山さん　そうですね。反復継続的に使用する契約書については、あらかじめ自社有利のひな型を作成しておくことが有益ですし、単発型の契約書であっても、こちらから契約書案を提示する場合には、しっかりと自社の利益を守る案文を提示することが重要となるでしょう。当然、その際にも「契約書チェックマニュアル」の文言を参照しつつ、個別の契約書案を作成していくといいでしょう。

（おわり）

第 **2** 章

● ● ●

いまさら聞けない
契約書に関する Q & A
30 ポイント

第 2 章　いまさら聞けない契約書に関する Q & A 30ポイント

Q1 契約は口頭でも成立するのに、契約書を作成する意味は何ですか。

A1 特殊な契約を除いて契約は当事者の合意だけで成立します。これを諾成契約といいます。そのため、合意自体は、書面ではなく口約束でも成立するため、契約は口頭でも成立するというのは、その通りです。しかし、口約束のままにしておくと、合意自体を否定される可能性があります。そんな話はしていない、そんな合意はしていないと言われた場合には、契約の存在そのものを証明する必要がありますが、口約束では「言ったか言わなかったか。」という争いになってしまいます。また、合意自体は認められる場合でも、具体的な合意内容（契約内容）は、契約条項のような形で明確になっていないため、曖昧になってしまいます。そうすると、双方の義務や権利について争いが生じてしまいます。

　そのため、契約の存在およびその内容を書面で明確化することで争いを防ぐために、契約書という書面を作成することになります。このように契約書には紛争防止機能がありますので、契約書の充実は予防法務（紛争を防止して企業のリスクを事前にマネジメントする法務）の要と言われるのです。

Q2 契約書の案は自社で作成した方が良いでしょうか、それとも相手方から貰った方が良いでしょうか。

A2 自社で作成した方が良いと思います。自社で作成することにより、自社に有利な工夫を凝らすことができますし、相手方から提供を受けた原案にある「落とし穴」を全て見抜けなかった場合に自社が不利になってしまうというリスクも回避することができます。また、いつも締結しているような類型の契約書については、自社ひな型が確立できている会社も少なくないでしょう。自社ひな型は、自社に有利な条項を入れたものと思いますし、長年使用していて自社にリスクの無いものであったと思います。こうした自社に有利でリスクマネジメントもできている自社ひな型で契約書を統一するためにも自社で作成し、相手方に案文を提示するのが良いでしょう。

Q3 市販の契約書ひな型を使う場合の注意点は何ですか。

A3 現在、紙媒体でもネット上でも多くの契約書ひな型が存在します。各社においてもひな型をベースに契約書を作成されることはあるでしょう。こうしたひな型は便利なものですが、注意点が幾つか存在します。まず、ひな型は皆様の会社や締結対象となる取引内容を前提としていません。そのため、似たようなものを選んだとしても、皆さまの会社が置かれた状況や実際の取引内容とズレが生じてしまいます。次に、市販のひな型の中には、売主有利版・買主有利版等と言った指定がないものが多いです。そのため、売主の立場で売買契約書のひな型を使用したのに、相手方となる買主有利のひな型であり、自社の利益が損なわれるという可能性もあります。さらには、そもそも市販のひな型は正しいものか否か分かりません。ひな型自体が間違っているあるいは不十分であるという可能性もあります。

　こうした問題がありますので、市販のひな型を用いる場合には、本書のようなチェックマニュアルを用いて内容の正確性の確認・自社有利にするための改変等を行っていただく必要があります。ひな型は単体で用いず、チェックマニュアルと共に用いるという習慣を付けて下さい。

Q4 「契約書のリーガルチェック」とはどのようなもので、どう進めればよいでしょうか。

A4 顧問弁護士等が契約書を確認することを「契約書のリーガルチェック」といいます。企業側から見た場合、自社で作成した原案を弁護士に確認させる手続と、相手方から送られてきた原案を確認させる手続に二分できます。

　自社で作成した場合には、Word などで作成した原案をメール添付の形式で弁護士に送ります。弁護士側は変更すべき箇所がないかを検討し、変更履歴をつけて返信します。その際、変更理由が分かり難い箇所や注意すべき箇所があれば、コメントを入れます。弁護士から上記のメールが届けば、企業側は、自社に向けたコメントを理解した上で消去し、変更履歴のついた変更箇所を確認して問題なければ「全て反映する」のボタンを押し

25

第2章　いまさら聞けない契約書に関するQ&A 30ポイント

ます。これだけで自社作成の「契約書のリーガルチェック」が終わります。

　相手方から送られてきた原案の場合も基本は同じですが、相手方の案ですので落とし穴がないか弁護士側で一層慎重に検討し、変更履歴やコメントを付して返すということになります。

　通常の契約書であれば、2営業日程度で、弁護士から企業側への返信がなされることになります。

　なお、本書第1章「初めての契約書チェック」に記載のストーリーのように、運用が確立されていれば、弁護士を用いず、自社の法務部のみでチェックを完結させることも不可能ではありません。ただし、一般的には、難易度の高い契約書または重要な契約書については、さらに弁護士のチェックを経るなどの対策が必要でしょう。

Q5 自社作成した契約書はどのような形で提示すべきでしょうか。

A5　まず、提示方法としては、Word または Excel 等のデータ形式で契約書案を送ること、PDF 形式で送ること、Fax で送ることが考えられます（この他にも手紙で送るあるいは面前で提示する等の方法がありますが、一般的ではないのでここでは取り上げません。）。折角自社で作成した案文をあまり変更されたくないので、変更するのに手間のかかる方法で提示することが考えられます。手間がかかる方法にすると、相手方が変更する可能性が低くなるからです。そのため、前時代的ではありますが Fax で送信することがお勧めです。Fax 送信されたものを相手方が変更しようとすると、元の条項と変更案を改めて打ち直すか、Fax に手書で変更案を書き込むという面倒な作業が必要となり、結果的に変更が少なくなることが期待できます。また、Fax では、やり過ぎだと思う場合には、PDF での送信が考えられます。読み込みソフトで改変を掛けられる可能性はありますが、Word 等のデータ形式よりは変更し難いものといえます。

　なお、Fax または PDF で提示したものについて、相手方からデータでの提供を求められた場合には、データ提供することになりますが、このような要請が来ないことも少なくないので、まずはデータ以外の変更しにくい形式で提示してみることをお考え下さい。

26

最後に、相手方が有名な大企業等であり、自社から契約書案を提示すること自体が失礼に当たるのではないか等の懸念がある場合には、「お手間をお掛けせぬように弊社で契約書のたたき台を作成致しました。」等の文言を付して提示すれば問題になることはないでしょう。

Q6 「契約書」と「覚書」や「合意書」の効力は違いますか、同じですか。

A6 「契約」自体は、当事者間の意思の合致があれば成立します。「契約書」は、この意思の合致を書面という形にして、意思が合致した内容を明確に定めるとともに後日の証明もできるようにするというものです。そのため、意思の合致の書面化さえできているのであれば、「契約書」というタイトルに拘る必要はありません。「覚書」「合意書」だけではなく、「確認書」「約定書」「念書」等のタイトルであっても、いずれも「契約書」と同じ効力となるのです。

Q7 契約書とタイトルの関係をどのように考えるべきですか。

A7 契約書の性質や内容は、タイトルで決まるものではありません。請負契約というタイトルであっても実質が派遣契約であれば偽装請負となります。また、収入印紙についても契約書のタイトルではなく契約書の内容によって貼付すべき印紙の金額が決定されます。そのため、契約書の性質や内容を定めるのは契約条項であって、タイトルで決まるものではないという結論になります。

　ただし、契約内容と合致しないタイトルを付けることは誤解の元となりますので、契約内容に沿ったタイトルを付して下さい。なお、基本契約の場合には、「請負に関する基本契約書」のように基本契約である旨をタイトルに明示するのが一般的です。

Q8 個人情報保護や反社会的勢力の排除等の条項が基本契約とは別に、「覚書で締結されることが多い」のはなぜでしょうか。

A8 個人情報の保護および反社会的勢力の排除は、コンプライアンスの観点から企業間取引等で必ず入れたい条項となります。しかし、個人情報と

第2章　いまさら聞けない契約書に関するＱ＆Ａ 30ポイント

は何か、反社会的勢力とは何かという定義を記載して、それに反した場合の措置を規定する必要がありますので、基本合意書そのものに入れてしまうと、当該部分だけが肥大化する可能性があります。そのため、個人情報保護や反社会的勢力排除については、基本契約とは別に「覚書で締結することが多い」というのが実務における現状です。

Q9 相手方の名前が「本名」で記載されていない場合でも契約書は有効でしょうか。

A9 たとえば、戸籍に記載された「本名」が山田太郎という方がいて、その方を相手方として契約をする場合、山田一郎と署名捺印されていたとします。この場合に、当該相手方に効力が及ぶのかというのがここでの問題です。この点、契約書の署名捺印（記名押印）は、契約の効力が及ぶ当事者を特定し、その当事者が契約を締結したことを証するためにあるわけです。そのため、当事者の記載は、契約の当事者となる者が特定されており、その人物が自身を指すものとして署名捺印したことが証明できればよいのです。

　そこで、戸籍名山田太郎という方が、有名な野球漫画の主人公の名前と同じであることを気にして、普段から山田一郎を名乗っている場合、山田一郎はその方の通称として個人特定の機能を果たすと考えます。よって、住所などが適切に表記されているならば、通称としての山田一郎という記載でも契約書としては有効でしょう。これに対し、気まぐれで、その日限りの名前を用いた場合などは、誰を指すものか特定できないため、本名の記載を求めないと契約書の効力が危うくなってしまいます。

Q10 「契約締結日」が空欄だと不都合があるでしょうか。

A10 結論としては不都合があると思います。すなわち、契約締結日の記載がないということは、当該契約がいつ締結されたか分かりません。そのため、当該契約の有効期間の始期が不明という事態に陥ります。また、契約の有効期間の記載について「契約締結後１年間有効とする。」と記載されていた場合、締結日が分からないと１年後の日付も分からず、契約の終期も

不明となります。始期および終期のいずれも不明確になりますので、「契約締結日」は必ず記載するようにして下さい。

　なお、面前で契約する場合には、当日の日付を書けばいいのですが、郵送で契約する場合には、最初に記名押印する側が勝手に日付を入れていいのか、受け取って返送する側が日付を入れるべきなのかといった問題があります。この点は、お互いが連絡しあって、どの段階で日付を入れるかを決めておくのがよいでしょう（2者間契約の場合、片側に記名押印のあるもの2通を受け取って、自社の記名押印もした段階で日付を入れ、その後に1通を返送するなど）。

　また、どうしても日付を入れるのを忘れがちな場合には、契約条項の中に「有効期間」という条項を設け、「○年○月○日から○年○月○日までの1年間有効とする。」などと記載し、始期と終期を条項の中で明確化することも考えられます。

Q11 「自動更新」になっている契約書は、いつまでも有効と思いますので、古い契約書のままでよいのでしょうか。

A11 「本契約は2年間有効とする。本契約の終了日の3か月前までに甲乙のいずれからも更新しない旨の書面による意思表示がない場合には、さらに2年間有効とし、以後も同様とする。」のような「自動更新」の条項がある場合、原理的には、2年ごとに契約が更新され、いつまでも有効となります。しかし、更新を重ねるにつれて、元の古い契約書の内容と最新の取引実態がずれてくる場合があります。そこで、「自動更新」の条項があるから一度契約書を締結すれば、そのままでいいと考えるのではなく、更新時期に契約書を改める必要がないかを確認する視点が重要です。相手方の与信に変化があるような場合等も契約内容の変更が必要となるでしょう。

Q12 「署名捺印」と「記名押印」の違いは何ですか。法人間契約はどちらが一般的ですか。

A12 「署名」は、契約当事者が自筆で氏名を記載することです。自署という言葉に端的に表れていますが、「署名」は当事者自らが行うものとなりま

29

第2章　いまさら聞けない契約書に関するＱ＆Ａ30ポイント

す。筆跡鑑定で本人が記載したことを後日確認することもできますので、本人特定が重要な文書には「署名」をもらうことになります。これに対し、「記名」は、第三者が本人に代わって記載する、あるいはゴム判やパソコンで印字するなどの対応が許されるものです。

　なお、「捺印」と「押印」は、印鑑を押すという意味で大きな差異はありません。しかし、「署名捺印」、「記名押印」というように先行する氏名の記載方法により「捺印」と「押印」が使い分けられているというのが実情です。

　さて、法人間契約では、特別に重要な契約を除いて代表者以外が作成することも多いでしょう。そのため、法人間契約の締結方法は、「記名押印」でなされるのが一般的です。ただし、代表者個人が法人債務を連帯保証するような場合には、個人の意思確認が重要になりますので、連帯保証人欄に「署名捺印」してもらうことになります。

Q13 「契印」と「割印」と「袋綴じ」の関係はどのようなものですか。

A13 「契印」とは、複数ページにわたる契約書などが繋がっているものであることを確認するために、綴じた部分の双方のページに印影が及ぶように印鑑を押すというものです。契約書の一部が差し替えられることを防ぐ効果があります。

　これに対し、「割印」とは、契約書を複数部作成した場合（甲乙間で契約する場合、契約書2通を甲乙で1通ずつ保有する場合などです。）、それが同一内容のものであることを証するためのものです。たとえば、2部作成した場合、双方の契約書の上下をずらして2部ともに印影が及ぶような形で印鑑を押すというものです。

　このように「契印」と「割印」は本来の意味合いが違うのですが、実務上、「契印」についても「割印」と呼ぶ場合が多いです。

　なお、契約書の枚数が増えてくると、全てのページに「契印」を押すことが難しく、または面倒になります。そのため、袋綴じテープなどを用いて袋綴じをして、袋綴じ部分にお互いの印鑑を押すという対応になります。

Q14 「訂正印」は安全ですか。できるだけ安全に使うにはどうすべきですか。

A14 「訂正印」は印字された契約書に各契約当事者が捺印して手書きで訂正する際に用いられるものです。たとえば、「300万円」と記載すべきところを「200万円」と誤記したなら、「~~200~~万円」とし、線の上に各契約当事者が捺印して手書きで「300」と書き加えるものです。しかし、手書きの部分にさらに加筆をして、「1300」とされる危険性があります。そのため、訂正印を使う場合には、欄外に「○行目200という3文字削除・300という3文字挿入」というように、どの場所に、何という文字を削除し何という文字を挿入したかを記載して、そこにも各契約当事者の捺印をしておくのができるだけ安全です。

　ただし、手書きでの変更である以上、字数を変えないで「300」を挿入すべきところを「3」の部分に加筆して「800」とされる危険性等を完全には排除できません。これらの危険性は、手書きであるゆえに手書きで書き換えられるために生じるものです。そのため、こうしたリスクを完全になくすためには、手間を惜しまずパソコン上のデータを打ち直して正しい記載を再度プリントアウトしてから契約を締結するべきです。「訂正印」に頼るのはできるだけ避けるのが妥当でしょう。

Q15 判子がないと言われたものの、署名や記名の後に捺印して欲しい場合はどうすればいいですか。

A15 判子に代わるものとして拇印を押させるという方法があります。拇印は法律的にはどの指で押しても構いません。ただし、一般的には左手の人差し指で押すことになっています。拇印は指紋を用いたものですので理屈上本人識別能力が高いものとなります。しかしながら、人間の指紋は判子のように深く彫り込んでいないため、印肉をたくさんつけてしまった場合や紙質が悪い場合には不鮮明な印影になることがあります。そのため、拇印が不鮮明なものとなった場合には、再度押し直させるようにして下さい。判子でも不鮮明な場合に、再度押させるのと同じことです。

　なお、拇印は指が汚れますし、強制的に押させている印象があり相手方

第2章　いまさら聞けない契約書に関するＱ＆Ａ 30ポイント

に不快感をもたらす恐れがあります。そのため、拇印ではなく、書き判という方法も考えられます。書き判は、苗字を書いて丸で囲むというものです。手書きで認印の印影と同じものを作るということになります。実務的にも稟議承認の書面、荷物の受取証等に使われており、一般的なものといえますので、判子がないと言われた場合には、拇印を押させるのが難しそうであれば、書き判で対応することをお考え下さい。

Q16 海外の会社との契約でお互いの母国語で理解できるように和文と英文の契約書を作成したのですが、どちらかを「正文」とするなどの注意点はありますか。

A16 和文と英文については適切に翻訳されていれば、概ね内容は一致すると考えますので、各当事者が母国語で理解することに資すると考えます。しかし、翻訳の精度をいかに高めても僅かなニュアンスの違いが残る可能性を排除することはできません。そのため、和文と英文の契約書の双方に僅かな食い違いが残る可能性があるのです。こうした場面に備え、どちらの契約書を優先するかをあらかじめ定めておくことが妥当です。優先する方を正文とし、他方を訳文として扱うわけです。たとえば、和文を優先する場合には「本契約は和文で作成されたものを正文とし、これにしたがって契約を解釈するものとする。英文は、単なる訳文として取り扱う。」等の記載をしておくことになります。

Q17 契約締結の際、事前にやり取りした「データの最終稿との一致確認」が重要なのはなぜですか。

A17 今日では、契約書の文言のやり取りは、契約書のデータをメール添付で送りあうという方法でなされるのが一般的です。そして、何度かメールを送りあって変更を重ね、契約内容が合意に至った段階の最終稿をプリントアウトして当事者が記名押印するという流れになります。しかし、最終稿の1つ前の案と最終稿は相当似たものとなっており、違いは2か所だけなどという場合もあります。その場合、相手方が間違って最終稿の1つ前の案をプリントアウトして記名押印して送ってきた場合、既に相手方の記

32

名押印もあるので最終稿に間違いないと誤解して記名押印して返すと、最終稿ではないものに双方が記名押印した契約書が出来上がることになります。

　相手方がわざと1つ前の案を送ってくることは少ないかもしれませんが、何度も案文のやり取りをしていた場合には間違えてプリントアウトすることはあり得ますので、たとえ相手方が先に記名押印したものが送られてきても、自社で記名押印する前に「データの最終稿との一致確認」をすることが重要なのです。少なくとも最終段階で変更したものが直っているか、数字が間違っていないか等の確認を必ず行ってから自社側の記名押印をすべきです。

Q18 契約書を「保管する場合の注意点」などはありますか。

A18 契約書が締結できた後、それを「保管する場合の注意点」としては、下記の3点が考えられます。

①　捺印された原本は鍵のかかるロッカーなどで大切に保管し、日常業務には写し（コピー）を用います。原本を紛失したり、書き込みや汚損をしたりした場合には、訴訟で証拠提出する場合に困ることもありますので、日常業務には写しを使うべきです。なお、原本を保管する際には、基本契約と個別契約や変更覚書は一連のものですので、セットで保管して下さい。

②　手書き箇所があり、それが誰の記載か分かるならば、付箋等で明らかにしておいて下さい。署名捺印・日付・Q14で取り上げた訂正印を用いての手書き修正等がある場合、その手書き部分が誰の記載によるものか分かるならば、付箋等で明記して保存すべきです。手書き箇所について誰の記載か問題になる場合がありますが、後日では分からなくなっていることが多いからです。

③　更新時期や終了時期を管理して下さい。更新するべきか、新契約とするべきかなどの判断が適切にできるように更新時期や終了時期の一定期間前になれば分かるようにしておくことが必要です。可能ならばシステム上の管理にすべきです。

第 2 章　いまさら聞けない契約書に関する Q & A 30 ポイント

Q19 「契約終了時の注意点」などはありますか。

A19 「契約終了時の注意点」としては、下記の 3 点が考えられます。

①　契約を終了する段階では、関係が悪化していることが少なくありません。そのため、終了時期が近付いた段階で、できるだけ売掛金債権等を残さないようにして下さい。契約終了後に不良債権化して回収に苦労するという事態を防ぐためです。

②　更新を拒絶する、あるいは契約を終了させるという意思表示が相手方に到達していることが必要です。そのため、配達証明付内容証明郵便で送るまたは電子メールで返信をもらうなどの対応をして下さい。

③　契約終了段階で紛争になりそうな様子であれば、終了条件を記載した終了合意書を交わしておくのが望ましいでしょう。その際、終了合意書に記載された以外の債権債務のないことを確認する旨の「清算条項」を入れるとよいでしょう。

Q20 電子契約に移行するか否か迷っています。電子契約にはどんな利点がありますか。

A20 電子契約の利点は多々ありますが、典型的なものを列記します。まず、契約書に貼付する収入印紙代が節約できることです（ただし、電子契約のシステム使用料がかかるという面はあります。）。次に、締結権者の方が出張している場合に、帰社するまで契約書に捺印できないというのは不便ですが、電子契約ならログインさえできれば出張先からでも締結が可能となります。また、電子契約であれば、契約書締結日について、契約書に最初に捺印して郵送する側が記載するのか、受け取って捺印して返送する側が捺印するのかという問題もなくなります。最後に、電子契約であればペーパレスで業務を進めることができ、紙媒体のように契約書を探すという手間を掛けなくても、検索を掛ければ直ぐに契約書が出てくるという点も利点といえます。紙媒体と異なり、保管に際して、物理的なスペースを取らないという点も利点でしょう。

Q21 「甲」「乙」等の略称は多数当事者の契約の場合、どのようにすべきでしょうか。

A21 「甲」「乙」から始まる十干（じっかん）は、甲・乙・丙・丁・戊・己・庚・辛・壬・癸となりますので、10当事者までは可能です。ただし、当事者の数が増えてくると、己というのは誰だったかなというように、略称がどの当事者を指すのか分かり難くなります。そのため、契約書作成時に間違いが生じないように、当事者の数が増えてきた場合には、「佐藤株式会社（以下「佐藤」という。）」のように、企業名の省略表記自体を当事者の略称にすることも考えられます。

Q22 契約書を変更する手続について、どのようにすべきでしょうか。

A22 権利義務を明確にする契約書を作成したのに、それが相手方によって自由に変更できたり、あるいは事実上変更されてしまうという事態は避けるべきです。そのため、契約書の変更は権限ある者の記名押印のある文書によってしか変更できないという条項を定めるのが良いでしょう。これにより、①契約書の変更がなされたか否かという点が明確になり、②変更内容も書面で具体的に特定されますし、③いつから変更されたのかという点でも争いが無くなるからです。

　契約書を書面で変更する際には、〇年〇月〇日付〇〇基本契約書を変更する覚書等で、どの点を変更するのかを具体的に記載し、その他の点は変更されない旨も記載して、契約当事者が記名押印するようにして下さい。

Q23 「直ちに」「速やかに」「遅滞なく」等の文言は相手の義務に使わない方が良いのでしょうか。

A23 「直ちに」は今直ぐにという意味で一番早く、「速やかに」は急いでという意味で2番目に早く、「遅滞なく」は遅れない程度にという意味で一番遅いというのが一般的な解釈です。しかし、「直ちに」といえば「今日中」を指すのか「明日まで」を指すのか「3日以内」を指すか、具体的な日数が分かりません。そのため、相手が遅れたか否か（履行遅滞として責任を問えるか否か）が明確に主張できませんので、相手方の義務を定めるのには適

35

第 2 章　いまさら聞けない契約書に関する Q & A 30 ポイント

していません。相手方の義務は異なる解釈の余地のない数字で特定すべきです。具体的には「2 日以内に」「3 営業日以内に」といった特定方法が妥当と考えられます。

　なお、契約書全体において「直ちに」「速やかに」「遅滞なく」といった解釈の必要性のある曖昧な文言を使ってはいけないという意味ではありません。自社の義務については、義務を履行すべき時期を曖昧にした方が有利ですので、場合によってはこうした文言を使うことが考えられます。

Q24 相手方が義務の履行に遅れた場合の遅延損害金についてはどのように定めるべきでしょうか。

A24 2020 年 4 月 1 日施行の債権法改正の前までは、民事法定利息は年 5 ％、商事法定利息は年 6 ％という市中金利よりも相当高利率の利息が定められていました。そのため、契約書に遅延損害金を定める条項を置かなくても、法定利率分の遅延損害金を請求することができました。しかし、現在では、年 3 ％（過去 60 ヶ月の短期貸出金利の平均値を踏まえた変動制になっていますが、現時点では年 3 ％ということです。）という低い利率になっています。そのため、相手方が義務を履行しない場合でも、法定利息を適用してしまうと低額の遅延損害金しか発生せず、履行を遅延したことによる痛みを感じさせることができません。そのため、遅延を放置すれば高額の遅延損害金が発生するという状況にして履行を促すためにも、年 14.6 ％または年 15 ％等の高額の遅延損害金を、契約書で定める約定利息として記載することが必要となるのです。ただし、法律で定められた上限を越えない範囲とする必要があります。

Q25 承諾を得た場合に限り許容するという契約条項の場合、承諾の形式を「事前の書面による承諾」にする方が良いでしょうか。

A25 たとえば、業務委託契約書等で受託者が第三者に再委託することについて、承諾があった場合に限り許されると定めることがあります。委託者としては受託者を見込んで委託したのですから、無断で再委託されるという事態は防ぎたいと考え、このような承諾を要求した訳ですので、承諾が

36

あったかなかったかという点で争いになるのは避けたいです。そのため、承諾がなければ許されない行為については、「事前の書面による承諾」という厳格な形式にしておくのが妥当です。口頭での承諾を得た等という言い訳を許さないために、自社の承諾がなければ許されないという行為については、「書面による事前の承諾」という要件を課して下さい。

Q26 契約書で意思表示の到達が問題になる場面はありますか。ある場合にはどのように対応すればいいですか。

A26 解除・解約・更新拒絶等は各種契約書に一般的に入っているものです。これらは、いずれも相手方に意思表示が到達することによって効力が生じます。そのため、通知したことではなく通知が到達したことを証明しないと、これらの効力が生じたことを主張できません。そこで、これらの意思表示を記載した書面を配達証明付内容証明郵便で送付するという対応により、たとえば解除の意思表示の記載された書面が○年○月○日に配達できたということを証明することができ、同日に解除がなされたとの主張をすることが可能となるのです。単なる配達証明郵便では、何らかの郵便物が届いたことしか証明できないため、内容証明郵便を用いることが必要なのです。なお、配達証明付内容証明郵便よりも簡易な方法としては、電子メールで意思表示をし、相手方から返信または開封確認の連絡を貰うという方法もあります。

Q27 契約書に「別途協議する。」という記載を入れない方が良いのはなぜですか。

A27 契約書を締結すると取引が開始されます。取引が開始された後、別途協議がまとまらない場合には、契約を解除して取引を中止したいと考えることになりますが、取引が開始されてから中止すると既に材料を用意している場合や途中まで製造してしまった場合等に無駄になってしまうなど、損失が生じることが多いです。そのため、契約書締結段階、すなわち取引開始前の段階で全ての事項を協議して合意に達しておくのが安全です。別途協議という形で棚上げするのではなく、全ての内容を協議して契約書に

第2章　いまさら聞けない契約書に関するＱ＆Ａ 30ポイント

盛り込むようにして下さい。ただし、特別採用（検品時に契約不適合と分かっても、減額する等して採用する手続）の場合等は、不適合の程度により減額幅も変わりますので、別途協議という条項を入れざるを得ません。

　そのため、別途協議という文言全てが駄目なのではなく、できるだけ使用頻度を低くするという運用を心がけて下さい。

Q28 清算条項とは何ですか。

A28　「清算条項」は当事者間に債権債務が存在しないことを確認する条項となります。たとえば紛争解決に当たって100万円の解決金を払うとした場合、100万円を払うことを定める条項をおくと共に、それを払えば他には何も請求できないことを確認するために、「甲及び乙は、本合意書に定めたもの以外に、何らの債権債務のないことを相互に確認する。」という条項をおくことがあります。この条項を清算条項と呼びます。法的手続前の紛争解決の場面でも頻繁に用いられますし、訴訟や調停といった法的手続における和解的解決でも用いられるものです。トラブル（クレーム処理等を含む）解決後に書面を交わす場合には、清算条項を入れて、再燃を防ぐことを検討して下さい。ただし、こちらがお金を請求する側である場合には、いったん清算条項を設けることで、和解締結後のさらなる請求が困難になる可能性が高いため、清算条項を設ける際には、和解の条件について、さらなる追加請求をしなくとも終局的に満足できるかを慎重に判断して下さい。

Q29 管轄裁判所を定める意味は乏しくなっていますか。

A29　かつては、裁判所に提出した書面を陳述扱いにするという形式的な対応のためだけでも、必ず裁判所に出頭することが必要でした。そのため、裁判になると何度も裁判所に出頭することが必要となるため、繰り返し遠方まで出張しなくて良いように、自社の本店所在地に近い裁判所を専属的合意管轄裁判所にすることが重要でした。

　しかしながら、裁判手続のDX化が進み、WEB会議形式での弁論準備手続が一般化した現在では、遠方の裁判所でなされる手続であっても代理人弁護士の事務所で対応することが可能になりましたので、以前よりも管轄

38

裁判所を定める必要性は減っていると思います。しかしながら、証人尋問の期日、重要な和解期日等では出頭を求められることがありますし、重大な裁判では出頭した方が良い場合もあります。そのため、現在でも管轄裁判所を自社の本店所在地の近くに定める意味はあり、その意味合いが少し下がった程度であると考えるのが妥当です。

Q30 法務部等の管理部門の担当者あるいは士業やコンサルタント等の企業をサポートする立場の人物が「契約書関係の知識を得られる機会」はありますか。

A30 本書のような書籍と実地でのOJTに加え、契約書関係のセミナー等に参加されるのがよいと思います。銀行・業界団体・商工会議所等でセミナーがなされており、契約書関係が取り上げられることも多いと思います。

なお、弊所が主催しております飛翔法務セミナー21という実践色の強いセミナーもございます。毎月開催しており2024年9月に150回目を迎えました。幅広く学んで頂けるように参加費用も安くしておりますので「契約書関係の知識を得られる機会」としては利用しやすいものといえます。関西圏の方であればリアルに参加して頂ければと思いますし、それ以外の地域の方を含めリアル参加が難しい方もリモートで参加していただけます。

弊所のホームページからお申込みが可能です。飛翔法務セミナーというページの最新のセミナーをクリックすると、お申込みはコチラというボタンがありますで、そちらから表示される申込フォームに必要事項を記載してお申込み下さい。弊所の飛翔セミナーのページは右記です。https://www.hisho-law.jp/seminar/また、下記のQRコードからもお申込みできますのでご参加下さい。

↓お申込みはこちらのQRコードから↓

第 3 章

契約書チェックポイント

第3章　契約書チェックポイント

●第1節● 共通事項

---

1 表題の記載方法

　契約書の表題はシンプルなものでも足りますが、今後の取引について積極的な効果を期待する場合や契約書の性質を明確にする場合には、以下のような工夫を行うことが考えられます。

条項例

売買契約書

◆売主側・買主側共通◆

☑**チェックポイント❶**：今後の取引全般に関する基本契約であるという性質を明示する。

☑**チェックポイント❷**：継続性を確保したい場合、継続取引であることを明示する。

【変更例1】

売買**❶基本契約書**

【変更例2】

❷継続的売買に関する基本契約書

解　説

☑チェックポイント❶：今後の取引全般に関する基本契約であるという性質を明示する。

　契約書の表題は、シンプルなものでも足ります。そのため、「契約書」とだけ記載しても構いません。また、「覚書」「合意書」「約定書」といった表題でも法的な効力は変わりません。このように、シンプルなものでも足りるのですが、今後の取引について積極的な効果を期待するなら、かかる効果を引き出すための工夫を行うことが考えられます。

　たとえば、当事者間の取引全般について基盤となる重要な契約であれば「基本契約書」と明示することが望ましいです（基本契約に基づく個別の契約であれば「個別契約書」と敢えて記載することもあります）。こうした明示によって、個別の取引に適用される個別契約書との区別が可能となります。

☑チェックポイント❷：継続性を確保したい場合、継続取引であることを明示する。

　売買を含めて契約には、継続性が重視されるものがあります（長期にわたる安定的供給が予定されるものなど）。

　かかる契約については、【変更例2】のように「継続的売買に関する基本契約書」と記載することにより、当該売買がある期間継続する性質のものであることを明示して、相手方からの一方的な供給拒絶を牽制する方向で記載すべきです。

第3章　契約書チェックポイント

2　前文の記載方法

　前文は、当事者を正確に表示することを基本的な目的とするものですが、略称を用いることも可能ですし、自社の立場を有利にするために記載方法を工夫することもできます。

条項例

> 　株式会社日本（以下「甲」という。）と関東株式会社（以下「乙」という。）と関西株式会社（以下「丙」という。）と九州株式会社（以下「丁」という。）は、甲が売主となり、乙丙丁が買主となる売買契約について、本日、次のとおり売買に関する基本契約を締結する。

◆売主側・買主側共通◆

☑**チェックポイント❶**：略称は甲乙丙丁などの表記ではなく会社名の短縮形でも良い。

☑**チェックポイント❷**：前提事情の前文への挿入を考える。

【変更例1】

> 　株式会社日本（以下❶**「日本」という。**）関東株式会社（以下❶**「関東」という。**）と関西株式会社（以下❶**「関西」という。**）と九州株式会社（以下❶**「九州」という。**）は、日本が売主となり、関東・関西・九州が買主となる売買契約について、本日、次のとおり売買に関する基本契約を締結する。

第1節　共通事項

【変更例2】

> 株式会社日本（以下「甲」という。）と関東株式会社（以下「乙」という。）と関西株式会社（以下「丙」という。）と九州株式会社（以下「丁」という。）は、甲が製造する〇〇機器及びその関連商品（以下「本件商品」という）について、**❷乙丙丁がそれぞれの創意工夫によって積極的に商流を拡大するとの約定の下**、本日、次のとおり売買に関する基本契約を締結する。

解　説

☑**チェックポイント❶**：略称は甲乙丙丁などの表記ではなく会社名の短縮形でも良い。

　前文の基本的な目的は、当事者を正確に表示すると共に、契約書の中で「甲」「乙」「丙」「丁」等と略する場合の表記を説明することにあります。

　しかし、当事者が多い場合（今回は4当事者ですが、当事者数がさらに多くなることもあります）、どの当事者が「甲」か「乙」かが分かり難くなり、契約書の作成時およびチェック時に誤謬が生じる危険があります。そのため、当事者数が多くて分かり難い場合には、会社名の短縮形等を用いることも考えられます。

☑**チェックポイント❷**：前提事情の前文への挿入を考える。

　契約書を締結する前の交渉段階において重視した事情を積極的に前文に挿入することが考えられます。たとえば、各買主側が商流を拡大する旨の約定を行ったことが契約締結の前提になっていたという場合、**【変更例2】**のように「積極的に商流を拡大するとの約定の下」と明記することが考えられます。同様に、「各種の秘密情報について徹底した管理を行う旨を誓約して」、「二次代理店を作らず自ら販売することを約して」等の前提事情を明記することが考えられます。

　かかる前提事情の記載は、具体的な契約条項における規制理由の根拠を前文段階で明示しておくという機能を持ちます。たとえば、商流拡大に関する義務条項を設けたり、商流が拡大せず販売量が増大しなかった場合に当該買

主への供給を制限する条項を設けたりするときには、かかる条項を正当化する理由として、契約の前提事情として買主側が商流を拡大することを約束していたという事情を前文に記載しておくことは有効でしょう。

また、前提事情は、契約書の各条項の解釈にも影響を及ぼします。たとえば、「重要な事項」という文言が契約書において用いられているようなケースでは、「重要な事項」か否かの解釈に当該前提事情が影響を及ぼすこともあります。本事例であれば、「積極的に商流を拡大する」こととの関係で「重要な事項」か否かが判断されることがあります。

3 目的・基本原則条項の活用

契約の目的や、契約における基本原則を定める条項は、契約解釈において重要な条項です。いずれも、自社の立場を有利にするために活用することができます。

 条項例

> 第○条（目的、基本原則）
> 1　甲（売主）及び乙（買主）は、本契約に基づく甲乙間の取引を円滑に進め、相互に競争力を高めて長期的な成長を遂げることにより、社会、経済の発展に寄与することを目的として本契約を締結する。
> 2　甲及び乙は、法令を遵守しかつ信義誠実の原則に従って誠実に本契約を履行する。

◆売主側・買主側共通◆
☑チェックポイント❶：目的条項・基本原則条項は契約解釈において重要な条項である。
☑チェックポイント❷：自社に有利な条項を設ける根拠を予め示す手段とし

第1節　共通事項

て目的条項を活用できる。
☑**チェックポイント❸**：自社の取引基本精神を積極的にアピールする手段として基本原則条項を活用できる。

【買主側変更例】　　　　　　　　　　　　　　チェックポイント❶❷❸

> 1　甲及び乙は、**❷近時、消費生活用製品の安全性確保がより強く求められている状況に鑑み、本契約に基づく取引において納入される製品の品質を保持するため必要な項目について定め、もって製品の安全性及びこれに対する社会の信頼を確保することを目的として**本契約を締結する。
> 2　甲及び乙は、法令を遵守しかつ信義誠実の原則に従って誠実に本契約を履行し、**❸もって公正な取引関係を常に維持するよう努めるものとする。**

解　説

☑**チェックポイント❶**：目的条項・基本原則条項は契約解釈において重要な条項である。

　契約の目的や、契約における基本原則を定める条項は、契約の冒頭に定めることにより契約の体裁や格調を整えるという目的を有し、それ自体が直接的に当事者の権利義務を定めるものではありません。しかしながら、契約の目的条項・基本原則条項は、契約の内容にかかわるものであり、非常に重要な条項です。

☑**チェックポイント❷**：自社に有利な条項を設ける根拠を予め示す手段として目的条項を活用できる。

　目的条項において、当事者が取引において何を重視するのかを明記しておけば、相手方に義務を負わせる条項等において、自社に有利な条項を設けることを正当化しやすくなります。たとえば【買主側変更例】は、品質保持責任に関する社会的な意識の高まりという前提事情を予め示しておくことによって、売主に厳しい品質保持義務条項を設けることを正当化する理由となるよう工夫したものです。

47

第3章　契約書チェックポイント

☑**チェックポイント❸**：自社の取引基本精神を積極的にアピールする手段と
　　　　　　　　　　　して基本原則条項を活用できる。

　取引基本契約書における基本原則条項の内容としては、信義誠実の原則に
従って、取引基本契約を運用するといったものが一般的です。その原則自体
は民法にも明記されており（民法第1条第2項）、契約当事者間に当然に適用
されるものですので、法的効力の観点からは、あえて明記するまでもありま
せん。

　もっとも、今日において、企業は単に営利を追求するだけでなく、コンプ
ライアンス（法令遵守）は当然のことながらフェアな競争によって利益を得る
ことが求められています。

　そこで、基本原則条項の中に、信義誠実の原則のみならず、当該契約を通
してフェアでクリーンな経営体制および取引関係を確立・推進するといった
取引基本精神を明記することによって、自社の取引基本精神を取引の相手方
に広くアピールするという効果を狙うことも考えられます。

4　最終合意確認条項（完全合意条項）の活用

　契約締結に先立ってなされた取り決めがあるような場合には、当該契
約において定めたところが当事者間の完全な最終合意になる旨の、いわ
ゆる最終合意確認条項の活用を考えましょう。

🤝 条項例

第○条
　甲（売主）及び乙（買主）は、甲乙間の継続的売買契約に関して、本契約に
規定された事項が当事者間の完全な最終合意を構成するものであり、本契約締
結以前の甲乙間の文書又は口頭を含め全ての契約、覚書、合意、了解、協議事

48

第1節　共通事項

項等は、その効力を失うことを確認する。

◆売主側・買主側共通◆
☑**チェックポイント❶**：契約に先立ってなされた口頭または文書による取り決めがある場合には、優先関係の確認条項を設ける。

解　説

☑**チェックポイント❶**：契約に先立ってなされた口頭または文書による取り決めがある場合には、優先関係の確認条項を設ける。

　契約締結に先立ってなされた口頭または文書による取り決めに対して、当該契約が優先し、これが契約時点での最終合意内容になることの確認条項を最終合意確認条項といいます。従来は、国際取引の場で見られた条項ですが、最近は国内取引でも本条項を設けることが増えてきています。特に交渉期間が長く、その間に提案や承諾が部分的になされる場合や、交渉過程におけるFAXやE-mail等の記載事項により、別途口頭合意が成立しており現在も効力を有するのかどうかという問題が生じる場合、あるいは、交渉の経緯により、最終契約に解釈の余地を残す可能性があります。このため、最終的に締結された当該契約においては、契約締結に至る交渉過程での予備的な合意等は契約内容に含まれないことを明確にした最終合意確認条項を設けることが適切でしょう。

5　契約変更の要件

　契約成立後にその内容に変更を加えようとする際、自社に不利益に変更されないよう、いかなる場合にいかなる方法で行うのか明確にしておくことが重要になります。

49

条項例

> 第○条
>   本契約は、甲（売主）乙（買主）の代表者の記名押印のある文書によってのみ変更することができる。

◆売主側・買主側共通◆
☑チェックポイント❶：契約変更に関して変更要件を明記しておく。

 解 説

☑チェックポイント❶：契約変更に関して変更要件を明記しておく。
　当該条項は、契約変更に関する要件を明記し制限することで、取引基本契約締結後の個別契約締結の段階で、現場の力関係によって現場レベルで押し切られ、相手方有利の契約内容に変更されるという事態を防ぐためのものであり（安定した取引関係の維持）、また、変更する場合には双方代表者作成の書面という形でのみ行うとすることによって、変更の有無および内容について明確化するためのものです。
　なお、個別契約を代表者以外にも締結できるようにした場合において、基本契約と個別契約の内容が異なる場合にどちらを優先させるかについて契約書に定める場合には、「代表者の記名押印のある個別契約に限って個別契約を優先する」という規定も考えられます。

6　担当者条項の記載方法

　円滑な取引および協議を行うことができるよう、当事者それぞれの担当者やその連絡先（たとえば電話番号やメールアドレスなど）を明記するようにしましょう。担当者やその連絡先を変更する場合の対応についても

第1節　共通事項

規定しておくべきです。

条項例

> 第○条（担当者）
> 1　甲における本契約及び個別契約に関する❶担当者は下記の者とする。
> 記
>
> （担当者の役職・氏名）○○○部　○○○○
> （担当者の連絡先）　○○○○○○（※メールアドレス等）
> 以上
> 2　乙における本契約及び個別契約に関する❶担当者は下記の者とする。
> 記
>
> （担当者の役職・氏名）○○○部　○○○○
> （担当者の連絡先）　○○○○○○（※メールアドレス等）
> 以上
> 3　前二項の担当者やその連絡先を変更する場合は、❷**事前に（緊急の場合は事後速やかに）相手方に対して書面により通知するものとする。**
> 4　相手方に対する意思表示は、それぞれ相手方の担当者に対して行うものとする。

◆売主側・買主側共通◆
☑**チェックポイント❶**：担当者やその連絡先を明確に記載する。
☑**チェックポイント❷**：担当者やその連絡先の変更については事前通知を要求する。

解説

☑**チェックポイント❶**：担当者条項の必要性
　取引基本契約において担当者条項を設ける意味としては、以下の2つの意

第3章　契約書チェックポイント

味があります。

・相手方に対する意思表示を到達させる対象人物を特定する（意思表示のみならず、日常的な届出、資料交付などの対象人物を特定する）。

・実質的な協議をする人物を特定し円滑な取引を可能にする。

　また、担当者の連絡先も記載しておけば、取引基本契約書をめぐるトラブル、疑問点が生じた際に、他の資料を参照することなく相手方に対する連絡、問い合わせ等をスムーズに行うことが可能となります。

☑**チェックポイント❷：担当者の変更については事前通知を要求する。**

　取引基本契約を締結する当事者間では、当該取引が長期にわたって継続することが多いため、契約の有効期間中、異動等の事由やその他社内連絡の体制変更により担当者やその連絡先が変更される場合が予想されます。契約書において本条項を設けた場合には、本条項の記載が、相手方からの意思表示を受領する場面で重要な働きを有することになりますので、担当者やその連絡先の変更がある場合には、事前に（緊急の場合は事後速やかに）相手方に対する書面ないし電子メールによる通知を要するものとすべきでしょう。また、変更されずに実態と異なる記載が残ったままになると、意思表示の到達について疑義が生じてしまうことになりますので、変更があった場合には、必ず本条項に基づく通知対応をすることも必要です。

7　クレーム処理

　クレーム発生時の原因調査や対応等について明確に規定しておきましょう。その際、各当事者の立場によって、手続や費用負担について考慮すべき内容が異なってくることになります。

第1節　共通事項

 条項例

> 第○条（クレーム処理）
> 　甲（売主）又は乙（買主）は、本件商品の品質、安全性等に関して消費者等の第三者により苦情、返品要求その他のクレームを受け、又は自ら問題を発見したときは、直ちに相手方に通知し、対応を協議する。

◆売主側・買主側共通◆
☑**チェックポイント❶**：クレーム発生の場面における原因調査・対応の手続負担を明記する。
☑**チェックポイント❷**：費用負担の範囲を定める。

【売主側変更例】　　　　　　　　　　　　　　　　チェックポイント❶❷

1　甲又は乙は、品質、安全性その他本件商品に関して消費者等の第三者より苦情、返品要求その他のクレームを受け、又は自ら問題を発見したときは、直ちに相手方に通知し、対応を協議するとともに、**❶共同してその原因を調査する。**
2　甲は、前項の調査の結果、本件商品の品質、安全性その他の問題が発見された場合は、**❶乙との協議の上、本件商品の自主回収その他適切な措置をとる。** また、甲及び乙は、当該クレームの対応のために各当事者が現実に負担した費用につき、**❷各当事者の責任の範囲に応じて、協議の上でその負担割合を定める**ものとする。

【買主側変更例】　　　　　　　　　　　　　　　　チェックポイント❶❷

1　**❶乙は**、品質、安全性その他本件商品に関して消費者等の第三者より苦情、返品要求その他のクレームを受け、又は自ら問題を発見したときは、**速やかに甲に通知する。**
2　**❶甲は、前項の通知を受けたときは、直ちにクレームの内容及び原因を自己の責任と負担において調査する**ものとし、その結果、万一本件商品の品質、安全性その他の問題が発見された場合は、**❶甲の合理的判断に基づき、**

第3章　契約書チェックポイント

> 本件商品の自主回収その他適切な措置をとるものとし、乙に何らの迷惑をかけないものとする。また、❷乙がクレームの対応に要した費用（弁護士費用を含む）は、甲がその全てを負担する。

解　説

☑**チェックポイント❶❷**：クレーム発生時における原因調査および対応等について

　クレーム発生時に、直ちに相手方に通知をして情報共有を図るという点は、いずれの条項案にも共通した考え方ですが、その後の対応について、当事者それぞれの立場の違いにより契約条項に盛り込むべき内容が変わることになります。

　まず、買主としては、問題のある商品を供給した売主に責任があると考えますので、その対応全てを売主に任せることができるような条項としたいところです。そこで、原因調査や事後対応などを全て売主の責任と費用で行わせるような内容に変更することになります。

　一方、売主としては、最終的には自己の帰責性に応じた対応をすべきことは当然としても、合理的な責任分担を実現するためには、初期対応を買主と共同で行うとともに、最終的な対応についても買主との協議の余地を残しておきたいところです。そこで、契約条項としては、費用負担も含めて協議による対応を重視した内容に変更することになります。

　なお、商品の問題により買主に損害が発生した場合の賠償責任については、その発生原因に応じて、契約不適合責任（☞第3章第2節「9　契約不適合責任（瑕疵担保責任）の明確化」〔P.142〕参照）、製造物責任（☞第3章第2節「11　製造物責任」〔P.148〕参照）などの個別の定めにしたがった対応がなされることになりますので、これらの項目と損害賠償の項目（☞第3章第1節「17　損害賠償（賠償制限含む）」〔P.78〕参照）をご参照下さい。また、弁護士費用の負担については、製造物責任の項目（☞第3章第2節「11　製造物責任」〔P.148〕参照）をご参照下さい。

第1節　共通事項

8 支 払

　後日のトラブルの元とならないよう、締日・支払日を明記した上で、代金の支払方法についても明確に規定しましょう。支払日が休日等になった場合の処理も忘れずに規定しておくべきです。

条項例

> 第○条（支払）
> 　乙（買主）は、毎月末日締め翌月末日までに甲（売主）に対し本件商品の代金を支払うものとする。

◆売主側・買主側共通◆
☑チェックポイント❶：締め日・支払日を明記する。
☑チェックポイント❷：支払日が休日、祝祭日となった場合の処理を明記する。

◆買主側◆
☑チェックポイント❸：請求書の発行手続を明記するとともに、請求書記載の金額に疑義が生じた場合の処理を明記しておく。

◆売主側◆
☑チェックポイント❹：支払方法を明記する。

【売主側変更例】　　　　　　　　　　　　　チェックポイント❶❷❹

> 　乙は、❶毎月末日までに引渡しを受けた本件商品の代金を、翌月15日までに❹甲の指定する銀行口座に振り込んで支払うものとする。ただし、❷代金支払日が土曜日、日曜日、祝日その他の金融機関休業日にあたる場合、その前営業日までに支払うものとする。なお、❹振込手数料は、乙の負担とする。

55

第3章　契約書チェックポイント

【買主側変更例】　　　　　　　　　　　　チェックポイント❶❷❸

> 甲は、本件商品の代金について、❶❸毎月末日締めで翌月5日までに請求書を発行し、乙は、甲の請求書記載の金額を、翌月15日までに支払うものとする。ただし、❷代金支払日が土曜日、日曜日、祝日その他の金融機関休業日にあたる場合、その翌営業日までに支払うものとする。
> 　なお、❸乙から請求書の記載金額について異議があった場合、甲乙別途協議し、その金額を確定するものとする。

解　説

☑チェックポイント❶：締め日・支払日を明記する。
　企業間の継続的な取引においては、一定の締め日までの取引について、その代金を一定の支払日に支払うと定めるのが通常です。

☑チェックポイント❷：支払日が休日、祝祭日となった場合の処理を明記する。
　支払日が休日、祝祭日（銀行振込の場合は銀行休業日）になった場合の処置も、記載するべきです。休日、祝祭日の場合の処理を規定していない場合、民法142条により休日、祝祭日の翌営業日となります。
　【売主側変更例】では、前営業日という記載となっています。この場合、買主としては、連休等で支払日が予定よりも早く来る場合がありますので注意が必要です。なお、【買主側変更例】では民法の原則とおり、翌営業日としています。

☑チェックポイント❸：請求書の発行手続を明記する。
　実務上、契約書において請求書の発行の有無を明示しない場合でも、支払額の確認や経理処理の観点から事実上請求書を発行する場合がほとんどです。買主としては、スムーズな支払手配のために請求書の発行時期を明記するとともに、請求書記載の金額に疑義が生じた場合の処理を契約書に明記しておくのがベターです。

☑チェックポイント❹：支払方法を明記する。

第1節　共通事項

　金銭債権は通貨で支払うのが原則です（民法第402条）。また、支払場所は債権者の住所地（営業所）となります（民法第484条、商法第516条）。したがって、支払方法について何らの合意もなければ、現金を持参して支払うことになります。それ以外の支払方法を用いる場合は、当事者間で何らかの合意が必要となりますので、銀行振込や手形払いの場合は、その旨を契約書上に明記しておくべきです。

　銀行振込と明記することにより、不意に買主から手形での決済を迫られることを防止できるというメリットもあります。なお、買主側の事情で手形払いを許容しなければならない場合でも、「半額は必ず現金で」等の規定にすることで、全額を手形決済とすることを避けることも検討すべきです。

　なお、代金の支払方法として銀行振込を用いる場合、振込手数料をいずれが負担するかも明記しておくべきです。民法上、弁済費用は原則として債務者の負担となります（民法第485条）ので、契約書に明記されない場合は、代金の振込手数料は、買主の負担となります。したがって、特に代金の振込手数料を売主に負担させたいときは契約書への明記が必須となります。

9　相　殺

　相殺とは、相手方に対して同種の債権（金銭債権など）をもっている場合に、双方の債権を対当額で消滅させるものです。担保としての利用も可能であり、債権回収の有効な手段になりますので、立場に応じた規定を検討しましょう。

条項例

第○条（相殺）
　乙（買主）は、本契約に関連して甲に対して債権を有する場合には、弁済期

57

に関わらず、いつでも甲（売主）に対する売買代金債務と対当額において相殺することができる。

◆売主側◆
☑**チェックポイント❶**：買主側の相殺を禁止しつつ、自らの相殺権を確保する。

◆売主側・買主側共通◆
☑**チェックポイント❷**：本契約に関する債務に限らず、広く相殺を認める条項にする。

【売主側変更例】　　　　　　　　　　　　　　　　チェックポイント❶❷

1　乙の甲に対する本契約に基づく売掛金債務は、買主としての最も基本的な義務であるから、**❶乙が甲に対して何らかの債権を有する場合でも相殺することはできない。**
2　**❶❷甲は、乙に対して、本契約に限らず、何らかの債権を有する場合には、弁済期に関わらずいつでも乙に対し負担する債務（本契約に関する債務に限らない）と対当額において相殺することができる。**

【買主側変更例】　　　　　　　　　　　　　　　　　　チェックポイント❷

乙は、甲に対して**❷本契約に限らず、何らかの債権を有する場合には、いつでも甲に対する売買代金債務と対当額において相殺することができる。**

解　説

☑**チェックポイント❶**：買主側の相殺を禁止しつつ、自らの相殺権を確保する。

　売主の立場からすれば、相殺という法的な手段は、売主が買主から代金を回収する手段として、単純かつ簡易な方法の1つです。

第1節 共通事項

　したがって、売主としては、代金回収を確実にするため、自己の相殺権を広汎に確保することが重要となります。一方、買主からの相殺を広く認めることは、売主としては、資金繰りとして見込んでいた現実の支払が、買主による相殺権の行使により確保できなくなるリスクが生じることから、買主からの相殺はできる限り制限したいところです。

　広汎な相殺権を確保するためには、【条項例】のようにいわゆる相殺予約条項を設けることが考えられます。これは、民法上相殺を行うためには双方の債務が弁済期にあることが必要ですが、相殺予約条項は弁済期の到来の有無にかかわらず相殺を認める条項です。

　一方、相殺の禁止についても当事者の合意があれば一般的に許容されます（民法第505条第2項本文）。したがって、売主としては、相殺予約により自らの相殺権を広汎に確保しつつ、買主による相殺を禁止するという契約条項を設定するのが最も有利となります。

☑**チェックポイント❷**：本契約に関する債務に限らず、広く相殺を認める条項にする。

　一方、買主にとっても、売主との間で相互に商品やサービスを提供し合うような関係にある場合（自らも売主との関係で売主的立場となる場合）など、反対債権が発生し得る場合には、決済の簡易化（相互に発生する代金債権を都度相殺する方が合理的）や自らの代金回収のため、幅広い相殺合意や相殺予約について規定しておくことがベターでしょう。

10　遅延損害金

　遅延損害金は、債務者が金銭債務を履行しない場合に発生するものです。別段の合意がなければ、法定利率が遅延損害金を算定する際の利率となりますが、当事者間で遅延損害金の利率を変更する場合には、契約書上に明記しておきましょう。

59

第3章　契約書チェックポイント

 条項例

> 第○条（遅延損害金）
>   乙（買主）が代金支払債務の履行を怠ったときは、支払期日の翌日より完済の日まで年3％の割合による遅延損害金を甲に対して支払う。

◆売主側・買主側共通◆
☑チェックポイント❶：法定利息と異なる割合による遅延損害金の支払を求める場合には、遅延損害金の条項を定める。

【売主側変更例】　　　　　　　　　　　　　　　チェックポイント❶

> ❶乙が甲に対する金銭債務の履行を怠ったときは、乙は支払期日の翌日より完済の日まで**年14.6%**の割合による遅延損害金を甲に対して支払う。

【買主側変更例】　　　　　　　　　　　　　　　チェックポイント❶

> ❶乙が甲に対する金銭債務の履行を怠ったときは、乙は支払期日の翌日より完済の日まで**年2％**の割合による遅延損害金を甲に対して支払う。

 解　説

　民法では、法定利率は、当初3％からの変動制とされており、3年ごとに1％単位で見直されることとなります。契約書上別段の定めがない場合には、法定利率が遅延損害金の利率となりますので（民法第419条参照）、遅延損害金も影響を受け、債務者が遅滞の責任を負った最初の時点における法定利率が適用されることになります。また、将来、法定利率が変動するリスクがありますので、契約書において具体的に定めておくのが望ましいです。なお、消費者と事業者間で締結される消費者契約の場合には、14.6％を超える遅延損害金にかかる条項は、当該部分につき無効となります（消費者契約法第9条第1項第2号）。

第1節　共通事項

　企業間取引では、法定利率よりも高い利率を設定するケースも多く見受けられ、【売主側変更例】のように年14.6%やより高率の利率を設定するケースもあります。一方、銀行貸付が低金利で行われてきた時代ですので、利率も低率に設定したいという買主からの変更も合理性があるでしょう。

　遅延損害金は、支払遅延における損害填補が本来的目的です。そのため、遅延損害金の金額を増加させることで、履行の確保を促すということになりますが、支払を渋る相手との交渉においては、遅延損害金を放棄する代わりに元金だけでも支払うよう求めるという交渉材料として使うことによる元金の履行確保の手段としての重要性も見逃せません。

　なお、利率について以下の利率を超えて定めた場合には、超過部分については、利息制限法4条により無効になりますのでご注意下さい。

　①元本額が10万円未満　年29.2%
　②元本額が10万円以上100万円未満　年26.28%
　③元本額が100万円以上　年21.9%

11　権利義務の譲渡制限

　債権債務の譲渡は法律上認められていますが、無断で譲渡されてしまった場合には、契約当事者は不測の損害を被ることがあります。このような不測の損害を避けるために権利義務の譲渡を制限する条項を規定しておきましょう。

条項例

第○条（権利義務の譲渡禁止）
　甲（売主）及び乙（買主）は、本契約に基づいて発生する権利及び義務の全部又は一部を、第三者に譲渡することはできない。

61

第3章　契約書チェックポイント

◆売主側◆
☑**チェックポイント❶**：譲渡等をなし得る場合について留保をする。
◆売主側・買主側共通◆
☑**チェックポイント❷**：譲渡のみならず、担保提供等についても禁止する。

【売主側変更例】　　　　　　　　　　　　　　　チェックポイント❶❷

> ❶乙は、本契約に基づいて発生する権利及び義務の全部又は一部を、甲の書面による事前の承諾を得ることなく、第三者に譲渡し、❷又は第三者のために担保に供し、その他一切の処分を行ってはならない。

【買主側変更例】　　　　　　　　　　　　　　　　　チェックポイント❷

> 甲及び乙は、本契約に基づいて発生する権利及び義務の全部又は一部を、❷相手方の事前の書面による承諾を得ることなく、第三者に譲渡し、又は第三者のために担保に供し、その他一切の処分を行ってはならない。

解　説

　債権譲渡は原則として自由とされていますので（民法第466条第1項本文）、契約によって生じる債権については、本来であれば相手方の承諾なくこれを譲渡できることになります。また、債務の譲渡（債務引受）についても民法上の規定はないものの、認められております（ただし、旧債務者に支払を免除する免責的債務引受においては債権者の承諾が必要です。）。
　そこで、債権ないし債務を相手方が譲渡することをあらかじめ禁止・制限することで、契約当事者間を固定し、第三者を介入させないようにするために設けられるのが、権利義務譲渡禁止条項です。
　ただし、債権譲渡の禁止は、第三者との関係ではその効力に限界があり、第三者が、債権譲渡禁止特約の存在を重大な過失なく知らずに債権を譲り受けた場合、当該譲受人は、債権を有効に譲り受けたことを、債権者に対して

第1節　共通事項

主張できます（民法第466条第3項）。それゆえ、債権譲渡禁止特約の合意をしたとしても債権が譲渡されてしまう場合があることに注意が必要です。

☑**チェックポイント❶**：譲渡をなし得る場合について留保をする。

　売主としては、売買代金を支払う買主の信用力を見込んで契約を締結していますので、安易に債務者の交代が生じるのは避けなければなりません。そこで、契約当事者を固定する意味で、権利義務譲渡禁止（制限）条項を設定することが望ましいでしょう。本変更例においては、「乙は」とすることで、売主である甲は原則どおり譲渡を可能にしながら、相手方である乙が譲渡できる場合については、書面による承諾が必要という形に制限しています。

　なお、前述のとおり免責的債務引受は債権者の承諾が必要ですので、債権者の承諾なく債務者交代は生じませんが、条項において「義務」を除いて記載すると、免責的債務引受については承諾していた等の主張がなされるなど無用なトラブルの原因にもなりますので、義務についても明記しておくとよいでしょう。

☑**チェックポイント❷**：担保提供等についても禁止する。

　まず、売主としては、前述のように当事者を固定するために、**【売主側変更例】**のように、譲渡に準じる担保提供も禁止（制限）する条項を設定することが望ましいといえます。

　次に、買主としては、目的物の内容によっては、債務者以外の第三者でもその引渡しは可能である場合もありますが、通常は、「その売主」を見込んで契約を締結するでしょうから（特に製作物供給契約ではこれが強く当てはまります。）、ここでも契約当事者を固定する意味で、権利義務譲渡禁止（制限）条項を設けるべきでしょう。

　さらに、売買代金を支払う側である買主としては、売買代金債権を、自己の知らないうちに譲渡され、第三者から支払請求されるという事態も起こり得ます。

　そこで、権利義務譲渡の禁止（制限）条項を検討する際には、売買代金債権の譲渡に代表される権利の譲渡のみならず、代金債権を担保に差し入れること、およびその他これに類する処分等の一切を禁止することを徹底することが必要となります。**【買主側変更例】**では、この点を踏まえて「一切の処

63

分」を禁止しています。

なお、担保提供がされれば、本来の債務が履行されない場合担保権が実行されて権利義務の譲渡と同様の効果が生じる危険性が生じます。そうすると、売買代金債務以外のものの関係（たとえば、契約トラブルに基づく買主からの損害賠償請求など）についても第三者が介入することになりますので、買主だけでなく売主としても担保提供等を広く禁止するメリットはあります。

12 個人情報の保護

個人情報の保護は今や企業にとって不可避な課題です。取引相手に対し、個人情報を大なり小なり提供する場合には、契約書に適切な規定を盛り込み、自社が提供した個人情報を十分にコントロールできなければなりません。

 条項例

> 第○条（個人情報の保護）
> 1 乙は、本契約の履行に際して知り得た甲（甲の子会社を含む。）が保有する個人情報（以下「個人情報」という。）を法令、官庁の定めるガイドライン及び甲の指示に従い善良な管理者の注意をもって管理し、甲の書面による事前の承諾を得ることなく、本契約の履行以外の目的に利用、第三者への開示、漏洩を行ってはならない。
> 2 乙は、個人情報の目的外利用、漏洩、紛失、誤消去、改竄、不正アクセス等が生じないように必要な措置を取らなければならない。
> 3 甲は、甲が必要と判断した場合には、乙による前項に定める義務の履行状況につき監査することができる。
> 4 乙は、個人情報に関して第三者から開示等の請求、苦情若しくは問い合わせを受けた場合、又は本条に違反し又はそのおそれがある場合には、直

第1節　共通事項

　　　ちに甲に報告し、甲の指示を受けなければならない。
　5　乙は、本契約が終了した場合又は甲が要求した場合には、甲の指示に従い、直ちに甲に返還し、消去し、廃棄する。
　6　個人情報に接した乙の従業員等が退職する場合には、退職後の秘密保持義務について当該従業員との契約書又は誓約書で明らかにしなければならない。

☑**チェックポイント❶**：個人情報保護法その他関連ガイドラインに合致したものとなっているか。

 解　説

☑**チェックポイント❶**：個人情報保護法その他関連ガイドラインに合致したものとなっているか。

　近年、データ利用が推進される反面、企業の情報漏洩などを受けて、個人情報の取扱いに関する社会的関心は高まっており、それに応じて個人情報保護法の改正なども行われ詳細な各種ガイドラインも行政機関から出されている状況です。

　個人情報の提供を目的とした契約はもとより、そうでない場合であっても提供する情報に個人情報が含まれていることもあり得るため注意が必要となります。

　取引先に個人情報を提供する際には、個人情報保護法上の第三者提供の要件等を満たしていることは当然として、取引先においても適切に個人情報の管理が行われているかを監督する必要があります。

　個人情報保護法上も、「個人情報取扱事業者は、個人データの取扱いの全部又は一部を委託する場合は、その取扱いを委託された個人データの安全管理が図られるよう、委託を受けた者に対する必要かつ適切な監督を行わなければならない。」（同法第25条）と定めています。

　本条項では、法令および各種ガイドラインの遵守のみでなく、甲による監査権限や、リスクの早期発見のための甲への報告義務なども個別に定めてい

65

第3章　契約書チェックポイント

ます。
　提供される個人情報の内容によっては、より厳格に作業場所や作業担当者
の限定、具体的な情報管理体制の指定を定めることも考えられます。

13　報告義務条項

　本条項は、業務委託契約において、業務の遂行状況を確認するために
用いる条項になります。委託者としては、業務遂行がなされているかを
確認することができますが、受託者としては、報告義務や監査に応じる
ことなど負担を強いられることになります。

条項例

第○条（報告義務）
　甲は、本契約に基づく業務の遂行状況につき、適時、乙から報告を求めるこ
とができる。

◆委託者側◆
☑**チェックポイント❶**：業務遂行の状況を確認のために必要な方法を追記す
　　　　　　　　　　　　る。
☑**チェックポイント❷**：定期的な報告書の提出など有形的な方法による報告
　　　　　　　　　　　　を義務付ける。

◆受託者側◆
☑**チェックポイント❸**：条項自体の削除を求める。
☑**チェックポイント❹**：報告範囲に限定を加える。

第1節　共通事項

【委託者側変更例】　　　　　　　　　　　　　チェックポイント❶❷

第○条（報告義務）
1　甲は、本契約に基づく業務の遂行状況につき、適時、乙から報告を求めることができる。
2　**❶甲は、必要に応じ、乙の事業所等に立ち入り、業務の遂行状況を監査することができるものとする。**
3　**❷乙は、当月末日までの業務の遂行状況について、翌月○日までに、所定の方法により報告しなければならない。**

【受託者側変更例1】　　　　　　　　　　　　チェックポイント❹

第○条（報告義務）
甲は、本契約に基づく業務の遂行状況につき、適時、**❹必要かつ合理的な範囲において、**乙から報告を求めることができる。

【受託者側変更例2】　　　　　　　　　　　　チェックポイント❹

第○条（報告義務）
甲は、本契約に基づく業務の遂行状況につき、適時、**❹○○○について、**乙から報告を求めることができる。

解　説

☑**チェックポイント❶**：業務遂行の状況を確認するために必要な方法を追記する。

　業務委託契約において、適切な業務の履行がなされているか、あるいは期限までに業務が履行されるための準備が進んでいるかは、委託者にとっての重大な関心事となります。そのため、業務の遂行状況について、報告を求めたり、場合によっては事業所等に立ち入ったりするなどして、業務の遂行状

67

第3章　契約書チェックポイント

況を確認することができる内容の契約締結を求めることになります。

☑**チェックポイント❷**：定期的な報告書の提出など有形的な方法による報告
　　　　　　　　　　　を義務付ける。

　業務の遂行状況について、書面による報告を義務付けることは、業務遂行
の遅れや、業務の不備を把握する方法として有効です。

　また、委託者・受託者間でトラブルが発生した場合、どの段階でどの程度
の業務遂行がなされていたかを示す資料になりますし、受託者の対応が十分
であったのか（その時点で把握している問題などを報告していたか）など、受託
者側の責任追及の場面でも重要なものになるでしょう。

☑**チェックポイント❸**：条項自体の削除を求める。

　委託者側としては、報告義務の条項は負担が重いことを理由に削除すべき
です。なお、当該契約が委任契約または準委任契約としての性質と解釈され
る場合には、民法第645条に基づき「請求があるときは、いつでも委任事務の
処理の状況を報告」しなければなりません。そのため、委任契約または準委
任契約といえる場合には、法律上報告義務が設けられているといえます。
もっとも、業務委託契約は、委任契約・準委任契約か請負契約かの判別は容
易ではなく、請負契約と解釈されるケースもあれば、その他の契約と解釈さ
れるケースもあります。

☑**チェックポイント❹**：報告範囲に限定を加える。

　☑**チェックポイント❸**のように条項自体の削除を求めても応じてもらえな
い場合には、「必要かつ合理的な範囲において」など一定の範囲に限定をすべ
きです。また、契約締結段階で委託者側にとって報告を受けるべき内容が明
確であるような場合には、報告対象自体を限定することが考えられます。た
とえば、販売委託契約のように在庫数量が専ら確認すべき事項となるような
場合では、「在庫数量について」という限定を加えるように求めることが考え
られるでしょう。

68

第1節　共通事項

14　任意解約（予告解約含む）

取引基本契約のように当事者間で長期間にわたって取引がなされる場合には、任意解約条項も設けておくべきです。広く解約を認める立場と解約を制限する立場の2つの立場から記載方法を解説しています。

条項例

> 第○条（解約）
> 　甲（売主）又は乙（買主）は、相当な予告期間をおいて相手方に書面で通知することにより本契約を解約することができる。

◆売主側・買主側共通◆
☑チェックポイント❶：解約の予告期間を明記する。
☑チェックポイント❷：解約権の行使を制限したい場合は、解約を相当とする事由を要求する。

【売主側変更例】【買主側変更例】　　　　　　　　　　チェックポイント❶❷

> 甲又は乙は、❷解約を相当とする事由がある場合、相手方に対し、❶○か月前までに当該事由を明記した書面をもって通知することにより本契約を解約することができる。

解　説

取引基本契約を締結する当事者間では、取引が長期間にわたって継続することが想定されます。そのため、契約の有効期間中に相手方に債務不履行が生じなくても、途中解約したい場面が生じることがあります。買主であれば

第3章　契約書チェックポイント

より安価な仕入先の開拓に成功した場合や販売戦略変更による需要の減少、売主であれば目的物の販売中止等です。

このように自己の都合により取引を止めたい場合がありますが、民法上規定されているのは債務不履行等の一定の事由が生じた場合の解除権（法定解除権）についてのみであるため、民法上の解除事由によらずに契約を解消するためには、あらかじめ当事者間の特約をもって中途解約権を定めておく必要があります（約定解除権の留保）。

また、任意解約は、相手方に信用不安の懸念がありながら明確に強制解除事由に該当するとまではいえない場合の自己防衛策としても有効です。

したがって、自社が売主、買主のいずれの立場であっても、取引基本契約には任意解約条項を設けておくべきでしょう。

なお、継続的取引関係では将来に向かって契約を解消すれば足りるのであって契約の効力を遡及的に消滅させる「解除」とは異なるという観点から、ここでは「解約」という文言を使用しています。

☑**チェックポイント❶**：解約の予告期間を明記する。

任意解約を認める場合であっても、相手方に対して解約の意思表示さえすれば直ちに契約が解消されるということになると、解約の相手方が不測の損害を被ることになります（売主であれば不必要な設備投資や原材料購入による損失、買主であれば別の仕入先を確保できないことによる損失など）。したがって、任意解約には予告期間をおくことが不可欠です。

どの程度の予告期間をおくかについては、一方で自社の解約権が過度に制約されないようにしつつ、他方で相手方からの解約により自社が損害を被らないように設定する必要があります。そこで、相手方からの解約によって損害が生じない範囲で最短の期間を設定した上、「（解約の）○か月前までに」としてこれを明記しておくべきです。なお、当事者の解約意思を明確にするため、解約予告は書面によって行う形にしておくべきでしょう。

☑**チェックポイント❷**：解約を相当とする事由を要求する。

任意解約では、強制解除の場合と異なり解約事由は制限されないのが一般的ですが、相手方からの解約権行使を制限したい場合には、解約相当事由の存在を要求することも考えられます。この際、契約書上の表現としては、「解

70

約を相当とする事由」とすることも、解約相当事由を具体的に特定して記載することも可能です。

15　解除（債務不履行）

　債務不履行を原因とする解除を規定するにあたっては、解除権を行使できる場面を特定しておくべきです。誰からどのような場面において解除を許すのか、という点を意識した記載にすることが重要です。

条項例

> 第○条（解除）
> 　甲（売主）又は乙（買主）は、相手方に次の各号の一にでも該当する事由があるときは、何らの通知・催告なく、本契約の全部又は一部を解除することができる。この場合、解除権を行使した当事者は、相手方に対する損害賠償の請求を妨げられない。
> (1)　本契約又は個別契約に反したとき
> (2)　破産手続開始、民事再生手続開始、会社更生手続開始の申立て若しくは特別清算開始の申立てがあったとき
> (3)　自ら振り出し又は引き受けた手形・小切手について、一度でも不渡処分を受けたとき
> (4)　監督官庁より事業停止又は事業免許若しくは事業登録の取消処分を受けたとき
> (5)　資本減少、事業の廃止若しくは変更又は解散の決議をしたとき

◆売主側・買主側共通◆
☑チェックポイント❶：解除権者を一方当事者に限る。
☑チェックポイント❷：解約事由の中で、契約違反に関する条項の選択を自
　　　　　　　　　　己に有利なものにする。

第 3 章　契約書チェックポイント

☑**チェックポイント❸**：解除権者に帰責事由がある場合についても明確にしておく

【売主側変更例】【買主側変更例】　　　　　　　　　チェックポイント❶

> ❶甲は、乙に次の各号の一にでも該当する事由があるときは、何らの通知・催告なく、本契約の全部又は一部を解除することができる。この場合、甲は、乙に対する損害賠償の請求を妨げられない。
> ※甲と乙を入れ替えれば、乙が一方的な解除権者となります。
> ※(1)から(5)の列挙事由は変更ありません。

【売主側変更例】【買主側変更例】　　　　　　　　　チェックポイント❷

> 　甲又は乙は、相手方に次の各号の一にでも該当する事由があるときは、何らの通知・催告なく、本契約の全部又は一部を解除することができる。この場合、解除権を行使した当事者は、相手方に対する損害賠償の請求を妨げられない。
> (1)　❷**本契約の第○条に違反したとき**（※選択する条項でいずれかの当事者が有利になる）
> (2)　破産手続開始、民事再生手続開始、会社更生手続開始の申立て若しくは特別清算開始の申立てがあったとき
> (3)　自ら振り出し又は引き受けた手形・小切手について、一度でも不渡処分を受けたとき
> (4)　監督官庁より事業停止又は事業免許若しくは事業登録の取消処分を受けたとき
> (5)　資本減少、事業の廃止若しくは変更又は解散の決議をしたとき

 解　説

　債務不履行や一定の原因（資力の欠如を示す事由の発生等）により、無催告解除ができるようにすることは重要です。これは、法律上、契約を解除する

第1節　共通事項

ためには、解除権を行使する者が、まず相手方に対して相当の期間を定めて
履行の催告を行い、その期間内に履行がないときに、初めて解除権を行使で
きることになっており（民法第541条）、このような催告→催告期間内の不履行
→解除という原則的な流れを排除し、できるかぎり迅速に契約解除を可能に
するものだからです。

☑**チェックポイント❶**：解除権者を一方当事者に限る。

　契約交渉段階で一方的に有利な立場にあるなら、「甲又は乙は」といった対
等の形式にする必要はありません。相手方に解除事由があった場合にのみ、
解除権を発生させる形式にすることが考えられます。ただし、一方的な条項
であることが一見して分かりますので、相手方から条項の変更を求められる
可能性もあります。

☑**チェックポイント❷**：解約事由の中で、契約違反に関する条項の選択を自
己に有利なものにする。

　柱書に記載する解除権者を一方当事者に限ると、一見して条項の内容が対
等でないことが相手方に判明してしまいます。そうすると、相手方から契約
条項の変更を求められるなど、反発を受ける危険性が高くなります。そこで、
対等でないことが一見しただけでは分かりにくいような規定の仕方も考える
べきでしょう。

　すなわち、条項の最初の部分は、「甲又は乙は」と双方に適用される対等な
形式にします。そして、第2号以下は、破産や特別清算といった倒産処理や
不渡処分等の極度の信用不安を中心としたものですので、契約を解除されて
も別段困らないといえますし、困る場面では特別法で解除権の制限があるこ
とが多いです。また、第2号以下の場面は頻繁に生じるものでもありません。
そこで、最初の部分および第2号以下は、対等形式のままにしておきます。
一方、第1号は、極度の信用不安とは無関係な場合でも起こり得る契約違反
に関するものです。そのため、第1号においてどの条項の違反を挙げるかと
いう点こそが、ポイントになります。単に「契約に違反したとき」といった
規定の仕方ではなく、「第○条に違反したとき」と規定し、「第○条」の部分
に挙げる条項について、自分側は違反しにくいが相手方が違反した場合には
直ちに解除権を発生させたいと考える条項を選択すれば、一見しただけでは

73

第3章　契約書チェックポイント

対等に見えるのに、実際には、契約内容を提案する側に有利な条項を設定することができます。

なお、差押え、仮差押え、仮処分等を受け、または競売の申立てを受けたときのように、その他信用不安と考えられる事由を追加したり、バスケット条項として「その他信頼関係を破壊する行為を行ったとき」を事由として追加したりすることもあります。

☑**チェックポイント❸**：解除権者に帰責事由がある場合についても明確にしておく。

民法第543条は、債務不履行が債権者の帰責事由によるときには解除できないと定めています。よって、契約書中に債権者の帰責事由について何ら言及がない場合、解除に際して、相手方から債務不履行は債権者の帰責事由によるものである、という反論がなされる可能性があります。

そこで、上記のような反論を封じるために下記の条項を追記することが考えられます。

【条項例】

> 2　前項の規定は、前項各号に該当する事由につき、解除する当事者の責めに帰すべき事由がある場合にも、その行使及び効力を妨げられない。

なお、民法第541条および第542条に規定されているとおり、債務不履行解除における債務者の帰責事由は不要です。この点は、帰責事由が要求される損害賠償請求の場面とは異なります。しかしながら、帰責事由については、従前の契約書（特に2020年施行の民法改正以前のもの）では解除条項において債務者の帰責事由に触れていないこともありますので、帰責事由を要求する場合には特別に記載する必要があります。

また、催告解除を定める民法541条ただし書は、債務不履行が軽微である場合は解除できない旨規定しています。そこで、不履行が軽微な場合でも契約解除を認める場合には「民法第541条ただし書にかかわらず」というような文言を入れて、同条の適用を排除することも考えられます。

第1節　共通事項

【参考　民法条文】

（催告による解除）

第541条　当事者の一方がその債務を履行しない場合において、相手方が相当の期間を定めてその履行の催告をし、その期間内に履行がないときは、相手方は、契約の解除をすることができる。ただし、その期間を経過した時における債務の不履行がその契約及び取引上の社会通念に照らして軽微であるときは、この限りでない。

（催告によらない解除）

第542条　次に掲げる場合には、債権者は、前条の催告をすることなく、直ちに契約の解除をすることができる。

　一　債務の全部の履行が不能であるとき。

　二　債務者がその債務の全部の履行を拒絶する意思を明確に表示したとき。

　三　債務の一部の履行が不能である場合又は債務者がその債務の一部の履行を拒絶する意思を明確に表示した場合において、残存する部分のみでは契約をした目的を達することができないとき。

　四　契約の性質又は当事者の意思表示により、特定の日時又は一定の期間内に履行をしなければ契約をした目的を達することができない場合において、債務者が履行をしないでその時期を経過したとき。

　五　前各号に掲げる場合のほか、債務者がその債務の履行をせず、債権者が前条の催告をしても契約をした目的を達するのに足りる履行がされる見込みがないことが明らかであるとき。

2　次に掲げる場合には、債権者は、前条の催告をすることなく、直ちに契約の一部の解除をすることができる。

　一　債務の一部の履行が不能であるとき。

　二　債務者がその債務の一部の履行を拒絶する意思を明確に表示したとき。

（債権者の責めに帰すべき事由による場合）

第543条　債務の不履行が債権者の責めに帰すべき事由によるものであるときは、債権者は、前二条の規定による契約の解除をすることができない。

第3章　契約書チェックポイント

16　契約終了時の措置

　取引基本契約において、一方当事者（主に買主）から他方当事者（主に売主）に対して、物品の貸与や支給がなされている場合、契約の終了時のそれらの物品の取扱いを規定しておくのが有益です。

条項例

> 第○条（契約終了時の措置）
> 　本契約が期間満了、解除その他の事由により終了した場合、甲（売主）は、乙（買主）から貸与を受けた資料、器具その他の貸与品一切を直ちに返還するものとする。

◆売主側◆
☑**チェックポイント❶**：貸与品が消耗する可能性を踏まえて現状有姿での返還とする。
☑**チェックポイント❷**：一定の場合に買主側に返還費用を負担させる。
◆買主側◆
☑**チェックポイント❸**：資料等の複製物等があれば、それらも返還対象とする。
☑**チェックポイント❹**：貸与品が破損していた場合は賠償の対象とする。

【売主側変更例】　　　　　　　　　　　　　　　　　チェックポイント❶❷

> 1　本契約が期間満了、解除その他の事由により終了した場合、甲は、乙から貸与を受けた資料、器具その他の貸与品一切を❶**返還時の現状有姿にて速やかに乙に返還するものとする。**
> 2　❷**前項の貸与品返還に要する費用は、本契約の終了原因が乙の責に帰すべき事由による場合を除き、甲が負担する。**

76

【買主側変更例】　　　　　　　　　　　　　　　チェックポイント❸❹

> 1　本契約が期間満了、解除その他の事由により終了した場合、甲は、乙から貸与を受けた資料❸（**複製物を含む**）、器具その他の貸与品一切を直ちに乙に返還するものとする。なお、**❹貸与品に滅失、汚損、破損等がある場合、乙は甲に対し損害の賠償を請求することができる。**
> 2　前項の貸与品返還に要する費用は、甲が負担する。

解　説

☑チェックポイント❶❸❹：貸与品の返還態様

　とりわけ契約期間が長期にわたっている場合などには、長期間の使用に伴い貸与品に大きな磨耗、損傷等が生じていることが予想されますので、売主は、貸与品を返還時の現状にて返還すれば足りる旨を明記したいところです。逆に買主としては、貸与品の滅失・毀損は企業財産の損失に繋がりかねませんので、場合によっては損害賠償を請求できるという内容にしておくべきです。また、企業秘密の保持の観点から、資料等の複製物についても返還対象にしておくべきです。

☑チェックポイント❷：返還費用の分担

　貸与品の返還義務は、有償無償を問わず借主が返還義務を負いますから、その費用も原則として借主が負担することになります。したがって、特に売主としては、買主に費用を負担させたいのであれば特約をもって買主負担である旨を定めておく必要があります。

第3章　契約書チェックポイント

17 損害賠償（賠償制限含む）

　契約上の義務違反により、相手方に対する損害賠償責任が生じる場合
があります。このような場合に備えて、損害賠償条項を設ける必要があ
ります。規定の仕方により、損害賠償条項自体が無効となってしまう可
能性もありますので注意が必要です。

条項例

第○条（損害賠償）
　甲（売主）又は乙（買主）は、相手方の責に帰すべき事由により損害を受け
たときは、その賠償を請求することができる。

◆**買主側**◆
☑**チェックポイント❶**：賠償責任を重くする方向で検討する。
◆**売主側**◆
☑**チェックポイント❷**：賠償責任を軽くする方向で検討する。
◆**買主・売主共通**◆
☑**チェックポイント❸**：故意・重過失の有無により賠償責任の範囲を変更
　　　　　　　　　　し、バランスを取る。

【**買主側変更例**】　　　　　　　　　　　　　　　　**チェックポイント❶**

　甲又は乙は、相手方の責に帰すべき事由により損害を受けたときは、**❶それ
により生じた一切の損害（合理的な弁護士費用を含むがこれに限られない）**の
賠償を請求することができる。

第1節　共通事項

【売主側変更例】　　　　　　　　　　　　　チェックポイント❷

> 甲又は乙は、相手方の責に帰すべき事由により損害を受けたときは、これにより生じた❷**通常の損害**について、本契約により❷<u>**支払済みの代金額の総額を上限として**</u>賠償を請求することができる。

【折衷的変更例】　　　　　　　　　　　　　チェックポイント❸

> 甲又は乙は、相手方の責に帰すべき事由により損害を受けたときは、これにより生じた❸**通常の損害について、本契約により支払済みの代金額の総額を上限として賠償を請求することができる。❸但し、相手方に故意又は重大な過失がある場合はこの限りではなく、甲又は乙は、相手方に対し、これにより生じた一切の損害（特別損害及び合理的な弁護士費用を含むがこれらに限られない）の賠償を請求することができる。**

解　説

　損害賠償責任規定の検討にあたっては、自らが賠償を請求する立場であるか、賠償を請求される立場であるかを認識する必要があります。賠償を請求する立場であれば賠償責任規定は重く（賠償を請求しやすく）変更する必要がありますし、逆に請求される立場であれば賠償責任規定は軽く（賠償を請求されにくく）変更する必要があるからです。

　そして、売買に関する取引基本契約の場合、買主の義務は、通常は代金支払義務という金銭債務を負担するにとどまる反面、売主が負担する目的物引渡義務の不履行は、買主の不測の損害（「納期遅れが原因で商機を逸した」等）に直結します。したがって、通常は、買主側は賠償を請求する側、売主側は賠償を請求される側、と基本的には理解してよいかと思います。

☑**チェックポイント❶**：買主（賠償を請求する側）から賠償責任を重くする方
　　　　　　　　　　向での検討

　買主、すなわち賠償を請求する側としてみれば、できるだけ重い賠償責任

79

第3章 契約書チェックポイント

を負担させる方向で契約条項を検討することになります。【売主側変更例】では、一般的な賠償規定に加え、合理的な弁護士費用を賠償の範囲に加えています。弁護士費用については、現在の法制度上、弁護士費用の敗訴者負担制度がないことから、契約上の特約がなければ相手方に請求できないのが原則です。したがって、このような弁護士費用の負担に関する規定は、法律上の損害賠償責任より更に重い責任を負わせるものといえます。

弁護士費用以外にも、特に賠償請求を求めたい内容がある場合については、契約書上に明記しておくことも考えられます。

☑**チェックポイント❷**：売主（賠償を請求される側）の賠償責任を軽くする方向での検討

一方、売主すなわち賠償を請求される側とすれば、賠償責任が軽くなるように条項を検討することになります。【売主側変更例】では、賠償の範囲を通常の損害に限るとともに、支払済みの金額を賠償額の上限としています。法律上、損害賠償の範囲は、債務不履行により通常生じ得る損害（通常損害）に加え、当事者が予見可能な特別な事情から生じた損害（特別損害）も含まれるとされ、さらにその賠償範囲には何らの上限もありませんので、この変更例は法律上認められる損害賠償の範囲を制限するものです。

なお、賠償責任を軽くする方法としては、このような賠償範囲の制限のほか、責任原因を限定する方法もあります。【条項例】では責任の発生事由を「相手方の責に帰すべき事由」すなわち帰責事由（故意または過失）と定めています。たとえば、この帰責事由を「相手方の故意又は重大な過失により」と変更すれば、重大ではない過失（軽過失）は賠償責任の発生対象から外れますので、このような形で賠償責任を軽減するという方法も考えられます。

☑**チェックポイント❸**：故意・重過失の有無により賠償責任の範囲を変更し、バランスを取る。

契約実務においては、これらの買主・売主双方の事情により、賠償範囲について激しい攻防が繰り広げられることも少なくありません。そこで、契約当事者間において対立が生じた場合など、バランスを重視した条項を定める必要が生じた場合には、【折衷的変更例】のように、一定範囲での賠償範囲の制限を認めて売主側に配慮しつつ、故意または重大な過失がある場合には賠

80

第1節　共通事項

償範囲の制限を認めずに弁護士費用も含めた賠償義務を発生させるという結論もあり得るでしょう。

18 組織変更等に係る通知条項

継続的契約においては、取引の相手方に合併等の組織変更など与信や契約管理に影響を与え得る事由が生じる場合があります。そのような場合に、相手方に通知義務を課しておくことで、自社の与信調査の負担等を軽減することができ、各種対策を講じることができます。

> 第○条（通知義務）
> 　甲及び乙は、次の各号のいずれかに該当する事実が生じた場合には、速やかに相手方に通知しなければならない。
> 　(1)　合併、分割、事業譲渡、支配株主の異動その他これに準ずる経営上の重要な事項の変更
> 　(2)　減資、増資その他会社の資本の変動が生じたとき
> 　(3)　商号、本店所在地その他取引上重要な事項に変更が生じたとき

◆買主・売主共通◆
☑**チェックポイント❶**：通知義務を負うのは双方かそれとも一方か。
☑**チェックポイント❷**：通知義務の対象はどこまで定めるか。

☑**チェックポイント❶**：通知義務を負うのは双方かそれとも一方か。
　本条項は、取引基本契約など継続的な契約で定められることが多い条項で

81

第3章　契約書チェックポイント

す。継続的契約においては、契約の途中で当事者の状況に変更が生じることがあり得ます。それが取引上重要な変更である場合には、契約当事者としては取引相手の信用状態等を検討し、取引自体の見直しや契約条件の変更などの検討を行うことになります。そのため、通知対象としては、組織再編や資本関係の変動に関するものが規定されていることが多いと思われます。また、商号や本店所在地の変更などについて通知義務を課すことは、企業の契約管理の面からも有用であるといえます。

　本条項は、双方向規定で定められている場合もありますが、契約当事者の力関係に差がある場合には弱い立場の企業のみが負わされていることも多い規定です。

　なお、本項で詳細を述べることはしませんが、取引当事者が公開会社である場合には、通知義務により得た情報に基づき相手企業の株式の売却等を行おうとする場合には、金融商品取引法上のインサイダー取引規制にも注意を要します。

☑**チェックポイント❷**：通知義務の対象はどこまで定めるか。

　通知義務を負う企業は、通知対象が細かければ細かいほど、通知の負担が大きくなります。特に多数の契約を締結する企業にとっては、契約管理の一環として、通知義務の管理に注意が必要でしょう。

　通知条項を定める場合には、契約管理コストとの兼ね合いでどこまで対象を詳細にするかなどを検討し、通知義務を一方のみが負う場合には、義務を負わされる側は可能な限り通知の対象を削減するよう提案するのが望ましいです。

　また、通知義務を課す側としては、取引相手の企業の性質を念頭に信用状態等に与える影響を考慮したうえで柔軟に通知対象を定めるべきと思われます。

第1節　共通事項

19　存続条項の使い方

　契約の終了後に、権利義務を存続させておきたい場合に規定するものです。存続期間の長短によっては、当該合意内容が無効になってしまうものもありますので、十分に注意することが必要です。

条項例

第○条（存続条項）
　期間満了又は解除その他事由の如何を問わず本契約が終了した場合といえども、第○条、第○条、第○条及び第○条の規定は、なおその効力を有するものとする。

◆売主側・買主側共通◆
☑チェックポイント❶：存続させる条項を正確に表記する。
☑チェックポイント❷：存続期間の定めについて一律にすべきか差異を設けるべきかを検討する。

解　説

☑チェックポイント❶：存続させる条項を正確に表記する。
　契約締結を機に発生する当事者に対する契約の拘束力は、契約関係の終了に伴って消滅するのが原則です。しかし、権利義務の内容によっては、契約終了後もなお、その効力を存続させるのが望ましいものもあります。秘密保持義務や、製品に対するクレームへの対応に関するもの、知的財産権に関するもの、適用法令、また損害賠償請求の額に関する取り決めや裁判管轄など契約終了後に、当事者間で問題が発生することが見込まれる事項については、存続条項としてその効力を存続させることが有用です。

83

第3章　契約書チェックポイント

　なお、実際の契約書では、存続条項に記載されている条番号と、当該条番号において定める内容とが整合しない場合が、少なからず見受けられますが、本文の内容との間にずれがないかをよく確認し、正確に表記することが大切です。特に契約書案の修正のやり取りをしている中で、新条項が挿入され、条番号がずれてしまうことがあります。新条項が挿入された場合には、条番号にずれが起きないように確認することが必要です。

　また、本条項例は、存続させるべき条項が多いケースを想定していますが、それぞれの条文のところで一項目を立て、「本条に定める甲の義務は、本契約の終了後もなおその効力を有するものとする。」などと記載する方法もご検討下さい。

☑**チェックポイント❷**：存続期間の定めについて検討する

　存続条項という条文を設けて、ひとまとめに規定したとしても、その存続期間について、必ずしも一律に「契約終了後も5年間有効とする」等の定めをする必要はありません。存続させる条項で定められた権利義務の内容に着目し、「第○条については3年間、第×条及び第△条については5年間有効とする。」というように、条文ごとに差異を設けた処理も考えられます。

20　保証金

　継続的な取引に際して、履行を確保する手段として差し入れられる保証金に関する条項の記載方法を解説しています。保証金の金額、充当方法および返還時期について明確に規定することによってトラブルを防止できます。

第1節　共通事項

 条項例

> 第○条（保証金）
> 1　乙（買主）は、甲（売主）が保証金の提供を要請した場合、本契約及び個別契約に基づく乙の甲に対する債務及び損害賠償義務の履行を担保するため、保証金を甲へ預託する。
> 2　保証金は、本契約終了後、速やかに甲から乙に返還する。

◆売主側・買主側共通◆
☑チェックポイント❶：保証金の金額、差入日について定める。
☑チェックポイント❷：保証金の任意充当と保証金の補填を明記する。
☑チェックポイント❸：保証金の返還時期を明確化する。

【売主側変更例】　　　　　　　　　　　　　　　チェックポイント❶❷❸

> 1　乙は、❶本契約締結日に、本契約及び個別契約に基づく乙の甲に対する債務を担保するため、保証金○○○万円を甲に預託するものとする。
> 2　❷乙の甲に対する債務不履行があった場合及び乙が甲に対して損害賠償義務を負担した場合、甲は、任意に、かつ何らの手続を要することなく、保証金をこれらの債務額に充当することができ、甲は充当後、速やかに乙に通知する。この場合、乙は、保証金の不足額を直ちに補填しなければならない。
> 3　❷乙は、甲に対して負担する債務について、保証金との相殺を、甲に対して主張することはできない。
> 4　❷❸保証金は、本契約終了後に乙の甲に対する債務（本契約に基づくものに限らない）を控除した後、甲から乙に返還されるものとする。但し、保証金の返還には利息を付さないものとする。

【買主側変更例】　　　　　　　　　　　　　　　　チェックポイント❶❷

> 1　乙は、甲が保証金の提供を要請した場合は、本契約及び個別契約に基づく

85

第3章　契約書チェックポイント

> 乙の甲に対する債務及び損害賠償債務を担保するため、❶別途甲乙間で合意した金額の保証金を甲に預託する。
> 2　保証金は、前項記載の債務を控除したうえ、❷本契約終了後〇日以内に甲から乙に返還されるものとする。

解　説

　1回の取引で完結する単発的な売買契約とは異なり、ある程度の期間に売買が反復される継続的売買契約においては、売買代金の支払債務等の履行を確保する手段の一環として、保証金の差入れが取り決められる場合があります。これにより、売主は、万一買主により売買代金の支払がない場合、当該保証金を当該債務に充当し、債権の回収を図ることができます。

☑チェックポイント❶：保証金額、差入日について定める。

　売主としては、保証金の提供を必要的とし、かつ金額を明確にした上、差入時期についても契約締結時にするのが良いでしょう。

　これに対し、買主の立場からすれば、保証金の提供が過度の負担ともなり得ます。そこで、売主との契約交渉段階で、保証金の提供を要請された場合には、まずは保証金条項を設定しないように交渉すべきでしょう。そして、保証金の提供が避けられない場合であっても、【買主側変更例】のように、「別途甲乙間で合意した金額の保証金」等として、できる限り買主の関与し得る余地を残すことが望ましいといえます。

☑チェックポイント❷：保証金の任意充当および保証金の補填を明記する。

　売主としては、買主の売主に対する債務が発生した場合に、売主からの通知等の何らの手続を要することなく、当然に保証金をそれらの債務に充当できることを明確にしておくべきです。また、保証金を買主の既発生の債務に充当した場合、保証金の減額分については、直ちに補填すべきことを買主に義務付けておく必要があります。これにより、契約期間中において保証金の担保価値が維持されるとともに、買主が直ちに保証金を補填しない場合には債務不履行ともなり得ますので、その場合、売主は契約を解除することも可能となります。

第1節　共通事項

　さらに、売主による保証金の任意充当と表裏の関係になりますが、もともと保証金は、あくまで買主の債務の履行を確保するための手段ですので、買主がその未払代金債務や損害賠償債務について保証金から補填されるべきと主張し、本来の債務の履行を怠ることのないよう、買主に対しては相殺の禁止を明記すべきです。

　一方買主としても、充当の範囲についてのトラブルを回避するために、返還時における充当関係は明記しておくべきです。

☑**チェックポイント❸**：保証金の返還時期を明確化する。

　保証金は、取引関係が終了した場合に、提供者に対して返還することになりますが、売主としては、その際利息を付さないことも明記しておきましょう。

　他方、買主としては返還時期が明確になるのが望ましいため、「契約終了後○日以内に」として、返還時期をできる限り短期にして明文化すると良いでしょう。

21　担保の提供

　債務の履行を確保するために差し入れられるものが担保です。本項では、物的担保について、その担保の具体的な内容を解説しています。人的担保（連帯保証人）については次項で解説しています。

🤝 条項例

第○条（担保提供）
　乙（買主）は、本契約及び個別契約に基づく乙の債務の履行を確保するため、甲（売主）の承認する物件を担保として提供するものとする。

87

第3章　契約書チェックポイント

◆売主側◆
☑**チェックポイント❶**：担保提供を義務付ける。

☑**チェックポイント❷**：担保権の対抗要件の具備につき規定する。

☑**チェックポイント❸**：増担保請求を規定する。

☑**チェックポイント❹**：担保目的物の任意処分への協力を明記する。

◆買主側◆
☑**チェックポイント❺**：担保提供する際の要件を限定する。

【売主側変更例】　　　　　　　　　　　　　　　チェックポイント❶❷❸❹

1　乙は、本契約及び個別契約に基づく乙の債務の履行を確保するため、甲の承認する物件（以下「担保目的物」という。）を❶<u>担保として提供するものとする。</u>

2　乙は、担保目的物について、甲からの要求があった場合は、その登記、登録その他❷<u>甲の権利保全のために必要な一切の手続に協力するものとする。</u>

3　乙による担保提供の後に担保目的物の担保価値が下落した場合、又は担保目的物の担保価値が取引額に比し不均衡となった場合、並びに第○条（期限の利益喪失及び解除）に定める事由が発生した場合、❸<u>甲は乙に対して、増担保の請求ができるものとし、乙は直ちにこれに応じるものとする。</u>

4　乙に第○条（期限の利益喪失及び解除）に該当する事由が生じ、期限の利益を喪失した場合、甲は、法律に定める手続によらずに、担保目的物を任意に処分することができるものとする。この場合、❹<u>乙は、必要な手続を履践して協力しなければならない。</u>

【買主側変更例】　　　　　　　　　　　　　　　　チェックポイント❺

乙は、❺<u>甲から請求を受けた場合で、債権確保の客観的必要性が認められるときは、</u>本契約及び個別契約に基づく乙の債務の履行を確保するため、甲の承認する物件を担保として提供するものとする。

解　説

　相手方の債務の履行を確保する手段である担保には様々な種類がありますが、本項で検討するのは、特定の物件を対象とするものであり、物的担保にあたります。これに対し、連帯保証人のように、特定の人の財産全体を引当財産とするものを人的担保といいます。

　連帯保証人等の人的担保では、その人の財産状態の変化によって担保としての価値が変動することになりますが、物的担保では、当該物件の交換価値それ自体が引当となり、担保価値が人的担保に比較して固定的（もちろん担保物件の価値下落はありますが、人的担保よりは固定的という意味です。）である点で、人的担保より優れているといえます。

　それ故、当該相手方との取引が初めての場合や、取引歴が未だ浅く十分な信頼関係を築くには至っていない場合、さらには、たとえ取引関係が長くとも、相手方の信用状態に不安がある場合には、物的担保の設定を含めて、債権確保の手段を万全にとっておくべきでしょう。

☑**チェックポイント❶**：担保提供を義務付ける。

　売主としては、契約締結時の段階で、買主に対し担保を提供することを義務付けておくべきです。そして、その際に、担保目的物として相応しい物件を選定するにあたり、売主の承認が要件となることを、契約書の文言上も明らかにすると良いでしょう。

　以上に対し、買主としては、その債務を担保するためとはいえ、過度の負担は避けたいところです。特に、既に連帯保証人を立てることや、保証金を差し入れることも受け入れているような場合には、売主の債権確保としては十分な手だてが講じられていると考えられます。

　そこで、買主としては、他の担保手段が講じられることが約されている場合には、物的担保の提供義務自体を拒否することにも合理性があると主張することができます。それゆえ、このような場合には、本条項については、削除を求めるべきです。

☑**チェックポイント❷**：担保の対抗要件の具備につき規定する。

　物的担保は、物に対する権利たる物権の一種（担保物権）であり、その権利

第3章　契約書チェックポイント

を広く第三者に主張するためには、登記・登録・占有の取得など対抗要件を具備することが必要です。また、担保物権の代表的存在である抵当権では、一番抵当権、二番抵当権というように順位付けられて複数設定されることがありますが、その順位は登記・登録の先後関係により決定されます。

　そこで、売主としては、担保目的物について、登記・登録・占有の取得等、対抗要件を具備するために、買主に対してその手続に協力すべき義務を課しておく必要があります。

☑**チェックポイント❸**：増担保請求を規定する。

　通常、担保権設定時には、担保目的物の価値は、債権の確保のために十分な価値を有しているはずです。しかし、担保目的物が物理的に毀損・滅失した場合や、買主について期限の利益喪失条項に掲げているような信用不安に該当する事由が発生した場合、さらには経済状況が変化した場合など、その担保価値が、債権額に比して低下し、あるいは無に帰する場合もあります。そこで、これらの場合、売主としてはさらなる担保を求めることにより、債権担保の確実性を維持する必要があります。これを増（まし）担保請求といいます。増担保請求の特約を定めておくと、買主がこの特約に違反した場合には、それ自体が期限の利益の喪失事由となります（民法第137条第3号）。

☑**チェックポイント❹**：担保目的物の任意処分への協力を明記する。

　担保目的物の処分方法、すなわち担保物権の実行方法は、通常民法や民事執行法等の法律に規定されています。しかし、これらの法律の規定どおりに処分するには手続と時間を要し、また競売などの方法によっては、必ずしも担保目的物の価値が反映された処分がなされるとは限りません。

　そこで、このような法定の手続によらずに、担保目的物を担保権者の側で任意に処分できることを定めておくと、担保目的物を簡易かつ迅速に処分することが可能となります。

　もっとも、抵当権や譲渡担保の場合など、担保目的物の占有が相手方にある場合には、所有権移転登記や引渡しなど、担保権者が処分を実施するための前提となる手続が必要となります。そこで、そのような場合に備えて、相手方に対し、担保目的物の任意処分のために必要な協力をすべきことについても、契約書上で明記しておきましょう。

90

第1節　共通事項

☑**チェックポイント❺**：担保提供する際の要件を限定する。

　仮に、買主において、担保提供の要求に応じなければならない場合であっても、売主の担保提供要求がありさえすれば、いつでもこれに応じなければならないとすると、通常売主は当然に担保提供の要求をするでしょうから、買主側は結局無条件でこれに応じなければならないことになります。

　そこで、売主の要求に加え、債権確保のための客観的必要性があることを要件とし、担保提供義務を履行すべき場合に限定を付すべきでしょう。このようにすると、上記のように既に十分な担保措置が講じられている場合には、さらなる担保提供の要求があっても、これを拒むことができ、買主の負担が増大することを回避することができます。

22　契約の有効期間

　有効期間条項は、契約の効力の存続期間について定めた条項です。
　契約の更新についても同条項において規定することになります。契約の更新の要件や手続について明確に定めておくことが重要です。

条項例

第○条（有効期間）
　本契約の有効期間は、本契約締結日から○年間とする。ただし、期間満了の○か月前までに、甲（売主）又は乙（買主）のいずれかから別段の申出のないときは、本契約は本契約と同一の期間更新されるものとする。

◆売主側・買主側共通◆
☑**チェックポイント❶**：予告期間を明確化する。
☑**チェックポイント❷**：更新後の契約期間を検討する。

91

第3章　契約書チェックポイント

【売主側変更例】【買主側変更例】　　　　　　チェックポイント❶❷

> 本契約の有効期間は、本契約締結日から〇年間とする。ただし、❶期間満了の〇か月前までに、甲乙いずれからも、相手方に対して、本契約を終了する旨の書面による通知がないときは、同一の条件にて❷〇年間更新されるものとし、以後も同様とする。

 解　説

☑**チェックポイント❶**：予告期間を明確化する。

　有効期間に関する条項で最も注意すべきは、契約を更新するか否かの通知をする予告期間をどの程度にすべきかという点です。

　たとえば「期間満了の6か月前」などとして期間を長く設定すると、終了の5か月前に契約を切りたい事情が生じても既に自動更新になっているので契約を終了させることができないという不都合が生じます。逆に、「期間満了の1か月前」などと短く設定すると、更新してくれるものと信じていた相手からわずか1か月の予告で突如契約を切られ、次の取引先の確保に窮する危険性が生じます。

　そこで、相手から契約更新を拒まれたとしても次の取引先が見つけられる範囲で、最も短い期間を予告期間にするのが妥当です。

　また、通知の有無に関するトラブルを避けるため、通知は書面をもって行うべきことを明記しておきましょう。その際、契約当事者双方に異存がない場合に契約が更新されることを明らかにするため、変更例のように「甲乙いずれからも……書面による通知がないときは」と記載しておくと良いでしょう。

　さらに、契約が自動更新される場合は、従前と同一の条件であることも明示しておくべきでしょう。契約の更新に当たり、従前の契約条件を変更する場合には、新たに契約書を作成するか、または別途合意書などの書面を作成して、契約条件の変更を明確化しておきましょう。

☑**チェックポイント❷**：更新後の契約期間を検討する。

　契約を更新する場合、更新後の契約期間は、当初の契約期間より短期にす

第1節　共通事項

るのが一般的です。本来的には、当初の契約期間で一応の契約目的を達しうることが予定されているためです（当初の契約期間は契約目的を達し得る限りで短期間に設定しておくべきでしょう）。

　もっとも、当該契約関係を継続させることが有利なのであれば、更新後の契約期間を長期に設定しても良いでしょう。この点は、当該契約から得られる効果や、相手方との関係を継続することの是非などを勘案しながら決定することになるでしょう。

23　遡及条項の使い方

　既に開始している取引について、事後的に契約書を作成することがあります。このような場合に、取引開始当初の時点を契約締結日とする契約書（いわゆるバックデートした契約書）が作成されていることがありますが、それを避けるべき理由と遡及条項の使い方について解説しています。

条項例

第○条（遡及的効力）
　甲（売主）及び乙（買主）は、○年○月○日以降に甲乙間で既になされた本件商品を目的とする取引についても、格別の合意のない限り本契約を遡及的に適用することを確認する。

◆売主側・買主側共通◆
☑**チェックポイント❶**：遡及効の及ぶ時間的・物的範囲を具体的に定める。

93

第 3 章 契約書チェックポイント

 解 説

☑チェックポイント❶：遡及効の及ぶ時間的・物的範囲を具体的に定める。

　契約書は、多くの契約においてはその成立要件ではありませんが、両当事者の合意の存在およびその内容を示す最も有力な資料であり、当事者間で紛争に至った場合に、そもそも当事者間でどのような合意が成立していたのかについては、契約書が重要な証拠となります。そして、実際の紛争では、その合意つまり契約の成立時点をめぐって争われることが往々にしてあります。

　契約書には通常、その契約書が作成された日付が記入されますが、日付は、契約成立日を示す重要な意味を有します。この契約成立日が基準点となり、契約はその成立時以後の契約当事者間の権利義務を規律するというのが原則です。

　ところが、現実の取引においては、実際の取引が先行し、契約書の作成が後回しになってしまったなど諸々の事情により、契約書の作成日付を実際の作成日より遡らせること（いわゆるバックデート）があります。上記のように、契約書の作成日付が契約の成立時期を示すという重要な役割をもつことを考えれば、このようなバックデートは行うべきではないということになります。

　そこで、あえてバックデートによることなく、むしろ契約の適用そのものを遡らせるのが、本条項の趣旨です。

　契約の拘束力は契約成立時から発生するという上記原則からすると、本来であれば契約の遡及適用は避けるべきでしょう。そのため、遡及条項が問題となる場合には、そもそも必要であるのか否かよく吟味されるべきです。

　そして、遡及条項が必要となる場合には、どのような取引について、またどの時期からの取引にまで遡及させるのか、それぞれ明確化すべきでしょう。具体的な定め方については、**【条項例】**を参考にして下さい。

第1節　共通事項

24 反社会的勢力の排除条項の記載方法

　契約の相手方が暴力団などの反社会的勢力またはその関係先と判明したときは、直ちに契約関係を解消しなければなりません。そのため、反社会的勢力の排除に関する条項は、即時無条件に契約を解除できる内容である必要があります。

条項例

第○条（反社会的勢力の排除）
1　本契約において、「反社会的勢力」とは、以下のいずれかに該当する者をいう。
　⑴　暴力団、暴力団員又は暴力団員でなくなったときから5年を経過しないもの
　⑵　暴力団準構成員
　⑶　暴力団関係企業
　⑷　総会屋
　⑸　社会運動標ぼうゴロ
　⑹　政治活動標ぼうゴロ
　⑺　特殊知能暴力集団
　⑻　その他前各号に準じる、暴力的な要求行為、法的な責任を超えた不当な要求行為を行う勢力
2　甲及び乙は、現在又は将来にわたって、自らが反社会的勢力に該当せず、かつ、反社会的勢力と次の各号のいずれにも該当する関係がないことを相互に表明、確約する。
　⑴　その代表者、役員、支配人その他重要な従業者又は経営を実質的に支配する者が反社会的勢力又はその構成員に該当しないこと
　⑵　反社会的勢力が経営を支配しているか実質的に関与していると認められる関係

95

第3章　契約書チェックポイント

(3)　自己、自社若しくは第三者の不正の利益を図る目的又は第三者に損害を加える目的をもってするなど、不当に反社会的勢力を利用していると認められる関係

(4)　反社会的勢力に対して資金等を提供し、又は便宜を供与するなどの関与をしていると認められる関係

(5)　反社会的勢力との社会的に非難されるべき関係

3　(1)　甲及び乙は、現在又は将来にわたって、自己の取引先等が、反社会的勢力又は前項各号のいずれにも該当しないことを相互に表明し、保証する。

(2)　甲及び乙は、自己の取引先等が前号のいずれかに該当することが判明した場合には、契約の解除その他の必要な措置をとらなければならない。

4　甲及び乙は、現在又は将来にわたって、次の各号に該当する行為を自ら行わず、かつ、第三者に行わせないことを相互に表明し、保証する。

(1)　暴力的な要求行為

(2)　法的な責任を超えた不当な要求行為

(3)　取引に関して、脅迫的な言動をし、又は暴力を用いる行為

(4)　風説を流布し、偽計若しくは威力を用いて相手方の信用を毀損し、又は相手方の業務を妨害する行為

(5)　その他前各号に準ずる行為

5　甲及び乙は、相手方が反社会的勢力への該当性又は反社会的勢力との関係性の判断のために調査を要すると判断した場合、その調査に協力し、これに必要と判断する資料を提出しなければならない。

6　甲及び乙は、相手方が第2項ないし第4項の表明保証に違反したとき、又は、前項の調査に協力しないときは、何らの催告を要することなく直ちに本契約及個別契約の全てを解除することができる。この場合、契約を解除した当事者は、相手方に対し、何らの損害を賠償する責を負わない。

7　甲及び乙は、相手方が第2項ないし第4項の表明保証に違反したとき、又は、第5項の調査に協力しないときは、相手方に対し、違約金として金○○円の支払を直ちに請求することができる。

◆売主側・買主側共通◆

☑**チェックポイント❶**：反社会的勢力を漏らすことなく定義する。

☑チェックポイント❷：表明保証事項を明確かつ現実的なものとする。
☑チェックポイント❸：調査条項を規定する。
☑チェックポイント❹：表明保証違反等のペナルティを明確かつ効果的なものとする。

 解　説

　平成23年に全都道府県において暴力団排除条例が施行され、暴力団を含む「反社会的勢力」に対する利益供与が全国的に禁止されることになりました。これに伴い、各企業が反社会的勢力との関連を断絶すべく、現在では主要な企業の契約書にはほぼもれなく反社会的勢力の排除条項（いわゆる「反社条項」と呼ばれるものです。）が規定されるようになりました。また、従前から契約関係にある企業に対し、反社会的勢力でないことの誓約書を提出させるなど、反社会的勢力の排除は今や企業間契約において不可欠なものとなりました。反社会的勢力と取引関係を継続することは、自らも反社会的勢力の関係企業と扱われるため、かかるリスクを排除する意味でも反社条項は必須となっています。

☑チェックポイント❶：反社会的勢力を漏らすことなく定義する。
　第1項において、反社会的勢力の定義を明確に行っています。この条項例での定義は、政府の「企業が反社会的勢力による被害を防止するための指針（平成19年6月19日犯罪対策閣僚会議幹事会申し合わせ）」などを参考に、暴力団のみならず暴力的要求行為を行う勢力を幅広くとらえることができる内容にしています。

☑チェックポイント❷：表明保証事項を明確かつ現実的なものとする。
　反社会的勢力でないことについては、企業自体が反社会的勢力であることのみならず、役員や重要な従業者、さらには企業の実質的支配者（役員や株主でない者であっても該当する場合があります。）までが反社会的勢力の構成員（暴力団員など）でないことを要求することで、名実ともに反社会的勢力に該当しないことを表明保証させる内容としています（第2項）。
　また、取引先等が反社会的勢力ではないことも表明保証する内容としてい

第3章　契約書チェックポイント

ますが（第3項(1)）、取引先等が反社会的勢力に関与していることが判明した場合に必要な措置を取ることを義務付け（第3項(2)）、反社会的勢力との関与が判明次第、解除等の措置が必要になるとしています。

　相手方に提案する契約書の場合、表明保証を相手方にのみさせる方法もありますが、自らが反社会的勢力でないことは当然であるというコンプライアンスの観点からも、相互に適用されるという内容にするのが望ましいでしょう。なお、表明保証事項は厳格かつ明確である必要がありますが、自らに適用される内容について非現実的な内容を含まないかをチェックする必要があります。

☑**チェックポイント❸：調査条項を規定する。**

　相手方が反社会的勢力またはその関係先であるとの疑いが生じた場合であっても、公表されている資料やアクセス可能な情報（反社データベースなど）だけでは、その判別が困難な場合が考えられます。そこで、相手方に積極的に資料を提出させるなど、調査に協力させることで、速やかな判断ができるようにするための規定を置くべきでしょう（第5項）。

☑**チェックポイント❹：表明保証違反等のペナルティを明確かつ効果的なものとする。**

　反社条項の最大の目的は、反社会的勢力との関係の断絶です。つまり、相手方が反社会的勢力と判明した時点で、直ちに無条件に契約関係を解除できるという内容を盛り込むのが反社条項の最低条件です。反社会的勢力との関係を断絶できない場合、こちらまで反社会的勢力との関係先とみなされ、他者との取引に支障が生じるおそれがありますので、何のためらいもなく契約を解除できるよう、解除権の行使に伴う相手方の損害についても、その賠償請求を拒否できることを予め条項に盛り込んでおくべきです（第6項）。

　また、違約金条項は、契約解除を行った側の損害の算出が困難であることや、反社会的勢力との関係が経済的にもリスクであることを契約当事者に自覚させ、反社条項の遵守を促すという意味でも効果的です（第7項）。

第1節　共通事項

25　分離可能性

　本条項は、英文契約書等でみられることの多い条項です。契約書の一部が違法である場合や無効である場合であっても、他の条項は影響を受けないという内容になります。

条項例1

第○条（分離可能性）
　本契約に基づく各条項のいずれかが無効であったとしても、他の条項の有効性には何らの影響も及ぼさないものとする。

条項例2

第○条（分離可能性）
　本契約に基づく各条項のいずれかが無効であったとしても、当該条項が契約にとって重要で不可欠なものでない限り、他の条項の有効性には何らの影響も及ぼさないものとする。

解　説

　分離可能性に関する条項は、たとえば契約書の違約金条項などの一部の条項が無効になった場合に、契約全体が無効となるのか、それとも当該条項のみが無効となるのか、解釈がわかれるような場合に問題となります。
　ただし、契約の本質的要素（売買契約における目的物の引き渡し義務）が無効となるような場合は、本条項があったとしても、契約は全体として無効と解

99

第3章　契約書チェックポイント

釈されることが多いと考えます（【条項例2】はそのような状況も踏まえた記載
です。）。契約書において本条項が意味を持つのは、契約の本質ではない付随
的な条項の無効をもって契約全体の無効を主張されることを防止するという
限度になると思われます。

26　誠実協議の使い方

　誠実協議条項は、契約当事者間でトラブルが生じた場合に、契約当事
者間で誠実に協議をすすめるための条項です。法的な意義が大きい条項
ではありませんが、有効活用できる場面も存在します。

条項例

第○条（誠実協議）
　本契約に定めのない事項、又は本契約の解釈について疑義が生じた場合は、
甲（売主）及び乙（買主）は誠実に協議し、誠意をもってその解決にあたるも
のとする。

解　説

　日本国内の取引における契約書の特徴の1つとして、この誠実協議条項の
存在が挙げられます。誠実協議条項とは、契約遂行過程において、当事者間
に当該契約に関する疑義が生じた場合には、まずはお互いに話し合って、円
満に解決するようにしましょうという、いわば契約当事者の心構えを確認す
るというものです。

　この点からすれば、誠実協議条項は、法的に意味合いが乏しく活用の場面
は少ない条項のようにも思えます。そのため、誠実協議条項を削除するとい

100

第1節　共通事項

う運用も考えられます。

しかしながら、誠実協議条項の活用場面も考えられます。たとえば、自社が契約違反をして、相手方から訴訟も辞さない旨の通告を受けた場合、契約を遵守する重要性を指摘して、「契約違反を責めるならば、紛争については訴訟等の前に誠実に当事者間協議を尽くすのが契約上正しいはずである。」と主張し、和解による解決に持ち込む契機にするという活用法があり得るでしょう。具体的な定め方については、【条項例】を参考にして下さい。

27　適用法令

国際間取引を行う際にトラブルが生じてしまった場合には、どの国の法律を適用すべきかということが問題となります。国によってルールが異なりますので、どの国の法律が適用されるかについては、当事者間で明確に合意しておくべきでしょう。

条項例

第○条（適用法令）
　本契約に関する紛争については、日本国の法令を適用する。

◆売主側・買主側共通◆
☑チェックポイント❶：国際取引については準拠法を定める。
☑チェックポイント❷：適用法令として選択した国と合意管轄のある国を一致させる。

解　説

☑チェックポイント❶：国際取引については準拠法を定める。

第3章　契約書チェックポイント

　国際私法に関する法令（抵触法）について、我が国では、「法の適用に関する通則法」（以下「通則法」といいます。）が平成18年6月に公布され、平成19年1月から施行されています。この通則法では、法律行為の成立および効力は、当事者が当該法律行為の当時に選択した地の法によるとされています（通則法第7条）。我が国の通則法では、当事者による選択がない場合はおおむね次ページ表の規定によることになります。

　もっとも、この表は日本国の契約に関する抵触法の考え方であり（裁判となった場合に、日本の裁判所がどの国の法律を適用するかという国内のルールにすぎません。）、相手方の国に裁判管轄がある場合には、相手国の抵触法により決定されることになり、不利な規定が適用されるおそれがあります。また、提訴裁判所が決まらない間は、どこの国の法律によるのかが決まらない可能性があり、リスクの予測や紛争解決の予測が極めて困難な事態が起こります。

項目	原則	主な例外
法律行為の成立および効力	当該法律行為の当時において当該法律行為に最も密接な関係がある地の法	また、生産物責任の特例（通則法第18条）、名誉又は信用毀損の特例（通則法第19条）の例外あり
物権その他登記をすべき権利	目的物の所在地法	但し、権利の得喪については原因となる事実が完成した当時の目的物の所在地法
事務管理・不当利得によって生ずる債権の成立および効力	原因事実の発生地	但し、明らかにより密接な関係がある地がある場合は、その地
不法行為（一般的なもの）	加害行為の結果が発生した地の法	但し、その地における結果の発生が通常予見することのできないものであったときは、加害行為が行われた地の法

102

第1節　共通事項

　そこで、国際取引や取引が海外にまで及ぶことが予想される場合には、適用する法令について明確に合意しておくことが必要になります。なお、純粋な国内取引である場合はこの定めは不要です。

☑**チェックポイント❷**：適用法令として選択した国と合意管轄のある国を一致させる。

　通則法では、日本の裁判所に裁判管轄についての裁判権が認められることを前提にどの国の法規によるかを定めています。そして、抵触法は管轄権のある国のものが適用されるため、適用法令として選択した国と合意管轄のある国の不一致が生じると、自国の法令によらず裁判することになり、必ずしも妥当な解釈がなされるか保証されないというリスクがあります。そのため、適用法令として選択した国と合意管轄のある国とを一致させておくべきでしょう。

28　仲裁条項

　仲裁は、契約当事者双方が裁判に過大な時間とコストを費やすことなく紛争を処理できる可能性があります。また、相手方の財産に対する執行という面においても、特に国際取引においては仲裁が有用である場合があります。

🤝 条項例

第○条（仲裁条項）
　この契約から又はこの契約に関連して生ずることがあるすべての紛争、論争又は意見の相違は、（仲裁機関名）の○○規則に従って仲裁により最終的に解決されるものとする。仲裁地は（国名及び都市名）とする。

103

第3章　契約書チェックポイント

◆売主側・買主側共通◆
☑**チェックポイント❶**：仲裁による解決が合理的な契約か。
☑**チェックポイント❷**：適切な仲裁機関が選択されているか。

 解　説

☑**チェックポイント❶**：仲裁による解決が合理的な契約か。
　仲裁とは、当事者が、裁判所の判断に代えて、紛争の解決を仲裁人たる第三者の判断に委ね、その判断に従うという合意に基づいて紛争を解決する手続のことをいいます。
　仲裁条項などにより、契約の当事者間で紛争が生じた際には仲裁によることを定めておいた場合には、原則として当事者は訴訟による紛争解決はできないこととなり、仲裁による解決を目指すことになります。仲裁判断が出た場合には、訴訟における確定判決と同様の効力を有するものとされ、同様に相手方財産に対する執行を行うことができます。
　仲裁は、主に各団体が設置する仲裁機関において執り行われています。仲裁についてはメリット、デメリットいずれも考えられます。
　まず、メリットとしては、仲裁機関によっては、各紛争の類型に応じた専門家を用意している場合があり専門分野の理解があること、非公開で行われること、訴訟よりも比較的簡易な手続で行えること等があります。また、国外にある財産に対する執行については、外国仲裁判断の承認及び執行に関する条約（ニューヨーク条約）締結国間にあっては日本国内で取得した裁判の判決によって行う場合よりも容易であるといわれています。
　他方で、デメリットとして、裁判に比べて短期間のうちに行われる可能性が高い仲裁人の判断によるため、審理の慎重さにおいては裁判に劣るとの指摘もあります。
　以上のようなメリット、デメリットを踏まえて当該契約が仲裁に馴染むものか否かを検討して、当事者双方で紛争が生じた場合、仲裁を用いるべきかどうか、用いるとしてどの仲裁機関を用いるかを協議することになります。特に、国際取引でなくとも、紛争になった場合に専門性が強く要求される分

第1節　共通事項

野については仲裁を用いることも検討すべきでしょう。

☑**チェックポイント❷**：適切な仲裁機関が選択されているか。

　国内においても、様々な仲裁機関が設置されています。たとえば、専門性の高い仲裁機関として、知的財産に関する紛争については、日本知的財産仲裁センターが設置されていますし、建設工事の請負契約に関する紛争について、建設業法に基づき、中央建設工事紛争審査会および各都道府県に建設工事紛争審査会が設置されています。また、各都道府県の弁護士会なども幅広い分野について仲裁機関を設置している場合があります。

　国際取引においては契約当事者の属する国ではない第三国の仲裁機関が設定されることも多くみられます。

　このように、上記のものに限らず仲裁機関は多数存在しますので、各仲裁機関の特徴を考えたうえで、仲裁機関を選定する必要があります。

29　合意管轄条項について

　契約当事者間の協議によって紛争を解決することができない場合には、裁判手続を通じた解決が必要になります。管轄裁判所が遠方である場合には、裁判所へ出向くこと自体が大きなコストになりますので、管轄裁判所に関する定めは重要です。

条項例

第○条（管轄裁判所）
　本契約及び本契約に関連する個別契約について訴訟の必要が生じた場合には、甲（売主）の本店所在地を管轄する地方裁判所を管轄裁判所とする。

◆**売主側・買主側共通**◆

☑**チェックポイント❶**：簡易裁判所への訴訟提起の可能性を残すかどうかを

105

第3章　契約書チェックポイント

検討する。
☑**チェックポイント❷**：専属的管轄合意であることを明示する。
☑**チェックポイント❸**：「原（被）告の本店所在地」といった文言を利用して、自社に有利な場所を管轄合意地とするように工夫する。

【変更例1】　　　　　　　　　　　　　　　　　　チェックポイント❶❷

　本契約及び本契約に関連する個別契約について訴訟の必要が生じた場合には、訴額に応じ、甲の本店所在地を管轄する**❶地方裁判所又は簡易裁判所**を**❷第一審の専属的合意管轄裁判所とする。**

【変更例2】　　　　　　　　　　　　　　　　　チェックポイント❶❷❸

　本契約及び本契約に関連する個別契約について訴訟の必要が生じた場合には、**❸原告となる者の本店所在地を管轄する❶地方裁判所**を**❷第一審の専属的合意管轄裁判所とする。**

解　説

　取引基本契約ないし個別契約をめぐり当事者間で紛争が生じた場合、協議による解決ができない場合には、最終的には裁判所等の第三者機関に紛争解決を委ねることになります。ここで、裁判所に対し訴訟提起することによって紛争を解決しようとする場合、どの裁判所に訴訟を提起できるのかという管轄の問題が生じます。
　管轄は法律によって定まる管轄である法定管轄と異なる裁判所に管轄を認めてよいという任意管轄と、法律の定める特定の裁判所にしか管轄が認められないという専属管轄があります。そして、事物管轄（第一審を簡易裁判所と地方裁判所のいずれに提起すべきか）と土地管轄（どこの裁判所に提起すべきか）については原則として任意管轄とされています。
　取引基本契約において最も重要なのは、どこの裁判所に提起すべきかとい

第 1 節　共通事項

う土地管轄の問題です。たとえば、自社の本店所在地が札幌であり、相手方の本店所在地が福岡であるとして、管轄裁判所を相手方の本店所在地を管轄する福岡地方裁判所と定めた場合、裁判期日における当事者の出頭にも費用がかかりますし、訴訟代理人となる弁護士の確保や証人の出頭確保も困難となる場合があります。現在は、電話会議やウェブ会議等の積極的な活用もされており当事者や代理人弁護士の期日出頭の手間はある程度省略できるとはいえ、なお、証人尋問を含めて出頭が必要な場合も少なくありませんので、費用対効果を考えると訴え提起を断念せざるを得ない場合もあります。したがって、自社にとって有利な場所（主に自社の本店所在地）を管轄合意地として定めておくべきでしょう（民事訴訟法第11条 1 項）。

　なお、土地管轄について合意管轄条項がない場合には、法律の規定に従い、被告となる法人の主たる事務所または営業所の所在地を管轄する裁判所（民事訴訟法第 4 条第 1 項、第 4 項　普通裁判籍）もしくは当該事件と人的・物的に関連する土地を管轄する裁判所（民事訴訟法第 5 条各号　特別裁判籍）のどちらかを選んで訴えを提起できることになります。したがって、被告の本店所在地を管轄する裁判所のみならず、財産権上の訴えについては義務履行地を管轄する裁判所、不法行為に関する訴えについては不法行為があった地を管轄する裁判所にも訴訟提起できることになります。

☑**チェックポイント❶**：簡易裁判所への訴訟提起の可能性を残すかどうかを検討する。

　財産権上の請求につき、訴額が140万円を超えない請求については簡易裁判所に、それを超える事件については地方裁判所に管轄が認められます（裁判所法第24条第 1 号、第33条第 1 項第 1 号）。ただ、訴額140万円以下の事件とはいえ、事件の内容が複雑で審理が困難な場合もあるため、簡易裁判所の管轄事件でも地方裁判所が受理して自ら審判することは可能とされています（民事訴訟法第16条第 2 項）。

　取引基本契約において管轄合意をする場合、訴額を問わず地方裁判所を第一審裁判所とすることも少なくありません。このような合意がある場合には、訴額が140万円以下の事件であっても、地方裁判所に訴訟を提起しなければならなくなります。簡易裁判所は地方裁判所に比べて訴訟手続が簡易迅速

107

第3章　契約書チェックポイント

であるという利点もありますので、必要があれば、訴額に応じて簡易裁判所にも訴えを提起できるようにしておきましょう。

☑チェックポイント❷：専属的管轄合意であることを明示する。

　管轄合意には、当事者が合意した裁判所のみに管轄を認める専属的管轄合意と法定管轄裁判所に付加して当事者が合意した裁判所にも管轄を認める選択的（付加的）管轄合意とがあります。自社に有利な裁判所に常に管轄を認めるためには、専属的管轄合意とする必要があります。

　専属的管轄合意であることを明確にするために「……を専属的合意管轄裁判所とする」旨を明示する形で規定しておくべきでしょう。

☑チェックポイント❸：自社に有利な場所を管轄合意地となるように工夫する。

　訴訟提起に伴う自社の負担を回避し、かつ、相手方から訴訟を提起されにくくするためには、自社の本店所在地もしくはそれに近い場所を管轄合意地とする方向で交渉することになります。

　もっとも、相手方との力関係によっては、自社の本店所在地を管轄合意地とすることが困難な場合もあります。このような場合は、直ちに相手方の本店所在地を管轄合意地とするのではなく合意管轄条項そのものを削除してしまうのも1つの方法です（これによって、管轄合意地が相手方の本店所在地に固定されることを回避できます。）。

　また、契約の内容からして、自社から相手方に対して訴訟提起する場合が多いと想定されるならば「原告の本店所在地」、逆であれば「被告の本店所在地」を管轄合意地とすることによって、文言上は当事者双方に公平に適用されるように見えて、実質的には原告または被告となり得る自社にのみ合意管轄条項が適用されるようにするというのも検討すべき方法の1つでしょう。

| 応　用 | **合意管轄裁判所の特定** |

　相手方との力関係により、相手方の本店所在地を管轄合意地と定めなければならない場合であっても、相手方の本店所在地が自社にとってそれほど不利益な場所でないという場合には、具体的な管轄裁判所を特定しておくことによって、将来相手方の本店所在地が移転した場

第1節　共通事項

合の不利益を回避することができます。たとえば、契約締結時において、自社の本店所在地が神戸であり、相手方の本店所在地が大阪である場合、大阪を管轄合意地と定めても自社にそれほど大きな不利益は生じません。ところが、相手方が将来、本店所在地を東京に移転した場合、本店所在地の移転に伴い管轄合意地も東京に移転してしまうことになります。そこで、合意管轄条項において、管轄裁判所を「大阪地方裁判所又は大阪簡易裁判所」と特定しておけば、将来の本店所在地移転に伴う訴訟上の負担増大のリスクを回避できるというわけです。契約締結時には相手方の本店所在地は大阪にあるわけですから、将来の本店移転計画が具体化していない限り、相手方としても受諾しやすい条項案といえるでしょう。

　逆に、自社の本店所在地に合意管轄を認める場合は、管轄裁判所を具体的に特定しなくても特に不利益は生じませんし、自社が本店を移転すれば、それに伴い管轄裁判所も移転するので「本店所在地を管轄する裁判所」という定め方にしてむしろ管轄裁判所を特定しない方が良いでしょう。

30　後文の記載方法

　契約書の末尾に記載される後文は、契約の有効性を判断する上で非常に重要な規定です。記載によっては契約の有効性に問題が生じかねませんし、正確な記載は偽造されることの防止（または偽造の立証）にも役立ちます。電子契約においては、電子契約用の文言（【条項例4】）を用いる必要があります。

109

第 3 章　契約書チェックポイント

🤝 条項例 1

　本契約の締結を証するため、本書 2 通を作成し、甲（売主）乙（買主）が記名押印の上、各自 1 通を保有する。

令和 6 年○○月○○日（又は2024年○○月○○日）

🤝 条項例 2

　本契約の締結を証するため、本書 1 通を作成し、甲乙が記名押印の上、甲が原本を保有し乙に写し 1 通を交付する。

令和 6 年○○月○○日（又は2024年○○月○○日）

🤝 条項例 3

　本契約の締結を証するため、本書 3 通を作成し、甲乙及び丙（連帯保証人）が記名ないし署名押印の上、各自 1 通を保有する。

令和 6 年○○月○○日（又は2024年○○月○○日）

🤝 条項例 4

　本契約の締結を証するため、電磁的記録を作成し、甲及び乙が電子署名の上、各自その記録を保管する。

令和 6 年○○月○○日（又は2024年○○月○○日）

◆売主側・買主側共通◆

☑**チェックポイント❶**：契約書の作成通数および契約書の保有者を明記する。

☑**チェックポイント❷**：契約書の原本の作成通数と印紙税

110

第1節　共通事項

☑チェックポイント❸：「記名押印」「署名押印」の文言を使い分け、実際の当事者の表示欄と一致させる。
☑チェックポイント❹：必ず契約締結日を記載する（空欄にしない）。
☑チェックポイント❺：実際の契約書作成日を契約締結日として記載する（バックデートはしない）。必要があれば契約の効力発生日を遡らせる条項を別途設ける。
☑チェックポイント❻：電子契約の場合には文言に注意する。

 解　説

☑チェックポイント❶：契約書の作成通数および契約書の保有者を明記する。
　契約書を1通しか作成しなかった場合には契約書原本を保有する当事者による改ざん偽造が可能となります。このため、本来契約書は当事者の数だけ作成するべきです。そして、後文に契約作成通数、契約書の保有者を明記しておけば、複数作成した契約書が誰の手元にあるのかが明らかとなります。かかる記載により、契約書を受領していないとの理由で契約の成立を争われるといった無用のトラブルを避けることができます。

☑チェックポイント❷：契約書の原本の作成通数と印紙税
　印紙税は、契約の成立を証する文書原本に課されるため、原本を複数通作成した場合には、いずれの原本にも印紙税が課されます。そこで、特に印紙代が高額になる場合には費用削減のために、契約書原本を1通だけ作成して契約当事者のいずれかが保有し、他の契約当事者には写し（契約書をそのままコピーしただけのものであることが必要です。）を交付するという方法が取られる場合もあります。この場合、証明力が高い原本の方を自社が保有するように心掛けるべきです。
　写しを交付される側が、写しの証明力を高めようとするならば、原本を保有する側の契約当事者が「この写しは原本と相違ないことを証明する」旨を手書きで記載する方法があります。このような認証文言を記載した場合には、契約の成立等を証明するものとして課税文書に該当し、写しにも収入印紙の貼付が必要となるので注意が必要です。

第3章　契約書チェックポイント

☑**チェックポイント❸**：「記名押印」「署名押印」の文言を使い分け、実際の
　　　　　　　　　　　当事者の表示欄と一致させる。

　【条項例1】のように「甲（売主）乙（買主）が記名押印の上、各自1通を
保有する。」とあるにも関わらず、記名のみで押印がない場合には、当該契約
は成立していないのではないかという疑義が生じる可能性があります。ある
いは「署名押印の上」とあるのに、記名と押印しかない場合にも同様に契約
の成立に疑義が生じる可能性があります。このため、後文の記載内容は、実
際の当事者の表示欄の記載方法と一致させるように留意が必要です。

☑**チェックポイント❹**：必ず契約締結日を記載する（空欄にしない）。

　契約締結日の記載は、契約書で定められた内容を理解するための重要な手
がかりとしての意味を有しています。

　たとえば、取引基本契約書中には、契約の有効期間について「本契約の有
効期間は契約締結日から1年間とする。ただし、期間満了の1か月前までに
甲乙いずれからも更新拒絶の意思表示がない場合、本契約はなお1年間有効
とし、その後も同様とする。」といった条項が設けられるのが一般的です。

　しかしながら、有効期間の起算点である契約締結日が分からないと、そも
そもいつから1年間なのかが分かりません。また、期間満了日が不明である
ことにより更新拒絶の意思表示をすべき時期も不明となり、将来大きなトラ
ブルになりかねません。また、契約書に示されている目的物や場所（地名）は
契約締結日現在のものを指していると考えられますし、契約書の内容には契
約締結日現在施行されている各法律が適用されることになりますが、契約締
結日が不明だと、契約書が示す目的物や場所、適用されるべき法令が明確に
特定できません。さらには、契約締結時に代表者として記名押印した者が実
際に会社の代表権を持っていたのかどうかが後日争いとなった場合に、契約
締結日が特定されなければ結論が出ないという問題まで生じます。

　以上のように、契約締結日は取引基本契約の履行、解釈等において重要な
役割を担っていますから、契約締結日を空欄のままにすることは絶対に避け
るべきです。契約締結日を空欄にしておいて、後日必要に応じて事実と異な
る契約締結日を書き入れるという運用は、コンプライアンスの観点からも問
題があるといえるでしょう。

第1節　共通事項

　なお、契約締結に伴い何らかの金銭授受がある場合に、その領収証記載の日付をもって契約締結日の記載に代えるケースも見受けられますが、金銭の授受と取引基本契約の締結とは別個の行為ですので必ずしも領収証の日付が契約締結日であるとは限りませんし、仮に同日であったとしても領収証を紛失した場合には契約締結日も不明となってしまう危険があります。したがって、契約締結日は必ず基本契約書中に明記すべきです。

☑**チェックポイント❺**：バックデートはしない。

　契約締結日は、当事者全員が署名（記名）押印した時点の日付（すなわち契約書作成日）を記載するのが基本となります。

　本来なら契約書を作成してから契約内容の履行を開始するべきなのですが、急ぎの案件については、契約条件の大枠が決定した時点で取引を開始し、その後に細かな契約条件の確認や交渉を進めた上で契約書を作成するということがあります。たとえば、2024年5月1日開始の取引について、2024年6月1日に契約書を作成するという場合です。

　この場合、2024年5月1日の取引から当該契約書の内容を適用する目的で、「2024年5月1日」を契約締結日として記載する処理も考えられます。これをバックデートと呼び、実務上の処理として用いられることが少なくありません。

　しかし、将来、契約締結日の真偽が争われた場合に、たとえば「そろそろ契約書の調印をしましょう。」といった内容のメールが2024年5月10日時点でやり取りされていることが明らかになれば、契約書に記載された「2024年5月1日」という契約締結日が虚偽であることが明らかになるにとどまらず、正式な契約締結日がいつであるか不明ということになります。したがって、バックデートは契約締結日を記載しない場合と同様のリスクを抱える危険な処理と認識して、可能な限り避けるべきです。

　そこで、契約書の作成が取引開始日より後日になる場合には、契約締結日を実際の契約書作成日である「2024年6月1日」と記載した上で、「本契約は2024年5月1日に遡って適用される。」との遡及条項を付加する（☞第3章第1節「**23　遡及条項の使い方**」〔P.93〕参照）か、末尾に特約として記載すれば、2024年5月1日の取引から当該契約書の内容を適用することが可能となります。

113

第 3 章　契約書チェックポイント

☑**チェックポイント❻**：電子契約の場合には文言に注意する。

　後文は、契約の有効性にかかわるものですので、実際の契約締結過程に合わせて記載する必要があります。電子契約においては通常書面による原本は作成されることはありませんので、**【条項例 4 】**のような電磁的記録が作成されたこと、電子署名がなされたことを確認することとなります。トラブルを避けるためにも、実態に合わせた記載を行う必要があります。

| 応　用 | 契約締結日の改ざんを防ぐ方法 |

　　契約締結日は重要な意味を有しているため、契約当事者が、後日、自己の都合がいいように契約締結日を改ざんする可能性は否定できません。逆に、当事者間で紛争が生じた場合に、相手方から自社が契約締結日を改ざんしたとの疑いをかけられることもありえます。

　　そのような事態を防ぐためには、契約締結時において、自社が以後保有する契約書の契約締結日欄を相手方に記入してもらうという方法が有効でしょう。この方法によって、自社が任意に変えることができない相手方筆跡の契約締結日の記載がある契約書を入手できることになります。

　　また、相手方に契約締結日欄を記入してもらうことができないとしても、自社の側で、公証人役場において当該契約書に契約書作成日の日付印（この日が確定日付となる）を受けておくという方法があります。この確定日付を得ておけば、後日、当事者間で契約締結日をめぐる争いが生じたとしても、少なくとも当該日付までには契約書が作成されていたと主張することが可能となります。

31　当事者の表示

　当事者の表示は、契約の効果が帰属する先を表示するためのものです。当事者の表示が不十分であった場合には、契約の有効性や契約の効

第 1 節　共通事項

果の帰属を争われるリスクがありますので、記載が正確なものかを確認することは重要です。

条項例 1

> 甲　大阪府大阪市○○区○○1-1-1
> 　　株式会社 A
> 　　代表取締役　　○○　　○○　㊞
> 乙　東京都○○区○○1-2-1
> 　　B 株式会社
> 　　代表取締役　　△△　　△△　㊞

条項例 2

> 甲　大阪府大阪市○○区○○1-1-1
> 　　(登記簿上の本店所在地：兵庫県神戸市□□区…)
> 　　株式会社 A
> 　　代表取締役　　○○　　○○　㊞
> 乙　東京都○○区○○1-2-1
> 　　B 株式会社
> 　　代表取締役　　△△　　△△　㊞

条項例 3

> 甲　大阪府大阪市○○区○○1-1-1
> 　　株式会社 A
> 　　代表取締役　　○○　　○○　㊞
> 乙　東京都○○区○○1-2-1
> 　　B 株式会社
> 　　代表取締役　　△△　　△△　㊞

115

第3章　契約書チェックポイント

丙　（乙連帯保証人）
　　東京都〇〇区〇〇1-2-2
　　□□　□□　㊞

◆売主側・買主側共通◆
☑**チェックポイント❶**：当事者の住所、名称、契約締結権限を示す文言を正確に記載する。
☑**チェックポイント❷**：極めて重要な契約の場合は、実印の押印に加えて署名まで求める。
☑**チェックポイント❸**：連帯保証人を立てた場合には、連帯保証人欄を設けて署名押印を求める。

解　説

☑**チェックポイント❶**：当事者の住所、名称、契約締結権限を示す文言を正確に記載する。

　当事者表示の意味は、契約の効果が誰に帰属するのかを確認することにあります。当事者の表示方法としては、契約当事者が会社であるならば、会社の住所および会社名を記載（ゴム印等でなされることが多いです。）した上で、契約締結権限者が署名押印ないし記名押印をするのが一般的です。

　会社の住所はその本店所在地にあるものとされますから、通常、商業登記簿上の本店所在地を記載することになります。もっとも、本店所在地とは別の場所で実質的な営業を行っており、その営業上の活動として契約を締結する場合には、【条項例2】のように、住所としては現在の主たる営業所を記載した上で、商業登記簿上の本店所在地を括弧書きで記載しておくとより正確となるでしょう。

　また、契約の効力が会社に帰属するためには、契約締結者がその会社を代表ないし代理する権利を有していることが必要です。そのため、契約締結者の氏名の前に、会社を代表ないし代理して契約を締結する権限を示す文言（たとえば、「代表取締役」「支店長」「営業部長」等があります。）を付加しておく

第1節　共通事項

ことが必要となります。

☑**チェックポイント❷**：極めて重要な契約の場合は、実印の押印に加えて署
名を求める。

　署名とは手書きの方法で名称を記載することをいい、記名とは手書き以外
の方法（ワープロ印字、ゴム印等です。）で名称を記載することをいいます。

　署名の場合、筆跡鑑定等により本人が署名したことが明らかになれば、当
該契約書は署名した本人が契約したものとして高い証拠価値を有することに
なります。これに対し、記名の場合は署名と比べて証拠価値は低いといわざ
るを得ません。ただ、記名に実印による押印を加えることによって署名と同
程度の証拠価値が認められると考えられています。

　なお、法律上は署名があれば押印は不要ですが、実際の取引上は署名の場
合にも押印することが一般的です。

　次に、押印については、契約締結権限を有する者の押印であれば認印でも
効力は否定されませんが、実印の押印があれば、本人が押印したということ
が強く推定されますので、より高い証拠価値を有することになります。した
がって、契約書への押印は原則として実印の押印を求めるべきです。また、
実印であることを確認するために印鑑証明書の添付も求めるべきでしょう。

　署名ないし記名については、実際の取引において常に契約書に署名を求め
ることが難しい面があります。そこで、通常の契約であれば記名（および実
印の押印）とし、極めて重要な契約については署名（および実印の押印）を求
めるようにすれば良いでしょう。署名押印を求める際、契約締結権限者がお
互いの面前で署名押印するようにすれば、自署性が確保される上、当事者の
契約締結意思を明確にすることができます。

☑**チェックポイント❸**：連帯保証人を立てた場合には連絡保証人欄を設けて
署名押印を求める。

　連帯保証人を立てた場合、連帯保証人とされた者から、㋐署名押印に関与
した覚えはない、または㋑連帯保証人としてではなく立会人として名前を記
載しただけである、というように、後日、連帯保証の意思を争われる危険が
あります。

　したがって、契約書作成の際には、当事者の表示として「連帯保証人」欄

117

第3章　契約書チェックポイント

を設けた上で（これによって上記(イ)の主張を回避できます。）、連帯保証人になる者に対して記名押印ではなく署名押印を求め、印鑑証明書も添付してもらうべきです（これによって上記(ア)の主張を回避できます。）。また、連帯保証の意思を確認するためにも署名押印は他の当事者の面前で行うようにすべきでしょう。

　なお、連帯保証人になる者は、主債務者側の当事者とは面識があっても、債権者側の当事者とは面識がないのが通常です。そのため、特に自社が債権者側である場合には、本人確認のため実印の押印および印鑑証明書の交付を要求するようにしましょう。

32　複数当事者間の契約

　複数当事者間での契約では、誰が誰に対してどのような権利を有しているのかが一義的に明らかでないことがあります。各当事者の権利関係や、解除がなされた場合の当事者間の契約関係の処理などについて規定しておくべき条項を記載しました。

条項例1

第○条
　本契約における各当事者の債務は、それぞれ個別の債務を構成し、各自はこれを連帯して負担しない。

第 1 節　共通事項

🤝 **条項例 2**

> 第○条
> 　本契約において、甲が本契約の解除を行った場合であっても、乙丙間においては、本契約は有効なものとする。

🤝 **条項例 3**

> 第○条
> 　本契約において、各当事者は単独で解除権を行使することができる。

☑**チェックポイント❶**：各当事者の債務が連帯債務か連帯債務でないかを明確にする。

☑**チェックポイント❷**：契約が解除された場合の契約関係について定めておく。

☑**チェックポイント❸**：解除権の単独行使を認めるか。

📋✓ **解　説**

☑**チェックポイント❶**：各当事者の債務が連帯債務か連帯債務でないかを明確にする。

　同一の立場あるいは近い立場にある当事者が複数いる場合（たとえば物を2名以上で購入する場合等）には、相手方に対する債務が連帯債務となるのか、連帯債務とならないのかについて解釈が分かれるケースがあります。

　そのため、連帯債務でないという内容で契約を締結する場合には、あくまで独立して義務を負うものとして、「非連帯」であることを明記しておく必要があります。

☑**チェックポイント❷**：契約が解除された場合の契約関係について定めておく。

119

第3章　契約書チェックポイント

当事者が複数いる場合には、契約が解除された場合に、どのような契約関係とするのかを明確にしておく必要があります。

甲、乙および丙で契約が締結されており、甲が契約解除した場合に、乙丙間での契約上の取り決めについても効力が消滅するか否かについては、解釈の余地があるため、契約上でこのような場合の取扱いについても明記しておくべきでしょう。

☑**チェックポイント❸**：解除権の単独行使を認めるか。

上記**チェックポイント❷**に関連する話として、解除権については、民法において、以下のとおり不可分性に関する条文が存在しています。この規定は、契約の一方当事者（買主が複数名等）が複数いるケースに適用される条文です。この規定に従うと、解除権の行使は全員から全員へ行わなければならないこととなります。

この規定は、任意規定と考えられておりますので排除することは可能ですが、解除権の不可分性を排除する場合には、単独で行使できる旨を規定しておく必要があります。

（解除権の不可分性）

第544条第1項　当事者の一方が数人ある場合には、契約の解除は、その全員から又はその全員に対してのみ、することができる。

三者以上を当事者とする契約書を作成する場合には、権利・義務の規定が複数当事者間でどのような関係となるのかを見極めながら作成する必要があります。特に、二当事者の契約書を三者以上の契約に改変して使用する場合には、各規定が複数当事者に対応するものとなっているか十分な確認が必要となります。

●第 2 節● 売買基本契約書

1 基本契約と個別契約との関係

　取引基本契約は、当事者間で反復継続して行われる取引について共通に適用される事項を規定したものですが、万が一相反する場面があった場合に備えて後に成立する個別契約との優先関係を明確に定めておきましょう。

条項例

第○条（基本契約）
　本契約に定める事項は、本契約の有効期間中、甲（売主）乙（買主）間で締結される個別の商品売買契約（以下「個別契約」という。）に対し❶共通に適用される。ただし、個別契約の内容と本契約の内容とが異なる場合は、❷個別契約が優先する。

◆売主側・買主側共通◆
☑チェックポイント❶：基本契約が個別契約に対し共通に適用されるものであることを明記する。
☑チェックポイント❷：個別契約が基本契約に優先することを明記する。

解 説

☑チェックポイント❶：基本契約が個別契約に対し共通に適用されるもので

121

あることを明記する。

取引基本契約は、当事者間で反復継続して行われる取引について共通に適用される事項を規定したものです。したがって、格別の規定をしない限り、取引基本契約が全ての個別契約に適用されることになりますので、そのことを明記した条項といえます。

☑**チェックポイント❷**：個別契約が基本契約に優先することを明記する。

個別契約に基本契約と異なる内容・条件が定められた場合、基本契約の後に成立した個別契約が優先しないと、個別契約において基本契約の特例を定める意味がなくなります。そこで、個別契約が優先することを明記して確認するための条項といえます（明確な取り決めがなくても個別契約が優先されるのが原則と考えられますが、無用なトラブルを避けるためにも明記しましょう。）。

もっとも、個別契約が基本契約に優先するとしても、基本契約の内容は、個別契約の解釈指針としては常に有効であるべきです。そのため、【条項例】の末尾に、「なお、この場合でも本契約は個別契約の解釈指針としての機能を失わない。」といった文言を付加してもいいでしょう。

2 個別契約の成立要件

基本契約後に行われる個別契約について、いかなる場合にその個別契約が成立するのか明確にしておくことが重要です。契約自由の原則のもとで、契約自体は口頭による合意でも成立しますが、実務上は注文書等の書面によるべきとするのが一般的です。

 条項例

第〇条（個別契約の成立）
　個別契約は、乙（買主）が甲（売主）に対し注文書を交付することによって

成立する。

◆売主側・買主側共通◆
☑チェックポイント❶：個別契約の成立条件を明確にする。
◆売主側◆
☑チェックポイント❷：個別契約の成立に必要となる注文書の内容を明確にする。

【売主側変更例】　　　　　　　　　　　　　　　　チェックポイント❶❷

　個別契約は、乙が甲に対し❷**品名、数量、納期その他の事項を明記した所定の**注文書を交付し、❶**甲が乙に対し注文請書を交付**することによって成立する。

【買主側変更例】　　　　　　　　　　　　　　　　チェックポイント❶❷

1　個別契約は、乙が甲に対し❷**所定の**注文書を交付し、❶甲が乙に対し**注文請書を交付**することによって成立する。
2　❶**前項にかかわらず、注文書交付後5日以内に甲が受注拒否の申出をしない場合には、乙の発注内容どおりに承諾したものとする。**

解　説

☑チェックポイント❶：個別契約の成立条件を明確にする。

　取引基本契約書において、買主の申込みに対して売主の書面による承諾を個別契約の成立要件とする旨を明記しておかないと、商法第509条第1項および第2項（商人が平常取引をする者からその営業の部類に属する契約の申込みを受けた場合に、遅滞なく諾否の通知を発しなかった場合は当該申込みを承諾したものとみなす。）が適用され、承諾通知を発しなくても申込みを承諾したものとみなされてしまいますので、売主は注意が必要です。

　たとえば、注文書が担当部署と異なる部署に届いたのに部署間の連絡が十分でなかったため、担当部署に注文書受領の事実が伝達されなかった場合

第3章　契約書チェックポイント

等、何らかの理由で発注に気がつかなかった場合であっても債務不履行責任を負うことになり、売主としては予想外の不利益を被ります。

　また、買主が発注する製品の内容、数量、納期等によっては注文を受けるべきでない場合もありますから、売主としてはその検討期間を確保するために、買主の発注内容で受注する旨の書面承諾（注文請書等の交付）をもって個別契約が成立するという内容に修正すべきでしょう。

　これに対し、買主としても注文書を発送しただけでは、注文内容を売主が把握しているかどうかを確認できませんから、売主から注文請書等の交付を受けてこれを確認したいところです。もっとも、注文請書等の交付を個別契約の成立要件とした場合、売主が注文請書等の交付を遅滞することにより個別契約の成立が遅れるといった事態が生じる危険があります。そこで、買主としては、「注文書交付から●日以内に売主から受注拒否の連絡がない限り個別契約が成立する」という条項を付加して上記事態を避けることが考えられます。

☑**チェックポイント❷**：個別契約の成立に必要となる注文書の内容を明確にする。

　個別契約は口頭の合意によって成立しますが、当事者間の具体的な取引内容を決めるものであり、これに基づいて契約上の債務の内容が決定されますから、必ず注文書等の書面を作成してその内容を明確にしておくべきです。また、当該個別契約に特有の取り決めについては別途個別契約書を取り交わす必要が生じるケースもあります。

　【条項例】では、注文書を交付するケースを取り上げておりますが、注文書に記載すべき内容としては、一般的に品名、数量、価格、荷姿、引渡時期、引渡場所、納入方法、支払時期等があげられます。これらを記載する注文書の書式が個別取引ごとに異なるようでは、円滑な取引の妨げになるばかりでなく、注文書の記載内容の解釈をめぐってトラブルとなりかねません。したがって、注文書の書式は予め当事者間で決定しておき、基本契約書上「所定の」注文書を用いることを明記しておくべきでしょう。

124

第2節　売買基本契約書

応　用　注文書は必須項目の空欄は認めない、注文請書を兼ねる文言を記載する

　　注文書の利用にあたっては、重要項目である品名、数量、価格、荷姿、引渡時期、引渡場所、納入方法、支払時期等を必須の記載項目とし、かかる必須項目を空欄にしたままでの注文を認めない形式にすることが考えられます。また、注文書の下段に、「上記内容でご注文がございましたので、これをお受け致します。」といった文言を記載して1枚の書面で注文書・注文請書を兼ねるようにすれば、注文内容を別の書面に転記して注文請書を作成する過程で誤記が生じるといったリスクを避けることができます。

3　納入条項の記載方法

　　商品の納入条件（納入時期、納入場所、納入費用等）は個別契約において具体的に定めるようにし、納期に遅れた場合の対応についても規定しておくようにしましょう。

🤝 条項例

第○条（商品の引渡）
　　甲（売主）は、個別契約において定める条件に従い、本件商品を乙（買主）に納入するものとする。

◆売主側・買主側共通◆
☑チェックポイント❶：個別契約締結時に納入条件を明確に定める。
◆売主側◆
☑チェックポイント❷：納入費用を買主負担にする場合には、その旨明確に定める。

125

第3章　契約書チェックポイント

☑**チェックポイント❸**：納期遅れについて、協議条項の追記を検討する。

◆買主側◆

☑**チェックポイント❹**：納入時期を明確に定める。

☑**チェックポイント❺**：納期遅れについて、売主の通知義務、事後の指示遵守義務、損害賠償義務を明記する。

【売主側変更例】　　　　　　　　　　　　　　　**チェックポイント❶❷❸**

> 1　甲は、**❶個別契約において定める条件**に従い、本件商品を乙に納入するものとする。なお、個別契約において特に定めがない場合、**❷納入に要する費用は乙の負担とする。**
> 2　**❸甲において、前項又は個別契約において定められた期日に本件商品の納入ができないことが判明した場合には、乙に対し事前に通知した上、対応を協議する。**

【買主側変更例】　　　　　　　　　　　　　　　**チェックポイント❶❹❺**

> 1　甲は、**❶個別契約において定める条件**に従い、本件商品を乙に納入するものとする。個別契約において特に条件の定めがない場合、**❹甲は、本件商品を個別契約成立の日から7日以内に、乙の本店所在地に持参・送付して納入するものとし、納入に要する費用は甲の負担とする。**
> 2　**❺甲において、前項又は個別契約において定められた期日に本件商品の納入ができないことが判明した場合には、直ちに乙に対し書面をもって通知し、事後の措置は乙の指示に従う。この場合、甲は、乙が被った損害を賠償しなければならない。**

解　説

☑**チェックポイント❶❷❹**：納入条件を明確に定める。

　納入の条件（納入時期、納入場所、納入費用等）については、個別契約において具体的に定めるのが通常です。

第2節　売買基本契約書

⑴　納入時期

　納入時期は買主にとって重要なポイントです。契約で納期を定めない場合、売主は、履行の請求を受けるまでは納入しなくとも債務不履行責任を負わないからです（民法第412条第3項）。

　よって、買主側としては、個別契約に特に定めなくても納期が自動的に定まるよう、基本契約に納期に関する規定を予め置いておくべきでしょう。

⑵　納入場所・納入費用

　契約上の定めがない場合、買主の現在の営業所（営業所がない場合はその住所）に持参して納入することになり（商法第516条。ただし、特定物の売買であればそれが存在した場所）、納入に必要な費用は売主が負担します（民法第485条）。**【買主側変更例】**における「乙の本店所在地に持参・送付して納入するものとし、納入に要する費用は甲の負担とする」との文言は、当然のことを確認的に規定するものになります。

　一方、売主としては、たとえば自己の工場や倉庫で商品を引き渡したり、納入費用を買主の負担にしたければ、契約上その旨を明記する必要があります。**【売主側変更例】**における「納入に要する費用は乙の負担とする」との文言がこれにあたります。

⑶　納入態様

　納入の態様については、通常の動産取引の場合はそれほど意識することはありませんが、ウェブサイトやプログラムの開発請負・ライセンス（使用許諾）の場合は、目的物たるウェブサイトやプログラムは情報の集合体であって有体物ではありませんので、どのような形態で（メディアに記録して、あるいはデータを送信して）引き渡すのか、できる限り具体的に定める必要があります。

☑**チェックポイント❸❺**：納期遅れに対する対応

　納期遅れに対する買主の対応としては、まずは売主に事前の通知等を求めるのが通常です。すなわち、納期が遅れそうになった場合にはその時点で通知しなさい、というものです。また、遅れた後の措置については買主の指示に従って処理する（一部だけでも早く納入させるか否かを買主が判断するなど）方式が買主にとって有利でしょう。

127

第3章　契約書チェックポイント

　一方、納期遅れは原則として売主の履行遅滞という債務不履行になりますので、売主としては、損害賠償を請求されても場合によっては契約を解除されても文句を言えないということになります。よって、売主としては、納期に不安が残る場合などには、【売主側変更例】にあるように「事前に通知した上で対応を協議する」などと修正することが考えられます。また、包括的なリスクヘッジとして、損害賠償に関する規定において、責任の範囲を限定する文言を置くことも検討に値するでしょう（たとえば、商品代金の範囲に限るなど）。

> **応　用**　**納期遅れに対する対応はバランスが重要**
>
> 　上記の納期遅れに対する売主の対応として、さらに進んで、「事前に通知すれば債務不履行責任を免れる」とか、「売主の都合で納期を変更できる」というところまで変更を認めさせるのは、よほど売主が力関係において強い場合でないと難しいでしょう（あまりにも力関係に差がある場合には、優越的地位の濫用として独占禁止法違反の指摘を受ける可能性があります。）。一方、買主としては、納期を厳格に守らせるべく、納期遅れの期間に応じたペナルティを定めることも考えられます。たとえば、納期遅れによる損害の立証が難しい場合（納期遅れでも実損が生じなかった場合）に備えて、「契約で定める納入期日に遅れた場合は、１日あたり、当該個別契約における取引価格の○％に相当する違約金を支払う」などと定め、実際の損害の有無にかかわらず違約金を支払わせる内容にしておくのも一つの方法です。ただし、これも一方的に不利な利率を押し付けると、優越的地位の濫用と捉えられる可能性もありますのでご注意下さい。

4　仕様条項の記載方法

　仕様書は、目的物の形状や性能を端的に示した書面ですが、当事者間

で準拠すべき仕様書等を特定することが重要です。仕様変更の場合の対応についても規定しておくべきです。

 条項例

> 第○条（仕様）
> 　甲（売主）が乙（買主）に納入する目的物は、仕様書の内容に合致したものでなければならない。

◆売主側・買主側共通◆
☑**チェックポイント❶**：準拠すべき仕様書等を特定する。
☑**チェックポイント❷**：仕様変更の方法について定める。
☑**チェックポイント❸**：仕様変更に伴う納期の変更について定める。

【売主側変更例】　　　　　　　　　　　　　　　チェックポイント❶❷❸

> 1　甲が乙に納入する目的物は、❶<u>甲乙間で確定した仕様書その他付随書類（以下「仕様書等」という。）</u>の内容に合致したものでなければならない。
> 2　❷<u>仕様書等を変更する場合は、甲乙の記名押印のある仕様変更書によらなければならない。</u>
> 3　❸<u>仕様書等の変更により、第○条（納入）に定める納期に納入することが困難となった場合、甲は乙との協議により納期を変更することができる。</u>

【買主側変更例】　　　　　　　　　　　　　　　チェックポイント❶❷❸

> 1　甲が乙に納入する目的物は、❶<u>乙の承認を得た仕様書、設計図面、部品規格書面その他目的物の仕様を示す一切の書類（以下「仕様書等」という。）</u>に合致したものでなければならない。
> 2　❷<u>甲乙間で確定した仕様書等を変更する場合は、甲乙の記名押印のある仕様変更書によらなければならない。</u>
> 3　❸<u>仕様書等の変更が専ら乙の要請に基づく場合に限り、</u>甲及び乙は、協議の上、仕様変更に伴う納期の変更を行うものとする。

第3章　契約書チェックポイント

 解　説

☑**チェックポイント❶**：準拠すべき仕様書等を特定する。

　仕様書は、目的物の形状や性能を端的に示した書面であり、当事者間で目的物を特定するために極めて重要なものです。実際の取引では様々なタイトルで作成されますが、タイトルの違いにとらわれることなく、目的物の形状・性能等を示す書類の一切を含めるように規定する必要があります。

　とりわけ、買主としては、仕様を示す書面をできる限り特定して規定するべきでしょう。【買主側変更例】の記載（「乙の承認を得た仕様書、設計図面、部品規格書面その他目的物の仕様を示す一切の書類（以下「仕様書等」という。）」）は、そのような例です。

☑**チェックポイント❷**：仕様変更の方法について定める。

　当事者間で一旦特定した仕様であっても、実際の製造過程、またはその前の段階で変更を余儀なくされる場合があります。また、一方当事者から、変更を申し出ることも想定されます。そこで、一旦確定した後の仕様変更があり得ることを規定しておくべきでしょう。

　口頭やメールでのやりとりなどで仕様変更が協議されていたような場合であっても、最終的な仕様変更の内容について疑義が生じることが少なくありません。このような疑義を払拭するため、変更は当事者双方の記名押印のある書面によって行う旨を規定することが重要です。

☑**チェックポイント❸**：仕様変更に伴う納期の変更についても定める。

　仕様変更が実施された場合でも、納期どおりに納入されるのであれば、問題ありません。しかし、当初決定された納期の遵守が困難になることもあります。そこで、仕様変更に伴い納期を変更すべき場合についても、規定しておくべきでしょう。

　この場合、売主としては、仕様変更を当事者のいずれから申し出たのかにかかわらず、仕様変更の結果当初の納期における納入が困難となれば、広く納期変更の協議ができるようにしておくべきでしょう。

　他方、買主としては、できる限り納期を遵守してもらいたいところです。そのため、買主自ら仕様変更を申し出た場合にのみ、納期変更に関する協議

第2節　売買基本契約書

を行うようにし、売主からの仕様変更の場合には、そのような扱いにせず、当初の納期どおりに納入されるようにすると良いでしょう。

5　品質保証の範囲や内容

品質保証は、買主が要求する品質、機能等の諸条件を備えた目的物を売主に納入させることを明確化するものであり、その具体的範囲や内容等を特定することが重要です。

条項例

第○条（品質保証）
　甲（売主）は、乙（買主）へ納入する本件商品について、その規格、形状、品質、機能等が仕様書に合致し、乙の要求を満たす製品であることを保証する。

◆売主側・買主側共通◆
☑**チェックポイント❶**：保証の具体的範囲・内容を特定する。
◆売主側◆
☑**チェックポイント❷**：保証の例外事由・限定事由を定める。
◆買主側◆
☑**チェックポイント❸**：製造過程にも言及する。

【売主側変更例】　　　　　　　　　　　　　　　チェックポイント❶❷

　甲は、乙へ納入する本件商品について、**❷定められた使用方法を遵守する場合に限り、**その規格、形状、品質、機能等が**❶仕様書に合致する製品**であることを保証する。**❶ただし、甲の責に帰することができない事由がある場合はこの限りでない。**

131

第3章　契約書チェックポイント

【買主側変更例】　　　　　　　　　　　　　　　　　　　チェックポイント⓭

> 1　甲は、乙へ納入する本件商品について、その規格、形状、品質、機能等が仕様書に合致し、❶乙の要求を満たす製品であることを保証する。
> 2　甲は、本件商品の品質を保証するため、❷本件商品の製造に先立ち品質保持基準を策定するとともに、製造工程表、材質管理表その他本件商品の品質を維持するために必要となる書面を作成し、これらを乙に対して交付するものとする。甲は、本件商品の製造にあたり、品質保持基準を遵守し、製造工程表及び材質管理表等に定めた条件にしたがうものとする。
> 3　❸乙は、本件商品が品質保持基準並びに製造工程表及び材質管理表等にしたがって製造されているかを検査するため、随時本件商品の製造現場に立入り、調査を行うことができるものとし、甲もこれに協力するものとする。

解　説

☑チェックポイント❶：保証の具体的範囲・内容を特定する。

　品質保証条項は、買主が要求する品質、機能等の諸条件を備えた目的物を、売主に納入させることを明確化する規定です。売主としては、契約書に品質保証条項を設けることを買主から要求された場合でも、買主との協議によって決定した仕様書どおりの製品を納入すればそれで足りる旨を明記するにとどめ、買主からのクレームの余地をできる限りなくすよう、限定的な規定にすべきです。そこで、【条項例】のうち「乙の要求を満たす」の部分を削除し、買主からの主観的なクレームの余地を可及的に排除するとともに、売主が保証するのは、あくまでその違反について売主の帰責性が認められる範囲に限定する趣旨に変更すると良いでしょう。

　買主としては、【条項例】および【買主側変更例】のように、「乙の要求を満たす製品であることを保証する。」という文言で規定します。このように「満たす製品」と規定することで、保証の対象となる範囲が拡大します。特に買主において、仕様の決定にあたり事前に十分な専門的チェックを行うことが難しい場合は、念のため上記の規定を設けることが望ましいでしょう。

　なお、この品質保証の条項については、契約不適合責任との関係で責任発

第2節　売買基本契約書

生に関して特に重要な条項になると考えられますので、売主買主ともに、特に注意すべき条項となります。

☑**チェックポイント❷**：保証の例外事由・限定事由を定める。

　当該製品が、一定の限られた条件のもとで使用されることを前提としており、製品の品質保持のために、その条件の遵守が必要となる場合には、売主としては、併せて使用方法の制限に関する文言も規定すべきです。たとえば【**売主側変更例**】の下線部のように「定められた使用方法を遵守する場合に限り」という文言の追加を行う変更が考えられます。このような使用方法の限定については、「換気、除湿に努めるなどの適正な使用を行う限りにおいて」や、「甲指定のソフトウェアを用いる場合に限り」など、目的物の特性に応じた使用方法に関する具体的な記載をしておくことも考えられます。

☑**チェックポイント❸**：製造過程にも言及する。

　買主として、品質保証を徹底するためには、目的物の最終形が仕様書に適合していることだけではなく、製造工程や材質管理などの「過程」面にも着目して、品質保証のより一層の徹底を求めることが考えられます。ここでは、製造工程表や材質管理表に定められた諸条件を満たしていることに加え、製造工程がきちんと遵守されているか、買主がチェックできる体制を整えておくことも検討に値します。これらの趣旨を踏まえた変更として、【**買主側変更例**】にあるような文例が考えられます。

6　検査（検収）の条件と対応

　商品納入後に必要となる検査（検収）については、所有権や危険の移転時期とも関係してきますので、その期間・終了時期、不合格時の対応などについて明確に規定しておきましょう。

133

第3章　契約書チェックポイント

🤝 条項例

> 第○条（商品の引渡）
> 1　乙（買主）は、本件商品を受領した後速やかに、乙（買主）の定める基準に従い本件商品の検査を行うものとする。
> 2　本件商品の引渡は、乙の検査終了と同時に完了するものとする。

◆売主側◆

☑**チェックポイント❶**：検査期間をなるべく短めに設定する。

☑**チェックポイント❷**：検査不合格時における調査費用等の負担を明記する。

☑**チェックポイント❸**：検査終了通知がない場合の終了みなし規定を設ける。

☑**チェックポイント❹**：検査後に発見された瑕疵（契約不適合）について責任を負わないという規定を設ける。

◆買主側◆

☑**チェックポイント❺**：検査期間をなるべく長めに設定する。

【売主側変更例】　　　　　　　　　　　　　　　**チェックポイント❶❷❸❹**

> 1　乙は、本件商品を受領した後**❶7日以内**に、本件商品が仕様書に定める仕様に合致するか否かの検査を行うものとする。乙は、本件商品が仕様書に合致せず、本件商品に種類、品質又は数量に関して本契約の内容に適合しない状態（以下「契約不適合」という。）があると認めたときは、本件商品の受領後7日以内に文書をもって甲に通知しなければならない。
> 2　前項の通知を甲が受けた場合、甲は速やかに本件商品を自己の費用で回収した上で調査するものとし、乙の通知どおり、契約不適合が存在することが確認できた場合、それが乙の責に帰すべき事由による場合を除き、甲は契約不適合のある本件商品を契約不適合のないものに無償で交換するか、契約不適合のある本件商品分の代金を減額する。**❷契約不適合が存在しない場合又は契約不適合が乙の責めに帰すべき事由により生じたと認められる場合に**

134

第 2 節　売買基本契約書

は、本件商品の回収、調査及び再納品のために要した費用は乙の負担とする。
3　第 1 項所定の期間内に甲が乙より何らの通知も受領しないときは、❸**甲が納入した本件商品の検査は終了したものとみなす。**
4　本件商品の引渡は、乙の検査終了と同時に完了するものとし、乙は、❹**それ以降、本件商品の契約不適合について甲に何らの請求をすることはできない。**

【買主側変更例】　　　　　　　　　　　　　　　　　　　　　チェックポイント❺

1　乙は、本件商品を受領した後❺**7 営業日以内**に、乙の定める基準に従い本件商品の検査を行うものとし、検査の結果、本件商品に種類、品質または数量に関して本契約の内容に適合しない状態（以下「契約不適合」という。）が存するときは、その旨甲に郵送、FAX 又は E-mail により通知する。
2　甲は、前項の通知を受けたときは、契約不適合のない本件商品との交換、不足品の追納並びに契約不適合のある本件商品及び超過納入分の引き取りを、甲の費用により行わなければならない。
3　乙は、本契約又は個別契約において定められた納入期日までに本件商品の引渡を完了しないとき、又は引渡を完了する見込みがないと明らかに認められるときは、個別契約の全部又は一部を解除することができる。この場合、甲は、乙が被った損害を賠償しなければならない。
4　本件商品の引渡は、乙の検査終了と同時に完了するものとする。

解　説

☑チェックポイント❶❹❺：検査（検収）期間等

　納入がなされた商品は、納入を受けた側で遅滞なく検査し、商品に瑕疵（欠陥）や数量不足があることを発見したときは、直ちに売主にその旨の通知を発しなければなりません（商法第526条）。なお、現行民法では、「種類、品質又は数量に関して契約の内容に適合しない状態があること」（契約不適合）という概念が用いられており、商法第526条第 2 項においても、同様の概念が用いられています。この点、売主は、通常の継続的取引においては、契約不適合のない物を過不足なく納入しなければ正当な履行とはいえませんので、債

135

第3章　契約書チェックポイント

務不履行責任を免れません。

　まず、納品検査は納品後遅滞なく行われなければなりません。とりわけ、売主としては、危険負担条項（☞第3章第2節「13　危険負担」〔P.154〕参照）において、引渡（検査終了）まで売主が危険を負担するという内容となっているような場合、売主としては納入後検査終了までに生じる目的物の滅失・毀損のリスクを負担し続けなければなりません。また、買主が意図的に検査を遅らせ、締め日をまたいで検査終了通知を行うことで、支払時期の延期を事実上行うことができてしまうという不都合も生じます。そこで、売主としては、このような不都合を避けるために、検査に必要な期間を具体的な日数で定めたうえで、買主に対しその期間内に検査の結果を通知することを求めるとともに、その検査期間が経過したにもかかわらず、検査結果の通知が買主からなされない場合は、検査が終了したとみなすという規定を置くべきです。

　逆に、買主としては、できるだけ長めの検査期間を確保したいところです。そこで、検査期間が「○日」となっている場合には、「○営業日」と修正して実質的に活動可能な日数に修正することがまず考えられます。また、【条項例】のように「速やかに」などと抽象的に規定しておくことも考えられますが、相手方から提案された原案に検査期間の日数が明示されている場合は、その期間内に検査が可能であるか十分検討の上、検査を終了するに十分余裕を持たせた期間に修正する必要があります。

　なお、検査期間としてどの程度の期間が適切かは、取引される商品の種類や量に左右されますので、一概には言い切れず、当事者間で協議の上で決めるべきですが、通常の商品の取引であれば、7〜14日もあれば十分と思われます。

　また、検査内容を外見上の破損や数量不足に絞った上で、検査期間を3日程度と短くするのも1つの方法です。一方、検査期間を長く設定する必要がある場合は、その代わりに納入後検査完了までの危険を買主に負担させることで、バランスを取ることも考えられます。

☑**チェックポイント❷**：検査不合格時における調査費用等の負担を明記する。

第2節　売買基本契約書

　売主から納入された商品に契約不適合があった場合、原則的な対応は契約不適合のない商品との交換です。この点、民法第562条においては、追完請求権（代替物の引き渡しや修補請求権）が定められています。前述のとおり、契約不適合のない商品を過不足なく納入しないと正当な債務の履行とは言えませんので、売主は、契約不適合のない商品の提供がなされるまで目的物の納入義務を負います。数量の不足があった場合も同様です。

　もっとも、買主としては、契約不適合のない商品に交換されたとしても、納期に遅れたのでは役に立たない場合があります。そこで、契約不適合がある物でも買主において履行と認め、その代わりに契約不適合がある分を金額に換算して代金を減額するという方法もとり得ます（これを「特別採用」ということがあります。）。これについては項目を改めて説明します（☞第3章第2節「7　特別採用条項の活用」〔P.138〕参照）。また、納期までに完全な履行がなされなかった場合には、買主の選択肢として直ちに個別契約を解除し得ると定めておくことも、買主の側からすれば重要といえます。一方、売主としては、商品に契約不適合があるとの通知があった場合は、契約不適合のある商品をまず調査し、その結果、売主が責任を負うべき契約不適合と認めた場合には契約不適合に対する責任を負い、そうでない場合は買主が調査費用を負担するという規定にすることにより、無闇に契約不適合の主張がなされることを牽制することも考えられます。

☑**チェックポイント❸**：検査終了通知がない場合の終了みなし規定を設ける。

　商品の引渡が完了する時期は、通常は検査終了時（検収完了時）です。引渡とは、法律上は物の占有を移転することを意味しますが、契約においては、所有権の移転時期（☞第3章第2節「12　所有権の移転」〔P.152〕参照）や危険負担（☞第3章第2節「13　危険負担」〔P.154〕参照）を定める基準ともなります。

　ここでは、【売主側変更例】として、引渡とともに契約不適合についての責任を免れる、という条項にしております。検査終了後であっても、目的物に納入前から存在する契約不適合が発見された場合には、売主は結果的には納品を終了していなかったことになりますので、債務不履行責任を追及される

137

第3章　契約書チェックポイント

ことになります。しかし、一旦納品検査を行った商品ですから、そこで契約不適合が発見できなかったのは買主の検査態勢の不備と言うべき場合もあります。

そこで、売主としては検査終了後に発見された契約不適合については一切責任を負わない、という文言を追加することにより、検査終了日以降の不測の損害発生を防止することが可能になります。もっとも、このような規定は、本来売主が負担すべき債務不履行責任を免除するという強力な効果を伴うものですので、売主と買主の立場の違いによっては優越的地位の濫用との主張を受ける可能性もあり得る点は注意が必要です。

7　特別採用条項の活用

　特別採用は、納入商品に瑕疵などの契約不適合があるため本来引渡しといえない場合であっても、買主の判断で当該商品を採用するものです。売主および買主双方にそれぞれメリット・リスクがありますので、活用の検討にあたってはこの点を考慮する必要があります。

 条項例

第○条（特別採用）
1　第○条（商品の引渡）の規定による検査により種類、品質または数量に関して本契約の内容に適合しない状態（以下「契約不適合」という。）があると認められた本件商品であっても、乙（買主）は、自己の判断により、契約不適合のある本件商品の納入を履行として認めた上で、甲（売主）に対し、本件商品の代金の減額を請求することができる。
2　甲が前項の請求を行った場合、甲及び乙は、契約不適合の程度その他一切の事情を考慮の上で、減額されるべき本件商品の代金につき協議する。

◆売主側◆
☑**チェックポイント❶**：再納入のコストを削減できるメリットと買主からの減額の強要のリスクを考慮して、条項の有無と内容を検討する。
◆買主側◆
☑**チェックポイント❷**：買主側の判断で柔軟な対応が可能となるというメリットと減額幅の交渉が困難となる場面のリスクを考慮しながら、特に実際の適用場面で慎重に対応する。

 解　説

　特別採用とは、一般的には納入された商品に契約不適合があるため、本来引渡といえない場合であっても、買主の判断で当該商品を採用することを指します。

☑**チェックポイント❶**：再納入のコストを削減できるメリットと買主からの減額の強要のリスクを考慮して、条項の有無と内容を検討する。

　売主としては、特別採用により代金が減額された場合、本来予定されている売買代金が得られないというデメリットがある一方、再納入の義務を免れることによるコストメリットを享受できる可能性もあるので、一方的に不都合とまではいえません。

　よって、売主としては、このようなメリット・デメリットを見極め、契約締結段階で特別採用条項の採否を検討すべきです。また、代金の減額幅を買主が一方的に定めることができる内容の規定については、不当な減額がなされないためにも拒否すべきです。

☑**チェックポイント❷**：買主側の判断で柔軟な対応が可能となるというメリットと減額幅の交渉が困難となる場面のリスクを考慮しながら、特に実際の適用場面で慎重に対応する。

第3章　契約書チェックポイント

　買主にとっては、多少の契約不適合は承知の上で、急いで納入を受けたい場合にフレキシブルな対応が可能になるという点でメリットがあります。また、買主の判断で特別採用を行なうか否かが決定できるのであれば、そのような規定を排除する理由はありません。

　もっとも、実際にどの程度の減額とするかはケースバイケースとならざるを得ないことから、減額幅の協議に困難を伴う可能性があります。したがって、実際の適用場面では慎重な対応が必要でしょう。

8　不合格品の返還とそれまでの保管

　納入検査に不合格となった商品についての返還とそれまでの保管について、事後の紛争を回避するためにも、保管義務の程度を中心に明確に規定することが重要です。

条項例

> 第○条（不合格品の返還）
> 　第○条に定める乙（買主）による検査の結果不合格となった製品（以下「不合格品」という。）は、甲（売主）に対して返還されるものとする。返還に要する費用は、甲の負担とする。

◆売主側◆
☑**チェックポイント❶**：返還まで買主側に善管注意義務を課す。
◆買主側◆
☑**チェックポイント❷**：売主の引取義務および費用負担を明確にする。
☑**チェックポイント❸**：保管義務を、自己の財産と同等の注意義務（善管注意義務より軽い義務）にとどめる。
☑**チェックポイント❹**：売主が引取らない場合の処分権限を記載する

140

【売主側変更例】　　　　　　　　　　　　チェックポイント❶

> 1　第○条に定める乙による検査の結果不合格となった製品（以下「不合格品」という。）は、甲に対して返還されるものとする。返還に要する費用は、甲の負担とする。
> 2　**❶乙は、不合格品を甲に返還するまで、善良なる管理者の注意をもって保管しなければならない。**

【買主側変更例】　　　　　　　　　　　　チェックポイント❷❸❹

> 1　第○条に定める乙による検査の結果不合格となった製品（以下「不合格品」という。）について、甲は、**❷その責任と負担において、直ちに引き取る義務を負う。**
> 2　乙は、甲が不合格品を引き取るまで、当該不合格品を**❸自己の財産に対するのと同一の注意をもって扱うものとする。**
> 3　**❹乙は、検査不合格の通知が甲に到達した後2週間以内に、甲が当該不合格品を引き取らない場合、これを任意に処分することができる。ただし、処分に要した費用は、甲が負担するものとし、乙は、事前若しくは事後に処分費用を甲に請求することができる。**

 解　説

　納入検査に不合格となった商品については、原則として売主が良品の再納入義務を負う一方、不合格品については買主に所有権が移転しないので売主が引取らなければなりません。その際、当該不合格品の返還や、それまでの保管費用、責任の程度について予め取り決めておき、事後の紛争を回避するのがこの規定の趣旨です。

☑**チェックポイント❷❹**：不合格品の引取義務と費用負担

　検査不合格品の引取りは、売主の当然の義務であることから、売主の費用負担においてなされるべきことを明記しておくべきです。

　さらに進んで、買主としては、不合格品の保管が長期に及ぶことによる負担を被ることのないよう、売主による引取りが遅延する場合には、早急に処

第3章　契約書チェックポイント

分できるようその権限も契約書上明記しておくことが考えられます。

　売主にとっては不合格品といえども自己の所有物ですので、不合格品＝廃棄物となるような場合であればともかく、そうでない場合には、このような規定により不合格品が一方的に処分されないよう注意する必要があります。たとえば、買主による処分は認めない代わりに、売主が一定期間経過後の保管費用を負担するという内容に変更することも検討すべきです。

☑**チェックポイント⓭**：返還までの不合格品の保管義務

　買主としては、本来売主が速やかに引き取るべきものを事実上保管しているにすぎないことから、不合格品の保管については、自己の財産に対するのと同一の注意という限定された注意義務で足りることを明記したいところです。そうすることにより、たとえばその不合格品が買主の不注意で滅失したような場合でも、債務不履行責任を負担すべき場合が少なくなるからです。

　もっとも、売主から見れば、不合格品といえども自己の所有物ですので、不合格品が返還されるまでは、その保管について買主に善管注意義務という高度な注意義務の負担を求めることができればベターです。

9　契約不適合責任（瑕疵担保責任）の明確化

　納入された商品に欠陥があった場合の処理について、規定する必要があります。

🤝 条項例

第○条（契約不適合責任）
　1　乙（買主）は、第○条（検収）に定める検査において、納入された本件
　　商品に種類、品質または数量に関して本契約の内容に適合しない状態（以
　　下「契約不適合」という。）を発見した場合は、直ちにその旨を甲（売主）

に通知するものとする。この場合、甲は、契約不適合のある商品について、修補、代品の提供等必要な措置を講ずるものとする。

2　第○条（検収）に定める検査時において容易に発見できない契約不適合については、検査終了後6か月以内に発見されたものについて、前項と同様とする。

◆売主側◆

☑**チェックポイント❶**：契約不適合責任免除の有無を検討する。

◆売主側・買主側共通◆

☑**チェックポイント❷**：契約不適合責任の存続期間を定める。

☑**チェックポイント❸**：契約不適合責任の内容を特定する。

☑**チェックポイント❹**：損害賠償の範囲について定める。

【売主側変更例1】　　　　　　　　　　　　　　　チェックポイント❶

甲は、本件商品について、**❶契約不適合責任を一切負わないものとする。**

【売主側変更例2】　　　　　　　　　　　　　　チェックポイント❷❸❹

1　乙は、第○条（検収）に定める検査において、納入された本件商品に種類、品質または数量に関して本契約の内容に適合しない状態（以下「契約不適合」という。）を発見した場合は、**❷当該商品の受領後○日以内に、その旨を甲に通知するものとする。この場合、乙は、契約不適合のある商品について、❸修補代替物の引渡し又は不足分の引渡し（以下あわせて「追完」という。）並びに代金の減額を、任意に選択して行うことができるものとする。**

2　**❷前項に定める期間内に乙からの通知がない場合及び第○条（検収）に定める検査終了後の商品については、甲は契約不適合責任を負わないものとする。**

3　**❹乙は、甲から契約不適合のある商品を提供されたことにより損害を被った場合には甲に対してその賠償を請求することができる。ただし賠償額は○○○万円を上限とする。**

143

第3章　契約書チェックポイント

【買主側変更例】　　　　　　　　　　　　**チェックポイント❷❸❹**

1　乙は、第○条（検収）に定める検査において、納入された本件商品に種類、品質または数量に関して本契約の内容に適合しない状態（以下「契約不適合」という。）を発見した場合は、**❷速やかに**その旨を甲に通知するものとする。**❸この場合、乙は、甲に対して、修補代替物の引渡し又は不足分の引渡し（以下あわせて「追完」という。）並びに代金の減額を任意に選択して請求することができる。**

2　**❸前項において、乙が追完を請求した場合には、甲は異なる方法により履行することはできない。**

3　**❷乙は、第○条（検収）に定める検査を終了した後も、検査時において容易に発見できない契約不適合で、検査終了後１年以内に発見されたものについては前項と同様とする。**

4　**❹乙は、甲から契約不適合のある商品を提供されたことにより損害を被った場合は、甲に対してその賠償を請求することができる。なお、この場合の損害には、履行利益を含むものとする。**

解　説

　売買契約における契約不適合責任については、民法および商法にそれぞれ規定があります。この点、民法においては、追完請求（民法第562条）、代金減額請求（民法第563条）、債務不履行に基づく解除や損害賠償請求（民法第564条）が可能となっています。

　これに対し、民法の特則である商法では、商人間の売買においては、買主に目的物を受領したときに遅滞なく検査することを義務付け（商法第526条第１項）、その検査によって契約不適合を発見した場合は、直ちに売主に対してその旨を通知しなければ契約不適合責任を追及できないとし、さらに売買目的物に直ちに発見できない契約不適合がある場合でも、それを６か月以内に発見して、通知することを要するとされています（同条第２項）。

　これらは、任意規定ですので、別途売買当事者間で目的物に欠陥があった場合の処理について協議し、合意内容を定めておくことは重要となります。

☑**チェックポイント❶**：契約不適合責任免除の有無を検討する。

144

第2節　売買基本契約書

　売主の立場から負担を軽減するには、【売主側変更例1】のように、端的に契約不適合責任を負担しないことを明記する方法があります。この場合でも売主が契約不適合の存在を知りながら告げなかった場合には責任を免れないので注意が必要です（民法第572条）。なお、買主が消費者の場合には、消費者契約法に違反する可能性あるので注意しましょう。

☑**チェックポイント❷**：契約不適合責任の期間を定める。

　売主としては、契約不適合責任の免責を規定できない場合であっても、その負担をできる限り軽減するために、契約不適合責任の存続期間を短期に設定することが重要です。他方、買主としては、商法で定められた存続期間を延長する方向での規定を設定すべきです。【買主側変更例】では、検査終了後1年以内としていますが、可能であれば、さらに伸長することも考えられます。

☑**チェックポイント❸**：契約不適合責任の内容を特定する。

　民法上の契約不適合責任においては、債務不履行責任の追及の一環として追完請求や代金減額請求権が認められており（民法第562条第1項、民法第563条第1項）、特段の規定がない場合にはこれらの請求権が認められています。他方、同項ただし書では、買主に不相当な負担を課するものでないときは、買主が請求した方法と異なる方法による履行の追完をすることができる旨規定されております。これらは任意規定と考えられますので、売主・買主側の立場でそれぞれ変更を検討することになります。

　【売主側変更例2】では、売主において任意に選択できるとの内容を定め、売主は、契約不適合責任の履行を自己に最も有利な方法で実施するための主導権を有することになります（☞第3章第2節「7　特別採用条項の活用」〔P.138〕参照）。他方、【買主側変更例】では契約不適合物が発生した場合に柔軟に対応できるようにしています。また、売主側で追完請求の内容を選択できる規定である民法第562条第1項を排除するよう第2項に規定しています。実際の契約では、売買目的物の性質に応じた適当な手段を定めるべきでしょう。

☑**チェックポイント❹**：損害賠償の範囲について定める。

　民法、商法上の契約不適合責任の効果として損害賠償が認められていますが、契約不適合責任は、債務不履行責任の性質を有していますので、履行利

145

第3章　契約書チェックポイント

益も含まれるとの考え方が前提となります。

　そこで、買主としては、【買主側変更例】のように、損害賠償の範囲は履行利益まで含まれることを前提とした記載とします。また、履行利益が含まれるとしても、債務者が予見し得なかった損害については因果関係がないとの反論も想定されますので、目的物の性質に応じて「履行利益」の具体的内容について列挙しておくという方法も考えられます。

　他方、売主としては、目的物の特性等により損害額が莫大なものとなるおそれがある場合には、【売主側変更例2】にように、損害賠償額の上限を定めておくことが考えられます。

10 契約不適合責任（瑕疵担保責任）の期間経過後の措置

　継続的売買契約のように取引関係が継続していく場合には、契約不適合責任の期間が経過した後の対応についても規定しておくと良いでしょう。経過後に売主に対応を求める場合には有償が原則となります。

条項例

> 第○条（契約不適合責任期間経過後の措置）
> 　乙（買主）の検査終了時から6か月を経過した後に、本件商品に契約不適合が発見された場合、甲（売主）は有償にてその補修又は代品の提供を行うものとする。

◆売主側◆
☑チェックポイント❶：契約不適合責任期間経過後の措置の実施期間を限定付ける。

◆買主側◆
☑チェックポイント❷：有償対応の例外を定める。

146

第 2 節　売買基本契約書

【売主側変更例 1】

> 契約不適合責任期間経過後の措置について規定しない（削除する。）。

【売主側変更例 2】　　　　　　　　　　　　　　　　　チェックポイント❶

> 乙の検査終了時から 6 か月を経過した後に、本件商品に契約不適合が発見された場合、**❶甲は当該商品の検査終了時から 2 年以内に限り、**有償にてその補修又は代品の提供を行うものとする。

【買主側変更例】　　　　　　　　　　　　　　　　　　チェックポイント❷

> 乙の検査終了時から 6 か月を経過した後に、本件商品に契約不適合が発見された場合、甲は有償にてその補修又は代品の提供を行うものとする。**❷ただし、この場合においても、当該契約不適合の発生に甲の故意又は重大な過失が認められるときは、乙は甲に対して、代品の納入又は無償の修補を請求することができる。**

解　説

　契約不適合責任期間を経過した場合、売主は何ら契約不適合責任を負わないのが原則です。しかし、継続的売買のように、当事者間の取引関係が継続する場合では、実際上契約不適合責任期間経過後といえども、製品の契約不適合に関して何らかの措置をとることが求められます。特に、買主としては、有償のサービスであっても、代品提供や補修を受けたいとする場合が通常でしょう。そこで、売買契約では、契約不適合責任の期間経過後の措置についても規定を設けておくことがあります。

　なお、種類または品質についての期間制限であり、民法の規定上は、数量不足による契約不適合については期間制限がないことに注意が必要です（民法第566条参照）。

☑チェックポイント❶：契約不適合責任期間経過後の措置の実施期間を限定付ける。

　契約不適合責任期間経過後であれば、本来売主は何ら責任を負わないこと

147

第3章　契約書チェックポイント

になります。それゆえ、売主としては、契約不適合責任期間経過後の措置は
あくまで例外であり、このような措置をとる場合、売主は有償で対応するこ
とになります。もっとも、売主としては、負担軽減のため**【売主側変更例1】**
のように、これを定めないか、あるいは**【売主側変更例2】**のように、実施
期間に限定を加えると良いでしょう。

☑**チェックポイント❷**：有償対応の例外を定める。

　他方、買主としては、たとえ契約不適合責任期間経過後であっても、契約
不適合の原因・内容によっては、無償対応を求めたいものもあります。そこ
で、**【買主側変更例】**のように当該契約不適合の発生が、売主の故意または重
大な過失に基づく場合は、無償での代品提供・修補を売主に義務付けること
が考えられます。

11　製造物責任

　納入された商品に欠陥があって損害が発生した場合の責任について、
製造物責任法の責任主体に該当するか否か確認することや、責任発生の
要件、損害の範囲について明確に規定することが重要です。

条項例

第○条（製造物責任）
　甲（売主）が納入した本件商品の欠陥に起因して、第三者の生命、身体又は
財産に損害が生じたことにより、乙（買主）に対する損害賠償請求がなされた
場合、乙は、第三者に支払った全額を甲に請求することができる。

◆**売主側・買主側共通**◆

☑**チェックポイント❶**：製造物責任法（PL法）に基づく責任か、契約上の責
　　　　　　　　　　　任かを確認する。

☑チェックポイント❷：責任発生の要件を確認する。
☑チェックポイント❸：損害の範囲について確認する。

【売主側変更例１】　　　　　　　　　　　　　　　　チェックポイント❶

製造物責任の規定を削除する。

【売主側変更例２】　　　　　　　　　　　　　　　チェックポイント❶❷❸

❷甲の責に帰すべき事由による本件商品の欠陥に起因して、第三者の生命、身体又は財産に損害が生じたときは、甲は、当該損害を賠償するものとする。なお、**❸賠償すべき損害の範囲及び額については、甲乙協議の上で決するものとする。**

【買主側変更例】　　　　　　　　　　　　　　　　チェックポイント❶❷❸

甲が納入した**❷本件商品に起因して、**第三者の生命、身体又は財産に損害が生じたことにより、乙に対する損害賠償請求がなされた場合、乙は、**❸これにより第三者に支払った賠償金、その他乙が被った損害（弁護士費用その他一切の損害を含む）**を甲に請求することができる。

解　説

☑チェックポイント❶：製造物責任法（PL 法）に基づく責任か、契約上の責任かを確認する。

　製造物責任法の最大の特徴は、「欠陥」すなわち、「当該製造物が通常有すべき安全性を欠いていること」があれば、その欠陥により生じた生命、身体または財産上の損害につき賠償責任が生じる点であり、民法上の債務不履行責任や不法行為責任と異なり、故意・過失を要しない点で「無過失責任」と呼ばれています。

　売主・買主の双方がまず注意すべき点としては、自らまたは相手方がそもそも製造物責任法の責任主体（「製造業者等」）に該当するか否か、という点です。同法第 2 条の定義によれば、「製造業者等」は、(1)当該製造物を業として

第3章　契約書チェックポイント

製造、加工または輸入した者（製造業者）、⑵自ら当該製造物の製造業者として当該製造物に氏名、商号、商標その他の表示（「氏名等の表示」）をした者、または、当該製造物にその製造業者と誤認させるような氏名等の表示をした者、⑶その他当該製造物の製造、加工、輸入または販売に係る形態その他の事情からみて、当該製造物にその実質的な製造業者と認めることができる氏名等の表示をした者、のいずれかに該当する者をいいます。

　注目すべきは、自ら製造しなくても、輸入をした者や製造者としての表示を行った者（OEM取引やいわゆるプライベート・ブランドなど）は製造業者等に含まれる反面、国内での流通のみに関わった者は「製造業者等」に該当しないという点です。

　よって、特に売主としては、自らが「製造業者等」に該当するか否かをまずは確認すべきです。そして、法律上の製造物責任を負担する地位にないにもかかわらず、製造物責任に基づく損害賠償責任を結果的に負担させられる内容となっている場合は、法律上の責任を超えた責任を契約上の特約にしたがい負担するということになりますので、契約上、このような責任を負担しないように条項の変更や削除を求めて相手方と交渉すべきでしょう。

　たとえば、売主が、単に国内流通に関わっているに過ぎない場合は製造者等には該当しませんので、製造物責任法に基づく責任は負担しません。もっとも、商品の欠陥を自ら生じさせた場合には、契約当事者（買主）との関係では債務不履行責任や契約不適合責任の負担が、直接の契約当事者ではない消費者等との関係では不法行為に基づく責任を負う場合もあります。しかし、債務不履行責任や不法行為責任は、前述のとおり「故意・過失」（帰責性）の存在が発生要件となりますし、契約不適合責任は、目的物が本来有すべき性能・性質を有していない場合に、当事者間の対価の均衡を保つために損害賠償責任等を認めるものと解されていますので、欠陥による第三者の被害などをカバーする責任ではありません。

　それにもかかわらず、取引契約において製造物責任に類似する、欠陥により生じた生命、身体または財産に対する損害につき、無過失責任を負担するかのような条項が存在する場合には、流通業者にすぎない売主が、本来の法的責任より重い責任を負うことになります。よって、このような場合には、

第2節　売買基本契約書

そもそも製造物責任の責任主体ではないという理由で条項の削除を求めるか、帰責性ある場合にのみ責任を負うという内容に変更を求めるべきです。また、売主の商品調達元である製造業者、加工業者、輸入業者または上位流通業者との契約においても、責任分担が適切になされるような条項を定めておくことが必要となります。

☑チェックポイント❷：責任発生の要件を確認する。

　売主としては、自らが責任を負担する場面ができるだけ狭くなるように、責任発生の要件を厳格にすることが考えられます。【売主側変更例】は、責任発生原因として、単に「欠陥」が存在するだけではなく、欠陥について売主に帰責性のある場合に限定しています。

　一方、買主としては、売主に責任追及できる場面をできる限り広く設定するために、責任発生の要件を緩和することが考えられます。【買主側変更例】のように変更すれば、欠陥や帰責性を問題とすることなく責任を追及することが可能です（買主側に問題があった場合には、過失相殺が行われる可能性はあります。）。

☑チェックポイント❸：損害の範囲について確認する。

　売主としては、損害の範囲を限定する方向での修正を検討することになります。この場合には、実際に買主が第三者に賠償の支払を行ったという前提での責任分担（求償）の問題ですので、原則として支払われた全額が求償の対象になります。そこで、【売主側変更例2】のように、賠償としてどの程度の支払がなされるのが適当であるか、当事者間で協議の上で定めるとするのが不測の損害を避ける意味でも適当といえます。

　一方、買主としては、第三者との対応に要した費用も含め、責任を負担すべき売主に請求したいのは当然といえます。そこで、通常は損害に含まれない弁護士費用についても、【買主側変更例】のような弁護士費用の負担特約を規定することにより相手方に負担させることが考えられます。

| 応　用 | その他製造物責任に関して検討すべき事項 |

　その他、製造物責任に関する規定として、主として買主において検討すべきものとしては、(1)ユーザーに対する欠陥品の回収、無償修理、

151

第 3 章　契約書チェックポイント

交換等に関する規定、(2)欠陥品の在庫の買取りに関する規定、(3)PL保
険に関する条項（買主を追加被保険者として付保することも考えられま
す。）などがあります。

　また、売主において検討すべき規定としては、損害発生原因の調査
に関する規定（調査の時期、調査者の指定、調査費用の負担等）などがあ
ります。

　これらについては、製造物責任が生じ得るリスク（目的物の性質に応
じて異なります。）に応じて検討する必要があるでしょう。

12　所有権の移転

　取引基本契約においては、当事者間で合理的と思われる所有権移転時
期を規定しておくべきです。一般的には検査終了時を移転時期とするこ
とが多いです。

条項例

> 第○条（所有権の移転時期）
> 　本件商品の所有権は、乙（買主）が本件商品の引渡を受けた時点で甲（売主）
> から乙に移転するものとする。

◆売主側◆
☑**チェックポイント❶**：所有権移転時期を目的物の代金完済時とする方向で
　　　　　　　　　　　交渉する。

【売主側変更例】　　　　　　　　　　　　　　　　　　チェックポイント❶

> 本件商品の所有権は、乙が❶**本件商品の代金を完済した時点で**甲から乙に移

152

転するものとする。

 解説

☑**チェックポイント❶**：所有権移転時期を目的物の代金完済時とする方向で交渉する。

　取引基本契約の目的物は通常、不特定物（当事者が物の個性に着目せずに取引した物）であるところ、不特定物については、いわゆる「特定」が生じたとき（持参債務の場合は、売主が買主の営業所等あるいは買主が指定した場所において目的物を納品したとき）にその所有権が買主に移転することになります。しかしながら、納品された目的物は、買主による検査を経て合格品のみが買主に受領され（検収）、不合格品については原則として売主に返還されることになりますから、納品時に目的物の所有権が移転するというのでは取引の実態に合わないでしょう。そこで、取引基本契約においては、当事者間で合理的と思われる所有権移転時期を特約しておくべきといえます。一般的には、買主が受領すべき目的物が定まる時点である検査終了時（検査終了時を引渡時と定義する契約書においては引渡時）を所有権の移転時期と定めることが多いでしょう。

　売主としては、目的物の代金受領時に所有権が買主に移転すると定めることで、買主に対して代金債務の履行を促す効果があります。もっとも、目的物が動産である場合、善意無過失の第三者に目的物を即時取得（民法第192条）される危険性は否定できないため、所有権の移転時期を遅らせるという方法は代金債務の履行確保の手段として必ずしも強力とはいえないことにご留意下さい。代金債務の履行を確保するためには、別途、物的・人的担保を要求したり、保証金の差入れを受けたりすることになるでしょう。

第3章　契約書チェックポイント

13　危険負担

　各当事者の責めに帰すことのできない事由によって商品の滅失や損傷が生じた場合にいずれの当事者が危険を負担するか、その危険の移転時期を明確に規定しておきましょう。

条項例

第○条（危険負担）
　本件商品の引渡（検査終了）前に生じた滅失、毀損、盗難その他の危険は、甲（売主）がこれを負担し、引渡後は乙（買主）がこれを負担する。

◆**売主側・買主側共通**◆
☑**チェックポイント❶**：危険の移転時期を設定する。
◆**買主側**◆
☑**チェックポイント❷**：解除ができる旨規定する。

【売主側変更例】　　　　　　　　　　　　　　　　チェックポイント❶

　本件商品の引渡（検査終了）**❶後であり納入後引渡前であって乙側が保管している期間に**生じた滅失、毀損、盗難その他の危険は、**❶それが甲の責めに帰すべき事由による場合を除いて**乙の負担とする。

【買主側変更例】　　　　　　　　　　　　　　　　チェックポイント❶❷

　本件商品の引渡（検査終了）**❶後であり納入後引渡前であって乙側が保管している期間に生じた滅失、毀損、盗難その他の危険は、乙の負担とする。❷この場合、甲及び乙は、相手方に対して書面により通知して本契約を解除することができる。**

154

解　説

☑**チェックポイント❶**：危険の移転時期を設定する。

　危険負担とは、売買の目的物に両当事者の責めに帰すことのできない事由（不可抗力など）により滅失や損傷が生じた場合において、引渡義務に対応する代金支払義務が消滅するか否かという問題です。この点に関して、現行民法においては、目的物の引渡し時期に危険が移転することが明文化されています（民法第567条第1項、第2項）。そして、当事者双方に帰責事由がない場合には、債務者は債権者に履行拒絶をすることができます（民法第536条）。このような前提により、何も定めない場合には、目的物の引渡し時期に危険が移転しますので、売主・買主はそれぞれの立場で契約条項の修正を検討することになります。

　商品が買主に納入されるまでの間は、買主は商品を名実ともに支配し得る地位にありませんので、この時点では、売主が危険を負担（商品の滅失等による損害を抱え込む。）すべきことに合理性があります。

　一方、商品の検収や代金の支払も全て完了し、名実ともに買主が商品を支配するに至った時点では、買主が危険を負担すべきことは当然です。

　問題は、売買契約について双方の義務履行が完了しておらず、取引の途上にある場合において、危険負担が売主から買主に移転する時期をどこに設定するかという点です。考え方は色々ありますが、通常は、納入時か検査終了時のいずれかとすることが多いです。

　この点、いずれの当事者も、危険の負担はなるべく少なくしたいと考えます。そのため、買主としては、できるだけ遅くに危険に移転時期を設定したいでしょうし、逆に売主としては、できるだけ早く危険を移転したいでしょう。

　そこで、買主としては、検査終了時（引渡時）と設定すれば良いでしょう。

　一方、売主としては、既に商品を納入した時点で物理的支配（占有）は買主に移転しており、自ら危険をコントロールできないのに危険負担だけ負わされることになり妥当ではないことから、納入時に危険が移転すると要求すべきことになります。**【売主側変更例】**の記載（「本件商品の引渡（検査終了

第3章　契約書チェックポイント

後および納入後引渡前で乙側が保管している期間に生じた滅失、毀損、盗難その他の危険は、それが甲の責めに帰すべき事由による場合を除いて乙の負担とする」）は、そのような例です。

☑**チェックポイント❷**：解除ができる旨規定する。

　先に述べたとおり、目的物が滅失または損傷した場合に、当事者双方に帰責事由がない場合には、債務者は債権者に履行拒絶をすることができます（民法第536条）。履行拒絶はできるものの、債務自体が消滅するわけではありません。この場合、債務自体を消滅させるには解除の手続が必要になりますので、その旨を念のため規定しておくとよいでしょう。

> | 応　用 | **売主から危険負担条項案の提示があった場合の買主の対応**
>
> 　**【売主側変更例】**のとおり売主から条項案の提示があった場合、買主としては、どのような対応をとることができるでしょうか。
> 　この場合、買主としては、まずは、検査不合格により受入れを拒否する可能性もある商品について危険を負担することはできないと主張すべきことになります。ただ、両当事者の利益が著しく対立する場面でもあり、場合によっては物別れに終わる危険性があります。
> 　そこで、対応としては、危険の移転を検査終了時に設定しつつ、検収期間をできる限り短く設定して、売主の危険負担のリスクが生じる場面を限定する方法で検査終了時とすることを説得するか、納入時に危険を移転する代わりに長めの検収期間を認めるか、いずれかの方法により、当事者一方のみがリスクを負うことをできる限り回避すべく妥協点を探るべきことになるでしょう。

14　原材料、部品、半製品等の支給

　一方当事者から他方当事者に対して、取引に必要な原材料、部品、半製品等を供給する場合、その具体的な条件を規定することが重要です。

第2節　売買基本契約書

　支給品の取扱い等についても検討しましょう。

条項例

> 第○条（支給）
> 　1　乙（買主）は、甲（売主）に対し、目的物の品質及び規格を維持するために必要な場合、原材料、部品、半製品等（以下「支給品」という。）を支給することができる。
> 　2　乙は、第三者をして支給品を甲に支給させることができる。

◆売主側・買主側共通◆
☑チェックポイント❶：支給品の条項では具体的な条件を定める。
◆売主側◆
☑チェックポイント❷：支給品を買うことを強制されないようにする。
◆買主側◆
☑チェックポイント❸：支給品の目的外使用の禁止・保管状況チェックについて定める。

【売主側変更例】　　　　　　　　　　　　　　　チェックポイント❶❷

> 　1　乙は、甲に対し、目的物の品質及び規格を維持するために必要な場合、❷**甲の同意を得て、原材料、部品、半製品等**（以下「支給品」という。）を支給することができる。
> 　2　❶**支給品の有償・無償の別、有償支給材の価格、決済方法等支給品に関する条件は、甲乙協議の上で定めるものとする。**
> 　3　乙は、第三者をして支給品を甲に支給させることができる。

【買主側変更例】　　　　　　　　　　　　　　　チェックポイント❶❷❸

> 　1　乙は、甲に対し、目的物の品質及び規格を維持するために必要な場合、原材料、部品、半製品等（以下「支給品」という。）を❶❷**乙所定の条件で、有**

償又は無償にて支給することができる。
2　乙は、第三者をして支給品を甲に支給させることができる。
3　❸甲は支給品について善良な管理者としての注意義務を負い、事前に乙の書面による個別の同意を得た場合を除き、支給を受けた目的以外に使用し又は第三者に譲渡又は担保提供等の処分をしてはならない。
4　❸乙は、必要に応じて前項に定めた支給品の保管状況や使用状況を確認するため、甲の工場、事務所等に立ち入り、検査等を行うことができる。

　解　説

☑チェックポイント❶：支給品の条項では具体的な条件を定める。

　取引基本契約においては、一方当事者（主に買主）から他方の当事者（主に売主）に対して、取引に必要な原材料、部品、半製品（中間品）、製品（更に加工する場合等）、製造マニュアル、図面・データ等が供給され、その部品や原材料を用いて商品を製作し、納入することが行われています。この場合に図面や原材料を供給することを支給といい、支給される図面や原材料を支給品といいます。

　有償支給は支給品の売買です。有償支給か無償支給かを明記した上、有償支給の場合には、通常の売買と同様に納入・価格・支払方法・支払時期・所有権移転時期・危険負担・検収等の定めを設けます。

　【売主側変更例】では、支給品に関する条件について、売主、買主の別途協議により定めるものとし、支給品に関する金額等の条件について一方的に買主に決定されないように修正しています。

　【買主側変更例】では、買主所定の条件での支給の決定をすることになります。実際に支給する際には、後日の紛争を予防する趣旨から、別途具体的な支給の条件を定めるようにして下さい。

☑チェックポイント❷：支給品を買うことを強制されないようにする。

　商品の完成のために、買主からの支給品の支給が不可欠な取引であればやむを得ないのですが、売主としては、支給品についての購入を強制されることのないよう注意を払うべきです。【条項例】では、買主が、必要な支給品を

第2節　売買基本契約書

支給することができるとのみ定められており、買主の一方的な判断で支給することができます。しかも、無償支給、有償支給の区別もされていないため、買主が有償支給を選択した場合に売主は支給品の対価を支払う必要が生じます。また、支給品の価格についての条件の定めもないため、実際の市場よりも価格を高く設定されると、売主は不測の損害を受けます。このような事態を防止するため、支給に関する意思決定に売主が関与できる文言へ修正します。【売主側変更例】では支給品の支給について、売主の同意を要件とする修正を行っています。

☑**チェックポイント❸**：支給品の目的外使用の禁止・保管状況のチェックについて定める。

　支給品であっても、一定の用途に限定して支給する場合がほとんどです。買主としては、支給品が支給の目的以外に利用されることを防止するため、その取扱いに関する制限を設けます。そこで、買主としては目的外使用を禁止する条項を置いておくべきでしょう。これに加えて、【買主側変更例】では、目的外使用をしているか否かを確認するため、保管状況をチェックできるよう売主の事務所や工場に立入り検査ができるよう修正しています。

　なお、買主が売主に供給しようとしている物がマニュアルや図面、データ、その物自体にノウハウなどの秘密情報が含まれている場合に、これらの物を支給品として支給してしまうと売主側に返却を求めることができなくなります。そこで、このような場合には、取引終了後に返還を求めることができるよう貸与品とするべきです（☞第3章第2節「**15　工具、機械、金型、設計図等の貸与**」〔P.160〕参照）。

応　用	有償支給品の所有権移転時期

　支給品については売買と同様の条件を定めておくべきですが、買主は、有償支給品の所有権移転時期に関して注意が必要です。支給品の所有権移転時期を引渡し時と定めると、支給品から商品を完成させ、買主に商品の引渡しをしない間は、支給品は売主の所有物となってしまいます。この間に売主が破産手続をとった場合、支給品は、売主の債権者への引当財産として破産財団を構成してしまい、各債権者に対

159

第3章　契約書チェックポイント

する平等弁済の対象財産となってしまいます。

　買主としては、売主が破産した場合に買主がその所有権に基づいて支給品を引き取り、他の業者等への支給品の引継ぎを容易に行うため、支給品の所有権移転時期について、支給品の代金支払時にする等の工夫が必要です。

15　工具、機械、金型、設計図等の貸与

　一方当事者から他方当事者に対して、目的物の製造に必要な工具類や図面、マニュアル、データ等を貸し与える場合、その条件について当事者の意思を反映させることが重要です。別途借用書を提出することを規定し、契約終了後の取扱いも明確に規定しましょう。

条項例

第○条（貸与）
1　乙（買主）は、甲（売主）と協議の上、甲が本件商品の製造を行うために必要な工具、機械、金型、又は本件商品の製造を行うについて不可欠な設計図、その他のマニュアル類（以下、「貸与品」という。）を貸与することができる。
2　甲は、貸与品の引渡しを受けたときは、遅滞なく借用書を提出しなければならない。
3　理由の如何を問わず、本契約が終了したときには、甲は乙に対し、速やかに貸与品を返還するものとする。

◆売主側・買主側共通◆
☑**チェックポイント❶**：貸与品の条件について当事者の意思を反映させる。

160

第2節　売買基本契約書

◆買主側◆

☑**チェックポイント❷**：貸与の期間・使用方法・管理義務・有償または無償
　　　　　　　　　　　　等の事項について別途契約書で明記する。

☑**チェックポイント❸**：契約終了後の取扱いも明記する。

【売主側変更例】　　　　　　　　　　　　　　　　チェックポイント❶

> 1　乙は、**❶甲の同意を得た上、**甲が本件商品の製造を行うために必要な工
> 具、機械、金型、又は本件商品の製造を行うについて不可欠な設計図、その
> 他のマニュアル類（以下、「貸与品」という。）を貸与することができる。**❶**
> **なお、有償・無償、貸与期間等の貸与の条件については、甲乙合意の上で定**
> **めるものとする。**
> 2　甲は、貸与品の引渡しを受けたときは、遅滞なく借用書を提出しなければ
> ならない。
> 3　理由の如何を問わず、本契約が終了したときには、甲は乙に対し、速やか
> に貸与品を返還するものとする。

【買主側変更例】　　　　　　　　　　　　　　チェックポイント❶❷❸

> 1　乙は、**❶乙が必要と認めるときは、乙所定の条件により**甲が本件商品の製
> 造を行うために必要な工具、機械、金型、又は本件商品の製造を行うについ
> て不可欠な設計図、工程表、製品データ等のマニュアル類（以下、「貸与品」
> という。）を貸与することができる。
> 2　**❷甲は、貸与品の引渡しを受けたときは、遅滞なく使用期間・使用方法・**
> **使用対価・保管場所等を定めた借用書を提出しなければならない。**
> 3　**❸契約の終了又は解除の理由の如何を問わず、甲は、乙からの貸与品一切**
> **を甲の費用負担にて全て返却しなければならず、複製物等があれば併せて返**
> **却しなければならない。**
> 4　**❸甲は、返却終了にあたり、乙に対して、複製物を含めて貸与品一切を返**
> **還したことを約束する文書を乙に提出しなければならない。**

161

第3章　契約書チェックポイント

 解　説

☑**チェックポイント❶**：貸与品の条件について当事者の意思を反映させる。

　貸与とは、買主が、売主に対し、目的物の製造・製作に必要な工具、機械、金型等の工具類や図面、マニュアル、データ等を有償または無償で貸し与えることをいいます。そして、売買の基本契約書の条項の中に貸与に関する規定が設けられている場合でも、その性質が有償による貸与の場合は賃貸借契約であり、無償による貸与の場合は使用貸借契約となります。

　売主は、貸与品を用いて目的物である商品を完成させることになりますが、期間の満了等により契約が終了した場合、売主は買主に対して貸与品の返還義務を負うことになります。支給品では支給してしまうと支給品の返還請求はできませんので、重要な工具、データやマニュアル等については支給品ではなく貸与品と合意される例が多いようです。

　貸与の条項において、売主が注意しておくべき点は、貸与品の条件を決定する過程において、売主の意思を反映させるようにしておくことです。【条項例】では、貸与品について有償か無償かが規定されていません。仮に貸与が有償である場合、貸与品について賃料が発生してしまい、無償と思い込んでいた売主にとって不測の損害が生じてしまいます。そこで、【売主側変更例】では、そもそも貸与するか否かについて売主の同意を要件として、貸与の条件についても双方の合意で定めるものと修正しています。他方、【買主側変更例】では、買主所定の条件により貸与できるよう修正しています。

☑**チェックポイント❷**：貸与の期間・使用方法・管理義務・有償または無償等の事項について別途契約書で明記する。

　貸与の規定は、売買や請負の基本契約に規定されるものであっても、その実質は賃貸借契約ないし使用貸借契約です。貸与品を特定し、貸与期間、使用方法、管理、貸与品を毀損した場合の損害賠償に関する規定、有償なのか無償なのか、有償の場合賃料はいくらか等の条件について明確に定めた契約書を別途作成する必要があります。

　特に返還を前提とする貸与の場合は、重要な物を貸与品とする場合が多いため、返還の際の条件を詳細に詰めることが重要です。そこで、【買主側変更

第2節　売買基本契約書

例】では、別途借用書で定めるべき項目の大枠を示す条項に修正しています。

　また、管理に関してですが貸与品の種類により注意すべき点があります。

　まず、貸与品が工具類の場合は、他の売主の財産との混同を回避するために、帳簿上自己の財産を区別し、はがれにくいシールの添付等の手段により貸与品であることを明示します。はがれにくいシールの添付等による明示の手段を用いる理由は、強制執行の際に債権者の差押えを免れるためです。

　次に、金型やマニュアル類等の貸与品は、買主にとって重要な機密情報を含んでいることが多いでしょう。そのため、貸与品の取扱いについては厳格に管理できるような条項にします。少なくとも、複製物の製作の可否や開示できる範囲を定めておくことが必要です。

☑チェックポイント❸：契約終了後の取扱いも明記する。

　終了後の措置について、費用負担の点を明確にしておくことが重要です。金型など返還時の輸送費用が高額になるケースもあります。複製物等が生じている場合、図面やマニュアルなどが重要な情報を含んでいる物であるならば、複製物を含めた措置を規定することが重要です。この規定については契約終了時の措置の箇所（☞第3章第1節「**16　契約終了時の措置**」〔P.76〕参照）をご確認下さい。

| 応　用 | **買主は貸与品に重要かつ高価なものが含まれていないか確認が必要** |

　買主は、貸与品の中に、大型の金型や、デザイン変更を掛ける前の貴金属等の重要かつ高価な物が含まれていないかを確認する必要があります。貸与品がこのような重要かつ高価な物であれば、これらの滅失、毀損を填補するため保険の条項を付すことを検討して下さい。

　この場合、売主が実際に保険を付したことの確認を取る必要が生じます。買主は、保険証券のコピーおよび保険料の支払がなされ保険契約が有効に継続していることを確認できる資料について、定期的に提出または提示等を要求すると良いでしょう。

第3章 契約書チェックポイント

16 商品価格の設定

　価格については、後日のトラブルを避けるためにも、単価等を明記すべきです。また、消費税の取扱いについても明確に規定し、包装費や運送代、保険料が価格に含まれるか否かについても明確にしておきましょう。

条項例

第○条（価格）
　本件商品の価格に関しては、甲乙協議の上定めるものとする。

☑**チェックポイント❶**：後日協議する等という曖昧な表現を避け、単価等を明示する。
☑**チェックポイント❷**：消費税の取扱いを明記する。
☑**チェックポイント❸**：包装費・運送代・保険料が含まれるかについても明確に規定する。

【変更例】　　　　　　　　　　　　　　　　　チェックポイント❶❷❸

　本件商品の価格は、**❶❷別表記載の単価表に従って算出された金額に消費税を加えたものとする。**なお、**❸別表記載の単価には、包装費・運送代・保険料等一切の費用を含まず、別途実費を請求することができるものとする。**

解　説

☑**チェックポイント❶**：後日協議する等という曖昧な表現を避け、単価等を明示する。
　売買契約に限らず、多くの契約類型で最も重要な要素は価格（代金）です。

第2節　売買基本契約書

そのため、【条項例】のような別途協議とする条項は、トラブルの原因になりますので、避けるべきです。ただし、基本契約書に複数の商品の価格を列記すると、記載のバランスが崩れますし、後日価格変更がある度に覚書等で基本契約書を変更するのも妥当ではありません。

　そこで、別表形式で、価格を明示した単価表を作成し、基本契約書に添付するのが妥当でしょう。価格変更時には、別紙のみ変更すれば足ります。

☑**チェックポイント❷**：消費税の取扱いについて明記する。

　価格の表示に関して平成16年4月から、消費者に対する値札や広告等において総額表示方式が義務付けられており、価格を表示する場合には、消費税相当額を含んだ支払総額の表示が実施されています。もっとも、消費税の総額表示の問題は、企業間の取引における契約書に関しては直接影響を与えるものではありませんので、記載されていないケースも散見されます。企業間ではいずれは消費税を含むか否かが明確ではないため、解釈上の疑義を生じさせないためにも、取引基本契約書において、消費税の取扱いの明記が必要です。

　今般、消費税が10％に増税され、今後もさらなる増税はあるかもしれませんので、外税方式の記載の方が、増税された場合にそのままスライドするため妥当でしょう。

☑**チェックポイント❸**：包装費・運送代・保険料が含まれるかについても明確に規定する。

　売買価格に含まれる範囲を明確にすることも重要です。些細な問題から、両者の取引上の信頼関係に大きな影響を与える可能性がありますので、明示的に範囲を設定して下さい。【変更例】では、別途売主が実費を請求できるとしていますが、買主側としては、売買代金以外の実費は全て売主負担とするという変更をすべきでしょう。

165

第3章　契約書チェックポイント

17　価格の変更要件

　価格の変更を定めた価格変更条項を使用するか否か、使用するとした場合には価格変更の要件について検討し、条項においても明確にしておくことが重要となります。

条項例

> 第○条（価格の変更）
> 　甲乙は、第○条で定めた価格について、当該価格が不相当となった場合には、別途協議して価格を変更することができる。

☑**チェックポイント❶**：定期的な変更協議を可能にする。
☑**チェックポイント❷**：価格の変更という条項を置かないという選択肢もある。
☑**チェックポイント❸**：価格の変更要件を限定する。

【売主側変更例】　　　　　　　　　　　　　　　チェックポイント❶

> ❶甲及び乙は、第○条で定めた価格を2年毎に定期的に見直すものとする。

【買主側変更例1】　　　　　　　　　　　　　　チェックポイント❷

> ❷価格の変更という条項自体を削除する。

【買主側変更例2】　　　　　　　　　　　　　　チェックポイント❸

> 　甲及び乙は、第○条で定めた価格が、❸原材料の仕入価格又は諸物価の大幅な変動等により、現在の価格を維持することが著しく不都合となった場合に限り、甲乙協議の上で価格を変更することができる。

166

解　説

☑チェックポイント❶：定期的な価格変更を可能にする。

　売主としては、原材料費の高騰や人件費の上昇等のリスクもあるため、価格変更を定期的に行う規定にすることも検討すべきです。特に、原材料費の高騰や人件費が上昇傾向にある現在においては、定期的な価格協議をしても減額される可能性は低いので、定期的な価格変更は売主に有利といえます。

☑チェックポイント❷：価格の変更という条項を置かないという選択肢もある。

　買主としては、上記の傾向からすれば、価格の変更協議は増額に向けた協議となるリスクが高いです。そのため、価格変更という条項自体を置かないことにより、当初の価格を変更するためのきっかけをなくすことも考えるべきでしょう。

　また、デフレかインフレかに拘わらず、安定した価格で継続購入をできること自体が買主のキャッシュフローの計算を容易にしますので、この点からも価格変更を誘発する条項を削除するのは、買主として妥当でしょう。

☑チェックポイント❸：価格の変更要件を限定する。

　価格の変更という条項を置かざるを得ない場合、買主としては、定期的な見直しではなく、よほど大きな変更要因があった場合に限るべきでしょう。価格の変更要件を絞り込むことによって、購入価格の上昇を防ぐと共に、価格の安定を図るわけです。

18　知的財産権非侵害の保証

　取引される商品によっては、潜在的に、第三者の知的財産権を侵害する可能性があります。このことは商品を購入して使用・転売する者にとって、大きなリスクになりますので、本条項を設けることで、知的財産権の侵害のリスクを誰が負担するかを明確にしておくべきです。

第3章　契約書チェックポイント

条項例

第○条　（知的財産権）
　1　甲（売主）は、本件商品が、第三者の特許権、意匠権その他の知的財産
　　権を侵害していないことを保証する。
　2　乙（買主）は、本件商品が第三者の知的財産権を侵害するという理由に
　　より、苦情、請求、差止その他何らかの主張を受けたときは、直ちに甲に
　　通知する。
　3　甲は、乙より前項の通知を受けたときは、甲は、自己の費用と責任を
　　もって解決するものとし、乙に一切迷惑をかけないものとする。

◆売主側・買主側共通◆
☑**チェックポイント❶**：権利非侵害の保証に関する規定を置く。
◆買主側◆
☑**チェックポイント❷**：権利侵害の責任を明記する。
◆売主側◆
☑**チェックポイント❸**：売主側としては自己に帰責性のない権利侵害の責任
　　　　　　　　　　　　を回避できるか確認する。

【買主側変更例】　　　　　　　　　　　　　　　　**チェックポイント❶❷**

　1　甲は、本件商品が、第三者の特許権、意匠権その他の知的財産権を侵害し
　　ていないことを保証する。
　2　乙は、本件商品が第三者の知的財産権を侵害するという理由により、苦
　　情、請求、差止めその他何らかの主張を受けたときは、直ちに甲に通知する。
　3　甲は、乙より前項の通知を受けたときは、甲は、自己の費用と責任をもっ
　　て解決するものとし、乙に一切迷惑をかけないものとする。
　4　**❷第2項の場合において、乙に損害が生じたとき（乙が第三者の請求に応
　　じて損害賠償を行ったときを含む。）は、乙は、甲に対し、その損害の全て
　　（合理的弁護士費用その他解決のために要した費用を含む。）を請求するこ
　　とができるとともに、本契約及び個別契約の全部又は一部を解除することがで**

168

きる。

【売主側変更例】　　　　　　　　　　　　　　　チェックポイント❶❸

1　甲は、本件商品が、第三者の知的財産権を侵害することのないよう、❸必要かつ十分な配慮を行う。
2　乙は、本件商品が第三者の知的財産権を侵害するという理由により、苦情、請求、差止めその他何らかの主張を受けたときは、直ちに甲に通知する。
3　甲は、乙より前項の通知を受けたときは、❸直ちに第三者の権利侵害の有無及び原因の調査を行い、その結果、甲の責に帰すべき事由により権利侵害が生じたと認められる場合は、甲は自己の費用と責任をもって解決するものとする。また、❸第三者の権利侵害が乙の指示・要望による場合など乙の責に帰すべき事由によると認められる場合、乙は、自己の費用と責任をもって解決するものとし、❸甲乙いずれにも原因があると認められる場合は、その寄与割合に応じて責任を負担するものとし、その負担内容は甲乙間の協議により決する。

解　説

☑チェックポイント❶：権利非侵害の保証に関する規定を置く。

　知的財産権には、主として産業財産権（特許、実用新案、意匠、商標など）と著作権があります。第三者の知的財産権を侵害する商品を流通させることは、知的財産権の侵害行為として、販売等の差止め、損害賠償請求等の民事上の責任にとどまらず、刑事罰を科せられる可能性（第三者の知的財産権を侵害していることの故意が必要。）もあります。また、ひとたび知的財産権の侵害が存在すると認められた場合には、侵害行為により得られた利益が権利者の損害と推定される（特許法第102条等）など、侵害した側にとっては非常に不利な対応と高額な賠償責任を負わされる危険があります。

　このため、買主としては、商品を供給する売主に対し、その商品が第三者の知的財産権を侵害するものでないことを保証させるとともに、万一、知的財産権を侵害しているという主張を第三者から受けた場合には、一切の対応

第3章　契約書チェックポイント

を売主に行わせ、損害の賠償を請求できるという内容にして、リスクヘッジを行うべきことになります。

☑チェックポイント❷：権利侵害の責任を明記する。

　権利侵害に対する責任は、最終的には第三者の権利侵害について帰責性のある者が負担すべきであることは当然です。しかしながら、売主が第三者から権利侵害品を購入し、買主に転売したような場合には、その責任をめぐり紛争になることは少なくありません。買主としては、商品の流通過程において上位に位置する売主が責任を負うべきという前提で契約条項を制定・修正することになります。知的財産権に関する争いが生じたときは、請求額も弁護士費用も高額になる場合が多くなります。通常、弁護士費用は、交通事故に基づく損害賠償請求等の事例を除き一般には損害賠償額には含まれないため、合理的弁護士費用も損害額に含まれることを明記すべきでしょう。

☑チェックポイント❸：売主側としては自己に帰責性のない権利侵害の責任を回避できるか確認する。

　売主としては、登録や申請が要件となっていない知的財産権（著作権等）が存在することや、第三者が有する各国の知的財産権を網羅的に検索把握することは不可能というべきでしょう。そこで、売主としては、権利非侵害の保証については「努力する」「細心の注意を行う」「十分配慮する」などの表現にとどめるべきです。また、売主としては、買主が指示した商品の仕様が第三者の権利を侵害するものであったような場合に全責任を負わされることがないよう、契約条項の変更を求めるべきです。

　なお、売主が買主との関係で知的財産権の侵害に対して何らかの請求に応じたり費用を負担したりした場合、売主以外の実際に権利侵害を行った者（具体的には製造者や輸入者など流通の上位に位置する者や委託先など）に対し、損害賠償請求（求償）を行う必要があります。ところが、これらの者との契約において、免責条項のある契約を締結しまうと、求償ができなくなりますので、委託者や上位の流通者との契約では「買主側」としてのチェックが重要になります。

170

第2節　売買基本契約書

19　知的財産権の取扱い

　契約を締結した際に相手方から受領した資料に基づいて、発明や考案などの知的財産権の取得対象となるものが生じる場合があります。このような場合に、あらかじめ知的財産権の帰属先や通知義務を決めておくべきです。

🤝 条項例

第○条（知的財産権の取扱い）
　本取引の遂行に際して、甲（売主）又は乙（買主）が発明、考案等を行ったときは、これにより生じる特許、実用新案その他の産業財産権を受ける権利は、当該発明等を行った当事者に帰属する。

◆売主側・買主側共通◆
☑**チェックポイント❶**：具体的な適用場面を想定し、処理手順や権利帰属をなるべく明確に規定する。
☑**チェックポイント❷**：当事者として保全すべき権利を明確にする。ただし、相手方にとって一方的に不利な内容を規定すると独占禁止法上の問題が生じる可能性がある。

【売主側変更例】　　　　　　　　　　　　　　　　　チェックポイント❶❷

1　甲は、**❶乙から提供を受けた本件商品に関する仕様書、図面その他の技術資料（以下、「技術資料」という。）に基づき、本件商品に関連する発明、考案、意匠の創作（以下、「発明等」という。）を行ったときは、直ちにその内容を乙に通知する。**
2　前項の発明等を**❶❷甲が単独で行ったときは、当該発明等に関する権利は**

171

第3章　契約書チェックポイント

> 甲に単独で帰属するものとし、それ以外の発明等に関する権利の帰属は、甲
> 乙の協議により決する。

【買主側変更例】　　　　　　　　　　　　　　　　　チェックポイント❶❷

> 1　甲は、乙から❶本件商品に関する仕様書、図面その他の技術資料（以下、
> 「技術資料」という。）の提供を受けた場合において、本件商品に関連する発
> 明、考案、意匠の創作（以下、「発明等」という。）を行ったときは、❶直ち
> にその内容を乙に通知する。
> 2　前項における発明等に関する権利は、❶原則として甲と乙の共有（持分対
> 等）とする。ただし、甲が技術資料に一切依拠することなく単独で発明等を
> 行ったことを証明した場合には、当該発明等に関する権利は甲に単独で帰属
> する。
> 3　前項により甲の単独所有になった発明等に基づく特許権、実用新案権、意
> 匠権（以下、「産業財産権」という。）については、甲は、乙に対し、❷当該
> 産業財産権の存続期間中、無償にて通常実施権を許諾する。

解　説

　買主側から指定した仕様の商品の供給を売主に求めるような、いわゆる製作物供給型の契約などであって、取引の過程において発明や考案が生じる可能性がある場合には、知的財産権が生じた場合の取扱いを規定しておく必要があります。

　発明等に関する権利は、原則として発明等をした者に帰属します（特許法第29条など）。【条項例】は、そのような原則論をそのまま規定したものですが、ある発明が他者の提供した資料やアイデアを参考に行われた場合は、資料やアイデアを提供した者にも権利が帰属しますので、その場合の調整をどのように行うかがポイントとなります。

　まず、【売主側変更例】は、買主に通知を要する場面を、「技術資料に基づき発明を行ったとき」に限定していますので、技術資料に基づかない発明等については通知を要しないということになります。また、権利帰属について

172

第2節　売買基本契約書

は、技術資料に基づき発明等がなされた場合ですので買主側に一定の持分が
存することが前提となりますが、寄与度の多少に関わらず一定の権利が買主
側に帰属するのを防止するため、権利の帰属については協議により決するこ
とを原則としています（もっとも、持分対等を原則とするとした方が有利な場合
もあります。）。その上で、売主が単独で発明等を行ったときは、権利は売主に
単独で帰属するという例外を設け、表現上は、例外的取扱いを原則論の前に
記載して強調するという手法をとっています。

　一方、【買主側変更例】は、買主が提供した仕様書や図面などの技術資料に
基づいて発明等がなされた場合のみならず、このような資料が提供された商
品に関連する発明等がなされたときは、提供した技術資料との関連性を検証
し、当該発明等に対する買主側の寄与の程度を確認するために、商品に関連
して発明等がなされた場合は常に買主に通知をするという内容としていま
す。また、買主が資料を提供している以上、発明に対する寄与が一定以上存
在するという前提に立ち、当該発明等に関する権利は、原則として対等の持
分を有する共有となると規定しました（民法上、権利が共有となる場合におい
て、特にその持分を共有者間で定めない場合には、その持分は等分になると推定さ
れます。民法第250条・第264条）。その上で、売主が技術資料等に依拠するこ
となく単独で発明等を行ったことを証明した場合に限り、売主に単独で帰属す
るとしたうえで、当該単独所有の特許権が発生した場合は、自動的に通常実
施権を許諾するという内容としています。

| 応　用 | 買主側から売主側にノウハウを提供する場合も秘密保持に留意する |

　買主側から貴重な技術ノウハウなどが掲載された資料を売主に提供
するような場合には、秘密保持条項を充実させる（場合によっては別途
秘密保持契約書を締結したり誓約書を提出させたりもします。）ほか、資料
の提供が売主に対して何らかの権利を許諾するものではない、という
確認条項を規定することにより、情報の流用を防止する手だてをとる
べきでしょう。もっとも、売主に当然帰属すべき権利について、買主
が一方的に剝奪するような内容の契約条項や、一方的に独占的な権利
を買主に付与するような内容（自動的に専用実施権を許諾する、など）の

173

第3章　契約書チェックポイント

契約条項を置くことは、不公正な取引方法として独占禁止法の適用を
受ける可能性がありますので避けるべきです。

20　類似品譲渡制限

　物を売却する場合に、売主側が当該物と同種の物を生産・売却するこ
とで、買主側の利益が損なわれる場合があります。このような事態を避
けるためには、類似品の譲渡の制限に関する規定を設けることが有効で
す。

条項例

第○条（類似品の譲渡制限）
　甲（売主）は、乙（買主）の承諾を得ない限り、本件商品と同等の外観、性
能若しくは機能を有する類似品を乙以外の第三者に譲渡してはならない。

◆売主側◆
☑**チェックポイント❶**：取引の自由を確保するため、削除を要求する。
◆買主側◆
☑**チェックポイント❷**：類似品譲渡制限については、不公正な取引方法とし
　　　　　　　　　　　　て独占禁止法に抵触する可能性があるので、同法に
　　　　　　　　　　　　抵触しない範囲にとどめることが必要。

【売主側変更例】　　　　　　　　　　　　　　　　　　チェックポイント❶

　類似品譲渡制限という条項自体を削除する。

174

第2節　売買基本契約書

【買主側変更例】　　　　　　　　　　　　　　　チェックポイント❷

> 甲は、❷本件商品が、乙から受領した図面や乙の技術的指示に従い作成された仕様書等に基づき、乙の有する技術上のノウハウ等の供与を受けて製造されたものであることに鑑み、これらのノウハウ等の秘密を保持し、又はその流用を防止するため、乙の書面による承諾を事前に得ない限り、本契約期間中のみならず本契約終了後2年間は、本件商品と同等の外観、性能若しくは機能を有する類似品を乙以外の第三者に譲渡してはならない。

解　説

☑チェックポイント❷：独占禁止法に抵触しない範囲にとどめること。

　本条に規定されるような類似品の譲渡制限は、買主側から売主側に技術やノウハウ等の提供が行われ、これに基づき目的物が製造される場合に、買主が提供した技術やノウハウ等の秘密性を維持するために付されると一般的には説明されます。ただ、秘密保護という目的が見出せない場合は、単純に買主が売主の取引先を制限することにより、買主が市場において優位に立つことを企図していると考えることになります。

　注意すべきは、このような譲渡制限は競争制限規定としての効果を有することから、独占禁止法の規制対象に該当し得る可能性があることです。特に、買主が市場における有力な事業者、具体的にはおおむねシェア20％を超える事業者である場合には、このような譲渡制限は、買主が材料を支給している場合や、買主が秘密性のあるノウハウを供与して製品を製造させている場合など、正当と認められる理由がなければ不公正な取引方法に該当する可能性があります。

　このような不公正な取引方法に該当すると判断された場合には、独占禁止法に基づく排除措置命令、課徴金納付命令といった行政処分、差止め、損害賠償請求といった民事責任のほか、刑事罰を科せられる可能性もあります。また、不公正な取引方法という違法な内容を定める契約条項については、民法第90条（公序良俗）に違反するとの理由で規定そのものが無効とされる可能性もあり、そうなると、わざわざ譲渡制限を規定した意味がなくなってしま

第3章 契約書チェックポイント

います。

　そこで、買主としても、このような独占禁止法違反のリスクを回避するため、自己が市場において有力な事業者に該当する場合は、譲渡制限が自社の技術上のノウハウに関する秘密を保持し、またはその流用を防止するために必要な範囲を超えて相手方の取引活動を不当に制限することのないよう配慮する必要があります。具体的には、汎用品や売主の開発による商品をも譲渡制限の対象としないよう、譲渡制限の対象を慎重に選別し、契約条項の文言に反映させることが必要です。

　もっとも、秘密保持や流用防止のために必要であれば、合理的な制限は可能ですし、かつ必要でもあります。そのため、契約終了後も譲渡制限などを行う必要があれば契約条項として規定すべきですが、契約関係から離脱した後も長期にわたり制限を加えることは、優越的地位の濫用の問題が生じますので、制限期間は最小限に抑える必要があります。

　なお、買主が市場における有力な事業者でない場合（シェア20％を超える事業者）は、競争者に与える影響は少ないために原則として違法とはなりません。しかし、将来的なシェアの拡大による違法状態の発生や、他の事業者による公正取引委員会への通報などがなされた場合の対応リスク等を考えますと、有力な事業者である場合と同様、独占禁止法を意識した規定にしておくべきです。

　【買主側変更例】においては、「これらのノウハウ等の秘密を保持し、又はその流用を防止するため」という文言で、譲渡制限に合理的理由があることを強調する規定方法をとっています。契約終了後の制限期間は２年間としていますが、既に契約当事者から離脱していることを考えれば、この程度が安全と思われます。また、第三者への譲渡について事実上の承諾があったという安易な主張を封じるため、書面による事前の承諾を要件としています。

　逆に、売主としては、このような取引制限は独占禁止法上問題がある旨を指摘し、条項そのものを削除するように要請すべきでしょう。

176

第2節　売買基本契約書

> **応用**　売主は、買主が類似品等を取扱うことを制限する明確な規定を置くことは避けるべき
>
> 　売主が買主に対して類似品や競合品の取扱いを禁じる場合は、その類似品等が売主の知的財産権の侵害を伴うものであれば、当然のことが規定されているにすぎません。しかし、それを超えて、他社製品の取扱いを事実上禁止するような場合には、独占禁止法を意識する必要があります。特に、「市場における有力なメーカー（シェア20％を超える事業者）が競争品の取扱い制限を行い、これによって新規参入者や既存の競争者にとって代替的な流通経路を容易に確保することができなくなるおそれがある場合には、不公正な取引方法に該当し、違法となる」とされています（公正取引委員会「流通・取引慣行に関する独占禁止法上の指針」）。もっとも、ノウハウの流用防止等の正当な理由がある場合には、これに必要な範囲において競争者との取引を制限することも許容される場合がありますが、買主において類似品を取り扱うことが、売主側のノウハウの流用防止に資するケースはほとんど考えられません。
>
> 　したがって、売主としては、買主に対する類似品等の取扱い制限について、契約書上に明確な規定を置くことは避けるべきです。

21　再委託禁止条項

　業務委託契約を締結する場合、委託業務の質の保持や、情報流出防止の観点から、再委託禁止条項を設けることが通常です。

177

第3章　契約書チェックポイント

 条項例

> 第○条（再委託の禁止）
> 　乙（受託側）は、事前に書面による承諾を得なければ、本件業務に係る各個別業務の全部または一部を、第三者に再委託することはできない。

◆委託者側◆
☑**チェックポイント❶**：第三者の定義を明確化する。
☑**チェックポイント❷**：再委託先に関する情報の提供義務を定める。
☑**チェックポイント❸**：受託者および再委託先の義務を定める。
◆受託者側◆
☑**チェックポイント❹**：事前に判明している再委託先は明記し、承諾ではなく通知とする。

【委託者側変更例】

> 第○条（再委託の禁止）
> 1　乙（受託側）は、事前に書面による承諾を得なければ、本件業務に係る各個別業務の全部または一部を、第三者❶<u>（乙の関連会社も含む。）</u>に再委託することはできない。
> 2　❷<u>乙は、前項の承諾を得るにあたり、再委託先を明らかにした上で、再委託先の業務の範囲、再委託業務の詳細について書面をもって明らかにしなければならない。</u>
> 3　❸<u>乙は、第1項の再委託を行う場合であっても、再委託先の業務の遂行結果全てについて、本契約の受託者として責任を負うものとし、乙が甲に対して本契約において負う義務と同等の義務を、再委託先に対して負わせるものとする。</u>

第2節　売買基本契約書

【受託者側変更例】

> 第〇条（再委託の禁止）
> 　乙（受託側）は、❹事前に通知しなければ、本件業務に係る各個別業務の全部または一部を、❹下記を除く第三者に再委託することはできない。
> 　　　　　　　　　　　記
> 　　　　　　　●●●●株式会社
> 　　　　　　　　　　　　　　　　　　　　　　　　　　　　　　　　以上

 解　説

☑チェックポイント❶：第三者の定義を明確化する。

　業務委託契約の場合には、再委託禁止条項が入っていることは珍しくありません。基本的には、委託者に対して通知ないし承諾を求める条項となっています。第三者の定義自体も多義的なものではありますので、より明確にするために、委託者側としては、子会社などが第三者に含まれるかも明確にしなければなりません。

☑チェックポイント❷：再委託先に関する情報の提供義務を定める。

　再委託先として承諾するか否かについても、事前に情報の提供がなければ判断する材料がありません。そのため、委託者側としては、再委託を認める場合であっても、単に承諾を義務付けるだけでなく、一定の情報を提供することを義務付ける条項を設けるのが望ましいでしょう。

☑チェックポイント❸：受託者および再委託先の義務を定める。

　再委託先は契約の相手方にはなりません。そのため、再委託先の行為についても、委託者に責任を問えるよう明確にすべきでしょう。委託者にとって、再委託先は契約の相手方ではありませんが、委託先に対して誓約書を提出させるなど、直接の権利義務関係を生じさせることも考えられます。

☑チェックポイント❹：事前に判明している再委託先は明記し、承諾ではなく通知とする。

　契約締結時点において、受託先がもともと再委託を予定しているようなケースもあれば、再委託が予定されていないようなケースもあります。再委

託禁止条項を設けたままでは、いざ契約を締結し委託を受けた業務を実施しようとした際に、再委託できないことになりますので、再委託禁止条項を削除するよう求めることが考えられえます。しかしながら、再委託禁止条項の削除は難しい場面も多いです。そのため、締結時に、再委託禁止条項の削除自体が難しいと言われた場合には、少なくともその時点で予定している再委託先について明らかにし、それを除く旨を明記したり、承諾条項から通知条項に変更したりするように提案すべきでしょう。

22　データ提供

　企業間でデータのやり取りが行われることは、以前に比べて多くなってきています。しかし、データの提供には法的にも事実上の管理の面でも様々な問題があることから、契約において適切に定めておきたい事項の1つとなります。

条項例

第○条（提供データ）
1　本契約に定める「提供データ」とは、甲が利用権限を有するデータのうち、本契約に基づき乙に提供される別紙で定めるデータをいう。
2　甲は、本契約の期間中、乙に対して別紙で定める方法により提供データを提供するものとする。
3　甲は、乙に対して、本契約の目的の範囲内でのみ提供データを利用することを許諾する。
4　乙は、本契約で定められるものを除き提供データについて何らの権限も有さず、甲の書面による事前の承諾のない限り、提供データを第三者に開示、提供、漏洩してはならない。
5　提供データに関する知的財産権は甲に帰属する。

◆提供側・受領側共通◆
☑チェックポイント❶：提供するデータの権利が誰に帰属するものであるかを確認する。
☑チェックポイント❷：提供するデータの提供方法、利用範囲を明確にする。

 解　説

☑チェックポイント❶：提供するデータの権利が誰に帰属するものであるかを確認する。

　近年、AI の普及などに伴い企業が保有するデータの価値が高まり、データ利活用のために事業者間の契約においても一方から他方へデータ提供が行われることが多くなってきました。しかし、データそのものには法律上、所有権という概念はなく（データの入った USB のような有体物に所有権が認められるのとは異なります。）、企業が保有するデータそのものを第三者から保護する法律としては、著作権や不正競争防止法等の限られた枠内でのみ認められているにすぎません。

　よって、データを提供する側は、データについて、自身が権利者であるということを明確にすることが必要となります。

☑チェックポイント❷：提供するデータの提供方法、利用範囲を明確にする。

　データは物とは異なり、それ自体は可視的なものではありません。よって、提供されるデータを明確にしておかなければ後日、提供されたデータの内容をめぐり当事者間で紛争が生じる可能性があります。条項例では別紙に記載すると定めていますが、別紙においては、データの対象、項目等を詳細に定めておくことが望まれます。

　また、提供の方法とは2つの意味が含まれます。1つ目は、物理的な提供の方法、2つ目は法律的な意味での提供の形態です。1つ目については、たとえば、紙媒体による提供か電子ファイルによる提供か、電子ファイルであるならどのような形式の電子ファイルかなどを特定することが考えられます。また、USB などの特定の記録媒体を用いて提供するのか、受領者に提供者サーバーへのアクセス権限を与えるのかなどの方法の特定も必要となりま

第3章　契約書チェックポイント

す。2つ目については、条項例では、提供者にデータ利用権限を留保したままで受領者側に利用させる利用許諾型として定めていますが、データ提供者側がデータに対する利用権限を喪失する譲渡型の契約形態も考えられます。

加えて、利用範囲についても法律上範囲が定まっているわけではないため、目的外利用や第三者提供の禁止等についても明確に定めておく必要があります。契約内でデータの利用目的を定めておくことはいうまでもありません。

【補足】

本項においては紙面の関係もあり、条項例は簡略化した規定としています。データが重要な意味を持つAIに関連する契約などにおいては、データ提供に対する対価や、データの管理方法、データを加工して得られた派生データの取扱いなど定めるべきことは多岐にわたりいずれも難しい問題です。契約後の無用な紛争を防ぐためにも当事者において各項目を意識したうえで十分に話し合いを行い、取り決めておく必要があります。

AIに関連する契約については、経済産業省が平成30年6月に詳細なガイドラインを出しており参考となります。

23　在庫の確保

企業間の取引においては、買主が転売を予定している場合など一定の在庫を確保しておく必要がある場合があります。このような場合には在庫確保条項を設けるべきでしょう。当事者が注意すべき事項を踏まえた上での記載方法を解説しています。

条項例

甲（売主）は、乙（買主）が商品を安定して供給できるよう、できる限り在庫の確保に努める。

182

第 2 節　売買基本契約書

◆買主側◆
☑**チェックポイント❶**：確保すべき在庫品の数量、場所について具体的な定めを置く。
☑**チェックポイント❷**：在庫品の入替えの規定を置くことで新しい在庫品を確保しておく。

【売主側変更例】

> 変更しない。

【買主側変更例】　　　　　　　　　　　　　　　　　　　チェックポイント❶❷

1　甲は、**❶乙の流通を確保し甲乙が別途定める売上げ目標を達成するために、別途乙が定める数量の在庫を乙の指定する場所に確保し、乙から在庫の不足数量の通知があったときには、通知後 5 日以内に甲の費用負担において乙の指定する場所に不足数量と同数の商品の搬入を行うものとする。**

2　**❷甲は、乙が商品に在庫有効期間を設定した場合、在庫有効期間が経過した在庫品について乙から通知があれば通知後 5 日以内に在庫有効期間の経過した商品を引き取るとともに、新たに同数の商品の搬入を行い、在庫品の入替えを行うものとする。なお、在庫品の入替えに関する費用は甲の負担とする。**

解　説

　企業間取引では、買主がさらにエンドユーザーや業者に対する転売を予定して取引に入ることがあります。この場合、転売先からの受注が入った段階で買主が売主に対して発注したのでは、売主の商品調達がうまくいかないような場合、転売先からの希望納期に対応できず、取引の機会を逃してしまう危険性があります。そこで、転売先からの需要に対応し、買主の流通の効率を上げるためには、一定数量の在庫品を確保しておく必要が生じます。

　【条項例】は、在庫の確保を努力義務として定めています。努力義務規定であれば、在庫品の確保ができなかった場合であっても、在庫確保に向けた努

183

第3章　契約書チェックポイント

力をしていなかった場合などを除き、基本的に売主は損害賠償責任等を負い
ません。ですので、売主としては【条項例】を変更する必要はありません。
他方、買主としては、努力義務規定ではなく法的義務規定に変更する必要が
あります。

☑**チェックポイント❶**：確保すべき在庫品の数量、場所について具体的な定
　　　　　　　　　　　めを置く。

　買主の立場からすれば、転売先の需要に対応するため、売主に一定数量の
在庫品を確保してもらうことが、在庫品確保のリスク上望ましいものといえ
ます。この場合、在庫品確保のための手段として大きく分けて、⑴売主側で
一定数の在庫品を確保しておく義務を定める方法と、⑵売主が買主の指定す
る場所に在庫品を確保しておいて、買主が確保された在庫品から転売してい
き、不足数量をその都度売主が補うとする方法が考えられます。⑴の方法で
は、買主が売主の在庫品確保状況を把握することは困難であり、売主側で実
際に在庫品確保をしていなかった場合に対応が困難となります。

　【買主側変更例】では、⑵の売主が買主指定の一定数量の在庫品を買主指定
の場所に搬入し在庫品を確保する方法をとっております。このような規定
は、売上目標を設定して取引していく通販会社等のカタログ販売やインター
ネット販売の取引においてよく見られる規定です。【買主側変更例】では、不
足数の通知後5日以内の搬入とすることや、費用負担を売主とする等を定め
ていますが、買主側から在庫品確保の方法について明確になるようこれら諸
条件についても具体的に定めるようにして下さい。

☑**チェックポイント❷**：在庫品入替えの規定を置くことで新しい在庫品を確
　　　　　　　　　　　保しておく。

　商品の種類によっては、一定期間の経過で劣化や腐敗が生じやすく、在庫
期間が長くなると品質確保が困難となるものもあります。買主が売主に在庫
確保の義務を負担させたとしてもこのような商品であれば在庫期間中の品質
劣化の問題が生じ、転売先からのクレーム対応等により在庫確保した趣旨を
全うできない場合が生じます。

　買主からすれば、このような商品であるかどうかを吟味し、品質の確保が
必要な商品であれば、適切な在庫期間を設定し、在庫商品の入替えの規定を

184

設けるべきでしょう。

【買主側変更例】では、在庫有効期間の経過した旨の通知により売主が自己の費用負担で在庫商品の入替えを行うものとしております。買主としては、このような在庫品の品質管理の規定も考慮するようにして下さい。

24 補修部品の確保

　取引の対象物に補修部品が必要になる場合があります。このような場合に補修部品が市販のもので容易に入手可能であれば問題ありませんが、そうでない場合には、補修部品供給条項を設けておくべきです。

条項例

第○条（補修部品確保）
　甲（売主）は、本件商品の取引終了後といえども、取引終了後5年間は、本件商品の保守や補修に必要な部品を乙（買主）から要求があれば直ちに供給しなければならない。

◆売主側◆
☑**チェックポイント❶**：補修部品の供給については、コスト増加を前提にした価格設定の交渉を行えるようにする。

◆買主側◆
☑**チェックポイント❷**：補修部品の供給期限を延長できるような条項を追加する。

【売主側変更例】　　　　　　　　　　　　　　　　　　　チェックポイント❶

　甲は、本件商品の取引終了後といえども、取引終了後5年間は、本件商品の

185

保守や補修に必要な部品を乙から要求があれば直ちに供給しなければならない。❶ただし、補修部品の価格、数量等の条件はコストの増加があることを前提にその都度甲乙協議の上、決定するものとする。

【買主側変更例】　　　　　　　　　　　　　　　　　チェックポイント❷

　甲は、本件商品の取引終了後といえども、取引終了後5年間は、本件商品の保守や補修に必要な部品を乙から要求があれば直ちに供給しなければならない。❷なお、期間終了の1年前に甲乙協議の上、上記期間を延長することができるものとする。

解　説

☑チェックポイント❶：価格設定の交渉を行えるようにする。
　補修部品確保の規定は、買主がエンドユーザー等に転売する取引形態をとっている場合において、買主が転売先からの契約不適合責任や保守契約に応じるために設けられる規定です。なお、買主が自社で使用する場合でも補修を受けるために必要となります。
　また、当該取引基本契約における契約不適合責任の期間が切れた後も、買主が転売先からの契約不適合責任に応じる必要があり、補修部品等について売主に補修部品等の在庫がなければ、買主が転売先への義務を履行できなくなるため、このような規定が置かれるという側面もあります。
　補修部品の価格は、買主が要求する数量や時期により、補修部品のみの少量の製作となることが多く、コストが高くなる危険があります。そこで、売主としては、【売主側変更例】のように補修部品の価格について、買主から補修部品供給の要求がある度に価格交渉を行うことができる規定にしておくことが重要です。

☑チェックポイント❷：補修部品の供給期限の延長をできるような条項を追加する。
　買主の立場から重要な点は、補修部品供給の期間となります。売主側に補修部品のあることが、買主が転売先の契約不適合責任等に応じるための前提

第2節　売買基本契約書

となる場合が多いからです。

　取引基本契約の補修部品の期限については、買主が転売期間等を考慮に入れて補修部品の供給期間を定めているものと思われますが、商品の需要予測と異なる結果が生じることもあります。そこで、このような転売期間を大きく延長する場合に対応できる規定を設けておくことが必要となります。

　【買主側変更例】では、期間延長の協議を求めることができるとの修正を行っています。この修正により、期間延長の協議を行うことが可能となります。

　もっとも、売主からコスト増加を理由に単価等の変更の提案がなされることは予想されますので、当初の期間設定の段階で、転売期間等を考慮に入れて十分な補修部品の供給期間を定める方が安全です。

　なお、家電製品について、旧通商産業省機械情報産業局長通達（通達番号、49機局第230号・昭和49年4月16日）において製造打切後の最低部品保有年数についての定めがありますが、この場合であっても、取引基本契約書の中で、補修部品の供給期間について当事者間の義務として明確に規定しておくのが良いでしょう。

25　不可抗力

　本条項は、契約当事者の責に帰すべき事由がない場合に発生した債務不履行についての損害賠償責任等に関して定められる条項です。

条項例

第○条（不可抗力）
　本契約の契約期間中において、天災地変（火災、地震、津波、風水害、落雷、塩害等を含むがこれに限られない。）、戦争、暴動、内乱、疫病、伝染病、

187

第3章　契約書チェックポイント

法令の制定改廃その他甲及び乙の責に帰すことができない事由による本契約の全部又は一部の履行遅滞若しくは履行不能については、本契約の違反とせず、甲及び乙は責任を負わない。

【変更例】

第○条（不可抗力）
1　本契約の契約期間中において、天災地変（火災、地震、津波、風水害、落雷、塩害等を含むがこれに限られない。）、戦争（宣戦布告の有無を問わない。）、侵攻、暴動、内乱、疫病又は感染症の蔓延（蔓延防止を含む。）、政府又は政府機関の行為、行政による自粛要請、法令の制定改廃その他甲及び乙の責に帰すことができない事由による本契約の全部又は一部の履行遅滞若しくは履行不能については、本契約の違反とせず、甲及び乙は責任を負わない。ただし、代金の支払債務については、本項の適用はないものとする。
2　前項の事由が生じた場合には直ちに相手方当事者に対して通知の上で、その影響が軽減されるよう合理的なあらゆる努力を尽くさなければならない。
3　第1項の事由による本契約の全部または一部の履行遅滞または履行不能が、60日を超えて継続する場合あるいはそれが見込まれる場合には、各当事者は、相手方に書面で通知することにより本契約を解除することができる。

☑**チェックポイント❶**：不可抗力事由に該当するか否かが明確な記載になっているか。
☑**チェックポイント❷**：通知義務および影響を軽減するための努力を行う義務を規定する。
☑**チェックポイント❸**：長期間続く場合に備えて解除による契約解消の余地を設ける。

解　説

☑**チェックポイント❶**：不可抗力事由に該当するか否かが明確な記載になっているか。

　契約に基づく債務の履行をすることができなかった場合には、債務者は債権者に対して、債務不履行責任を負います。この場合に、いわゆる不可抗力である場合には、民法第415条第1項ただし書のもとで、「その債務の不履行が契約その他の債務の発生原因及び取引上の社会通念に照らして債務者の責めに帰することができない事由によるものであるとき」（不可抗力事由）には、損害賠償責任を負わないことが明記されています。

　実務上は、不可抗力事由に該当するか否かが争点になります。この点も、社会通念に従って判断されることになりますので、不可抗力条項において、特定した記載をすることで、不可抗力事由に該当するか否かというトラブルを回避する助けとなります。

　不可抗力事由を広く認めて欲しい立場であれば、不可抗力事由について例示列挙するにあたり、当該時点で想定されている事情があれば、契約書に盛り込むように求めることになります。

　他方、不可抗力事由に該当する範囲を狭くしたい立場であれば、当該事項の削除を求める対応や別途除外する形での記載をすべきでしょう。

　なお、金銭債務は、「債務者は、不可抗力をもって抗弁とすることができない」（民法第419条第3項）と明記されており、不可抗力があったとしても、外部からの借入等で調達可能であるため、不可抗力をもって債務不履行を免れることができませんので注意が必要です。

☑**チェックポイント❷**：通知義務および影響を軽減するための努力を行う義務を規定する。

　不可抗力によって責任を負わないことはやむを得ないとしても、反対当事者としては、免責される当事者に対して、不可抗力が生じた場合に通知してもらったり、不可抗力による影響が最小限となるように努力して欲しいと考えるのが通常です。

　そのため、これらの事由が生じた場合には直ちに通知した上で、影響を軽

第3章　契約書チェックポイント

減するための合理的なあらゆる努力を行うことを規定するとよいでしょう。

☑**チェックポイント❸**：長期間続く場合に備えて解除による契約解消の余地
を設ける。

　不可抗力による履行遅滞や履行不能が長期間継続する場合には、その間も
契約自体は有効に存続しており、買主としても売主からの納品を待たざるを
得ないため、長期間仕入れができない状態となることもあります。そのため、
履行遅滞や履行不能が一定の期間以上継続する場合には、当事者に契約解除
を行う権利を規定することで、契約による拘束から解放した上で、他からの
調達を可能にする余地を残しておくとよいでしょう。

【参考】

（債務不履行による損害賠償）
民法第415条　債務者がその債務の本旨に従った履行をしないとき又は債務の
　　履行が不能であるときは、債権者は、これによって生じた損害の賠償を請求
　　することができる。ただし、その債務の不履行が契約その他の債務の発生原
　　因及び取引上の社会通念に照らして債務者の責めに帰することができない
　　事由によるものであるときは、この限りでない。

　売買基本契約書のサンプルは、第1章「**売買基本契約書**」〔p.3〕参照。

190

●第3節● 業務委託契約書（準委任型）

　事業を行う上では、一定の業務を外部に委託する必要も出てきますが、そのような場合に締結されるのが業務委託契約です。業務委託契約の中には、報酬の支払のために仕事の完成まで必要な請負型と、契約書に定めた業務は行うものの仕事の完成までは不要な準委任型の契約があります。ここでは準委任型の業務委託契約を前提にチェックポイントを解説します。

　業務委託契約においては、委託する業務の内容や範囲が不明確であると、受託者としてどのような業務を行うべきか（行わなければならないのか）が不明確となり、また、特定の業務を行った場合に委託料の範囲内なのか別途費用を請求できるのかについてトラブルが生じやすいので、これらを明確にするという点がポイントです。

　その他、委託者としては業務遂行の状況についての適切な報告や再委託の禁止・制限について定めるべきですし、受託者が適切に業務を行わない場合に備えて中途解約についても定めたいところです。

1　委託業務の内容及び範囲

　業務委託契約においては、どのような業務を委託するのかを明確に定めることが非常に重要です。委託者としては業務内容を詳細に記載した上で、当該業務は委託内容の一部であることを明確に主張できるようにしたいところです。

191

第3章　契約書チェックポイント

 条項例

> 第○条（委託業務の内容及び範囲）
> 　委託者は、受託者に対して、コールセンターにおける電話対応業務及び委託者のサービスの改善に関するコンサルティング業務を委託し、受託者はこれを受託する。

◆委託者側・受託者側共通◆
☑チェックポイント❶：委託する業務の内容および範囲を明確に定める。
◆委託者側◆
☑チェックポイント❷：付随業務に関する包括的な規定を設ける。
◆受託者側◆
☑チェックポイント❸：付随的な業務については協議および合意した内容に限定する。

【委託者側変更例】　　　　　　　　　　　　　　チェックポイント❶❷

> 第○条（委託業務の内容及び範囲）
> 1　委託者は、受託者に対して、❶以下の業務（以下「本業務」という。）を委託し、受託者はこれを受託する。
> 　(1)　コールセンターにおける電話受付
> 　(2)　**委託者の顧客からの問合せ及びクレームに対する対応並びに委託者への報告**
> 　(3)　**委託者のサービスに関する問合せ及びクレーム内容の取りまとめ並びに件数の集計**
> 　(4)　**(3)を踏まえた傾向及び原因の分析**
> 　(5)　**委託者が提供するサービスの改善に関するコンサルティング業務**
> 　(6)　**❷その他、これらに付随する一切の業務**
> 2　**❶本業務の期間及び具体的内容については、甲乙間で別途協議の上で、書面にて作成される作業仕様書において確定するものとする。**

第3節　業務委託契約書（準委任型）

【受託者側変更例】　　　　　　　　　　　　　　　　　チェックポイント❶❸

> 第○条（委託業務の内容及び範囲）
> 1　委託者は、受託者に対して、**❶以下の業務（以下「本業務」という。）**を委託し、受託者はこれを受託する。
> (1)　コールセンターにおける電話対応
> (2)　**委託者の顧客からの問合せ及びクレームに対する対応並びに委託者への報告**
> (3)　**委託者のサービスに関する問合せ及びクレーム内容の取りまとめ並びに件数の集計**
> (4)　**(3)を踏まえた傾向及び原因の分析**
> (5)　**委託者が提供するサービスの改善に関するコンサルティング**
> (6)　その他、これらに付随する業務であり、**❸当事者間で協議し、業務内容及び条件等について合意した業務**
> 2　**❶本業務を実施する時間及び具体的内容については、甲乙間で別途協議の上で、書面にて作成される作業仕様書において確定するものとする。**

解　説

☑**チェックポイント❶**：委託する業務の内容および範囲を明確に定める。

　業務委託契約は、一定の業務を行うことを目的とするものであるため、どのような業務を行うのかについて明確に定めることは、当事者双方にとって非常に重要です。すなわち委託者にとっては、この業務についても契約内容に含まれているため、受託者に対して委託料の範囲で業務を行って欲しいと請求ができますし、受託者としても委託料を請求するためや債務不履行責任を問われないためにも、業務の内容や範囲を明確に定めることは重要となります。

　変更例では、条項例にあるコールセンターにおける電話対応業務およびサービス改善に関するコンサルティング業務について可能な限り具体的に示した上で、更に詳細な内容については作業仕様書にて定めることとしています。

193

第3章　契約書チェックポイント

☑**チェックポイント❷**：付随業務に関する包括的な規定を設ける。

　委託者の側から見れば、業務として列挙できなかったものの、これに付随する業務を受託者に行ってもらう必要が出てくるケースもあります。そのような場合に備えて、包括的な規定として「これらに付随する一切の業務」を追加しておくとよいでしょう。

☑**チェックポイント❸**：付随的な業務については協議および合意した内容に
　　　　　　　　　　　　限定する。

　受託者の側から見れば、委託者から提案された包括的な規定を受け入れざるを得ないとしても、「付随的な業務」が無限に広がらないための制限を設けるべきです。

　受託者側変更例では、受託者の意向についても反映できるようにするために、当事者間にて「協議」を行った上で、業務内容や追加委託料等の取引条件について「合意」できたものに限って付随業務にするという規定にしています。

2　委託料

　委託料の金額や支払については、両当事者にとって関心のある内容であり、特に支払を受ける側である受託者にとっては、これが最大の関心事であるともいえるかと思います。

　受託側としては、委託料の内容や支払方法について、当事者間で認識の齟齬が生じないように定めるべきです。

194

第3節　業務委託契約書（準委任型）

条項例

> 第○条（委託料等）
> 　委託者は、受託者に対し、本業務の対価として、当事者間で別途協議して定めた委託料を支払う。

◆受託者側◆

☑チェックポイント❶：委託料の金額を明確に定める。
☑チェックポイント❷：委託料の支払のための手順や時期を明確に定める。

【受託者側変更例】　　　　　　　　　　　　　　　チェックポイント❶❷

> 第○条（委託料等）
> 　1　委託者は、受託者に対し、本業務の対価として、❶下記の金額（消費税込）の委託料を支払う。
> 　　　　　　　　　　　　　記
> (1)　第○条第1項(1)の業務　　　　月額○円
> 　　　但し、○件を超えて対応した場合は追加委託料として1件につき○円を加算するものとする。
> (2)　同(2)ないし(5)の業務　　　月額○円
> (3)　同(6)の業務　　　　　　　当事者間で合意した金額
> 　2　❷受託者は、前項(1)の対応件数を毎月末日締めにて集計を行った上で、他の業務に関する委託料と共に、翌月10日までに委託者に対して請求書を発行するものとする。
> 　3　❷委託者は、前項の請求書を受け取った月の当月末日までに、受託者が指定する口座に振り込んで支払う。ただし、振込手数料は委託者の負担とする。

解　説

☑チェックポイント❶：委託料の金額を明確に定める。

　受託者としては、どの業務に対してどのような委託料を受け取れるのかに

第3章　契約書チェックポイント

ついては非常に大きな関心事であり、委託者とのトラブルに発展しやすい部分でもあるため、明確に規定すべきです。

委託料としては、月額で決める場合や出来高として1件当たりの金額で決める場合などいくつか考えられますが（営業の委託では契約の成約件数に応じて発生させる場合も多いです。）、変更例では月額を基本とした上で、一定の件数を超えて対応を行った場合の加算を定めています。

なお、1件単位での把握が煩雑な場合などは、1件ごとに○円ではなく、○件を超えて対応した場合には○円を加算し、○件を超えて対応した場合には更に○円を加算するというように、一定の範囲ごとに加算額を定める方法もあります。

また、付随的業務に関しては、第3章第3節　「1　**委託業務の内容及び範囲**」〔P.191〕の**【変更例】**の記載と併せて、当事者間で合意した金額にて有償で行うことを前提とする内容にしております。

☑**チェックポイント❷**：委託料の支払のための手順や時期を明確に定める。

受託者としては、いつまでに支払が行われるかについても大きな関心事ですので、電話対応業務に関してどのように集計を行った上で、いつまでに支払を行うのかについて、請求書発行の手順も含めて明確に規定すべきです。変更例では、毎月末日締めにて集計した上で、翌月末日までに受託者の指定する口座への振込みを行うという内容にしています。

3　報告義務

業務委託は、受託者が業務を行うことを前提に委託料の支払が行われる契約ですが、実際に業務を行うのは受託者ですので、委託者からは業務が適切に行われているかについて把握が困難です。そこで、報告義務を定めて受託者の業務遂行内容を把握し、場合によっては改善の依頼を行ったり、委託を継続するか否かの判断に用いることも考えられます。

なお、コンサルティング業務に伴う報告やアドバイスについては別の

第3節　業務委託契約書（準委任型）

条項にて定めることを前提にしておりますので、ここでは除外しております。

条項例

> 第○条（報告義務等）
> 　受託者は、委託者に対し、本業務の毎月の遂行状況について、翌月5日までに報告するものとする。

◆委託者側◆
☑**チェックポイント❶**：報告の形式について定める。
☑**チェックポイント❷**：定期的な報告とは別に委託者が請求した際の報告義務を定める。
☑**チェックポイント❸**：報告内容に基づく個別の確認や立入り検査ができる条項を定める。

◆受託者側◆
☑**チェックポイント❹**：不定期の報告義務の発生や個別確認にへの対応義務については合理的な理由および範囲に基づくものに限定する。
☑**チェックポイント❺**：不定期な報告等に関する調査や対応費用が発生した場合にこれを委託者に請求できるようにする。

【委託者側変更例】　　　　　　　　　　　　　　　チェックポイント❶❷❸

> 第○条（報告義務等）
> 　1　受託者は、委託者に対し、本業務の毎月の遂行状況について、翌月5日までに**❶委託者が指定する書式に基づいて**報告するものとする。
> 　2　**❷委託者は、委託者が必要と判断した場合、前項の定期的な報告に加え、受託者に対して本業務の遂行状況に関する報告を求めることができる。**
> 　3　**❸委託者が、前二項の報告に基づいて個別に確認すべき事項があると判**

197

第 3 章　契約書チェックポイント

> 断した場合には、受託者に対して問合せ及び確認ができるものとし、受託
> 者は直ちに回答を行うものとする。また、委託者が必要と判断した場合に
> は、本業務の遂行状況の確認を行うために受託者の事業所に立ち入った上
> で、検査を行うことができる。

【受託者側変更例】　　　　　　　　　　　　　チェックポイント❹❺

第○条（報告義務等）
1　受託者は、委託者に対し、本業務の毎月の遂行状況について、翌月 5 日
　までに報告するものとする。
2　委託者は、**❹合理的な理由がある場合に限り、その範囲で**前項の定期的
　な報告とは別途受託者に対して本業務の遂行状況に関する報告を求める
　ことができる。
3　委託者が、**❹合理的な理由に基づいて、**前二項の報告に基づいて個別に
　確認すべき事項があると判断した場合には、**その範囲で**受託者に対して問
　合せ及び確認ができるものとし、受託者は、**遅滞なく、必要かつ合理的な**
　範囲において回答を行うものとする。
4　**❺委託者が前二項の報告や確認を求めた場合、受託者はそれに要する費**
　用を委託者に請求できるものとする。

解　説

☑チェックポイント❶：報告の形式について定める。

　業務遂行の報告は委託者にとって業務状況を把握するために重要であるこ
とは前述の通りですが、報告の内容および程度については、委託者と受託者
との間で認識の違いが生じる場合があります。つまり、委託者としては、詳
細に報告してもらいたいと考える反面、受託者としては報告の手間を少なく
するため、可能な限り簡略化したいと考えるためです。
　そこで、委託者としては、委託者が指定する書式に基づいて報告すること
を求めることで、報告して欲しい内容および程度については、その書式の中
に盛り込む形にすれば充実した報告を受けることが期待できます。

198

第3節　業務委託契約書（準委任型）

☑チェックポイント❷：定期的な報告とは別に委託者が請求した際の報告義務を定める。

　委託者の側からみれば、契約を継続する中で定期的な報告では不十分な場合があったり、イレギュラーな事態が生じた場合などは、委託者の請求によって受託者が報告すべき義務を定めた方がよいです。

　変更例では、「委託者が必要と判断した場合」というように委託者の裁量によって、定期的な報告以外の報告も受けられるように規定しています。

☑チェックポイント❸：報告内容に基づく個別の確認や立入り検査ができる条項を定める。

　委託者としては、受託者が行った報告内容が不十分である場合や報告を受けて更に確認したい事項がある場合もありますので、その場合に問い合わせや確認ができるようにしておくべきです。

　変更例では、「（委託者が）個別に確認すべき事項があると判断した場合」として、こちらも委託者の裁量によって個別確認ができるようにしております。

　また、その際に直ちに回答する義務を規定した上で、こちらも「委託者が必要と判断した場合」というように委託者の裁量にて受託者の事業所への立入検査ができるようにしています。もっとも、通常は無断で入ることは現実的ではなく場合によっては違法性を問われることにもなりかねませんので、受託者の事前承諾を得ての実施となります。そのため、変更例の条項は承諾を得やすくするためのものという意味合いになります。

☑チェックポイント❹：不定期の報告義務の発生や個別確認に対する対応義務については合理的な理由および範囲に基づくものに限定する。

　委託者にとっては、必要な時に報告を求めたり、個別確認を行いたいと考えるところではありますが、他方、報告義務や対応義務を課される受託者としては、報告や対応の準備における手間や時間が必要であったり、そのための調査が必要な場合にはその手間がかかるなど、可能な限りこれらの義務の発生を限定的にしたいと思いますし、対応する範囲も限定したいところです。

　そこで、受託者側変更例では、委託者が報告や確認を求めることができる場合について、いずれも「合理的な理由」がある場合に限定した上で、報告

199

第3章　契約書チェックポイント

や回答の範囲も「必要かつ合理的な範囲」に行えばよい旨を規定しています。

　なお、委託者側変更例では「直ちに」回答することを定めておりますが、受託者側変更例では「遅滞なく」回答をすればよいこととしております。「直ちに」は今直ぐにという意味で一番早く、「速やかに」は急いでという意味で次に早く、「遅滞なく」は遅れない程度という意味で前二者に比べればそこまで急がない程度という解釈が一般的です。委託者としては、「直ちに」というように一番早い表現にしておりますが、可能であれば「○日以内に」というように期限を日にちで明確にする方がよいでしょう。

☑**チェックポイント❺**：不定期な報告等に関する調査や対応費用が発生した
　　　　　　　　　　場合にこれを委託者に請求できるようにする。

　前述のように、イレギュラーの報告や回答などの対応を行う場合には、そのための準備の手間を要したり、調査のための費用が受託者に生じる場合もあります。そのため、これらの費用が生じた場合には、委託者にて負担してもらえるように、受託者から請求を行えるように規定しています。

4　再委託の制限

　委託者は、受託者の技量や信頼に基づいて業務の委託を行うものであるため、委託者としては受託者自身で業務を行ってもらいたいと考えるのが通常です。民法上も「委任者の許諾を得たとき」や「やむを得ない事由があるとき」でなければ、再委託はできないことを規定しています（民法第644条の2）。

　他方、受託者としては、自社で業務を行うことが難しい場合に備えて、全部ないし一部の業務を再委託という形で委託したいと考える場合もあります。

　そこで、再委託を禁止するか否か、認めるとしても再委託を行う場合のルールについては明確に定めるべきです。

200

第3節　業務委託契約書（準委任型）

🤝 **条項例**

第○条（再委託の禁止）
　受託者は、本業務の全部又は一部かを問わず、第三者に再委託を行うことができない。

◆受託者側◆
☑**チェックポイント❶**：再委託を行うことができる場合を規定する。
☑**チェックポイント❷**：委託者の承諾を得やすくするように工夫する。
◆委託者側◆
☑**チェックポイント❸**：例外的に再委託を認める場合の手続を規定する。
☑**チェックポイント❹**：再委託を受けた者にも受託者と同様の義務を負わせ
　　　　　　　　　　　　たうえで、賠償責任については受託者（再委託者）も
　　　　　　　　　　　　負うことを規定する。

【受託者側変更例】　　　　　　　　　　　　　　チェックポイント❶❷

第○条（再委託）
　1　受託者は、**❶委託者の承諾を得た場合又は正当な理由がある場合には、本業務の全部又は一部を第三者に再委託することができる。**
　2　**❷委託者は、受託者から第三者への再委託の承諾に関する申請が行われた場合には、当該第三者に委託することによって本業務の遂行に著しい支障が生じる場合でなければ、これを承諾するものとする。**

【委託者側変更例】　　　　　　　　　　　　　　チェックポイント❸❹

第○条（再委託の制限）
　1　受託者は、本業務の全部又は一部かを問わず、第三者に再委託を行うことができない。
　2　**❸前項にかかわらず、受託者において、再委託先の第三者の名称、再委託する範囲、再委託を行う理由等を示した上で、委託者による事前かつ書**

201

> 面の承諾を得た場合には、承諾を得た範囲に限って再委託を行うことができる。
> 3　❹受託者は前項の委託者の承諾を得て再委託を行う場合には、再委託先の第三者に対して本契約上における受託者の義務と同等の義務を負わせるものとする。
> 4　❹再委託先の故意又は過失により委託者に損害が生じた場合には、受託者は再委託先と連帯してその損害についての賠償責任を負う。

解　説

☑チェックポイント❶：再委託を行うことができる場合を規定する。

　業務委託の性質上、受託者は自身で業務を行うことが原則となりますが、全ての業務について受託者自身で行わないといけないとなると、繁忙期などの時期のタイミングによっては人員の確保や納期との関係で業務の遂行が困難となる場合も想定されます。

　そのため、委託者の承諾を得た場合（受託者側変更例では、事前の承諾や書面による承諾に限っておりません。）や、委託者の承諾を得られなくても「正当な理由」があれば再委託が可能な内容にしています。

　なお、委託者側からすれば、「正当な理由」による例外を認めるにしても、「人員確保の観点から」や「納期の遵守の観点から」などと明記して、「正当な理由」が認められるための要素を限定するように提案することも考えられます。

☑チェックポイント❷：委託者の承諾を得やすくするように工夫する。

　業務委託契約において再委託が原則として禁止されるのは、前述の通り受託者の技量や信頼をもとにして契約されるからですが、委託する業務の内容によっては、誰が行っても問題ない性質の業務もあります。その場合には、委託者としては再委託を厳密に禁止ないし制限を行う必要性は乏しいともいえます。そのため、そのような受託者の個性に関係のない業務の場合には、受託者としては、再委託を禁止ないし制限する条項自体の削除を求めることも1つの方法です。

第3節　業務委託契約書（準委任型）

　他方、委託者が受託者を信頼して業務を委託している場合には、再委託を行える場合の例外を認めるとしても、承諾を条件とする旨を要求してくるものと思われます。その場合に受託者としては、第三者に再委託した場合において、業務の遂行に著しい支障がない場合には委託者が承諾することを前提とする文言を設けることによって、承諾を得やすくするように工夫する方法があります。

　なお、事前に再委託を行う第三者が決まっているような場合で、委託者もその再委託先について了承している場合には、「第三者（株式会社○○を除く。）」や「ただし、株式会社○○はこの限りではなく、委託者の承諾なく再委託ができるものとする。」として、当該特定の再委託先についての事前の承諾を契約書に定めておくとよいでしょう。

☑**チェックポイント❸**：例外的に再委託を認める場合の手続を規定する。

　委託者としては、例外的に再委託を認めるとしても、どのような第三者に再委託するのか、どの範囲で委託するのか、なぜ委託する必要があるのか、再委託しても支障はないかを理解した上で、再委託に関する承諾を行うか否かを決定したいものと思います。

　そのため、委託者側変更例では、上記の詳細について明確に示した上で承諾のための申請を行うことを定めています。また、事前に書面にて承諾を得ることを条件にしております。

　どこまで厳密に行うかについては、前述の通り、業務を受託者自身で行わないと目的が達成できないものか否か、受託者として単独で遂行が可能か等を考慮しながら判断することになります。

☑**チェックポイント❹**：再委託を受けた者にも受託者と同様の義務を負わせたうえで、賠償責任については受託者（再委託者）が負うことを規定する。

　第三者に業務の再委託を行った場合において、再委託先が業務を適切に行わなかった場合には、委託者との関係では受託者自身が責任を負うことになります。その意味では、再委託先に受託者と同様の義務を負わせる必要はないのではないかとも思われます。

　しかしながら、適切に業務を行わないことによる損害については、事後的

203

第3章　契約書チェックポイント

な回復が困難な場合もあることから、委託者としては、無条件で再委託がなされるのは避けた上で、同様の義務を負わせることを条件に再委託を行わせる方がよいといえます。

　また、受託者の希望で再委託を行っていることや再委託先は受託者の業務遂行を補助する立場にあることから、万が一、再委託先が委託者に損害を与えた場合には、受託者も連帯して賠償責任を負う条項を設けることで、再委託先による業務や受託者による監督が適切に行われるようにフォローすべきです。

5　中途解約

　委託者としては、契約締結時において期待していた品質の業務を受託者が行ってくれない場合や契約締結当時に想定できなかった事業の状況の変化等によって、業務委託契約を中途で解約したいと思う場合もあります。同様に受託者としても想定していた利益が得られないことによって期間途中で解約したいと考える場合もありますので、双方にとって中途解約に関する条項を入れるか否かについては検討が必要です。

条項例

第○条（中途解約）
　委託者及び受託者は、本契約の有効期間中であっても、相手方と協議を行い、相手方の承諾を得て本契約を将来に向かって解約することができる。

◆委託者側◆
☑**チェックポイント❶**：委託者が単独にて中途解約できる旨の条項を定める。
◆受託者側◆
☑**チェックポイント❷**：受託者からの中途解約も可能とする条項を定める。

第3節　業務委託契約書（準委任型）

☑**チェックポイント❸**：中途解約に関する予告期間を定める。

【委託者側変更例】　　　　　　　　　　　　　　チェックポイント❶

第○条（中途解約）
　❶**委託者は**、本契約の有効期間中、**いつでも本契約を将来に向かって解約することができる。**

【受託者側変更例】　　　　　　　　　　　　　チェックポイント❷❸

第○条（中途解約）
　委託者❷**及び受託者は**、本契約の有効期間中であっても、❸**相手方に対して6か月以上の予告期間を定めて書面にて通知することにより、本契約を将来に向かって解約することができる。**

解　説

☑**チェックポイント❶**：委託者が単独にて中途解約できる旨の条項を定める。

　前述のように、委託者の側からすれば、受託者の業務遂行の状況や事情の変化に対応するために、委託者が単独で解約を行えるようにしておいた方がよい場合も多いです。

　もっとも、委託者からの解約の条項を設けようとすると、受託者側からの解約の条項も設けて欲しいと提案される場合もあります。

　委託者として何とか見つけてきた受託者であるという事情がある場合には、別の取引先を見つけることも困難ですので、受託者からの解約は避けたいと考える場合もあります。そのため、委託者としては、上記提案が受託者から出される可能性が高いか否か、代替可能性があるか否かも踏まえながら、一方的な解約の権利を留保した条項の提案を行うか否かを検討すべきです。

　なお、もともとの有効期間が短期間である場合には、このような中途解約の重要性は下がりますが、月額の委託料が高額な場合には、短期間とはいえ

第3章　契約書チェックポイント

中途解約条項の有無によって、委託料の支払総額が大きく変わってくる場合もありますので、期間や月額料金も踏まえて中途解約条項を設けるか否かは検討すべきでしょう。

☑**チェックポイント❷**：受託者からの中途解約も可能とする条項を定める。

　受託者としては、契約が長期間継続されることで、安定した委託料の収入を得たいと考える場合がある一方、当初の委託料の金額設定によっては、想定に反して利益が少なかったり、赤字になってしまうという事態になることもあり得ます。

　そのような事態に備えて、受託者からも中途解約ができるという条項を設けることも検討すべきです。

☑**チェックポイント❸**：中途解約に関する予告期間を定める。

　受託者としては、委託者からの中途解約を認める条項を受け入れざるを得ないとしても、突然の解約が行われることによって想定していた委託料の収入が急に断たれるという事態は避けたいところです。

　そこで、解約を行うに際しても、一定の予告期間を定めた上で、それが経過して初めて契約が終了するというように定めたいところです。

　予告期間については、本来的な有効期間の長さ等も考慮の上で、委託者との間で折り合いのつく期間を設けるべきですが、受託者として安定的に委託料を得たいのであれば、可能な限り予告期間を長めに設定するようにした方がよいでしょう。

　また、委託者としても、受託者に中途解約権を与える場合は、急に中途解約を通知され、業務を遂行する者がいなくなってしまうと困るので、代替的な委託先を見つける猶予期間を設ける意味でも、委託者の側でも一定の予告期間を定める必要性は高いでしょう。

206

第3節　業務委託契約書（準委任型）

業務委託契約書（準委任型）サンプル

　株式会社○○（以下「甲」という。）と株式会社△△（以下「乙」という。）とは、以下のとおり業務委託契約（以下「本契約」という。）を締結する。

第1条（委託業務）
　1　甲は、乙に対し、以下の業務（以下「本業務」という。）を委託し、乙は、これを受託する。
　⑴　コールセンターにおける電話対応業務
　⑵　顧客からの問合せ及びクレームに対する対応並びに報告業務
　⑶　その他、これに付随する一切の業務
　2　本業務の開始日及び具体的内容については、甲乙間で別途協議の上、書面にて作成される作業仕様書において確定するものとする。
　3　乙は、本業務に携る作業従事者を乙の裁量にて選任する。
　4　本業務に携る乙の作業従事者に対する業務遂行に関する指示、労務管理、安全衛生管理等に関する一切の指揮命令は、乙が行うものとする。

第2条（契約期間及び中途解約）
　1　本契約の有効期間は、本契約締結日から○年○月○日までとする。ただし、有効期間満了日の6か月前までに当事者の一方から他方に対し本契約の更新を拒絶する旨の通知が到達しないときは、本契約はさらに1年間更新されるものとし、以後も同様とする。
　2　前項にかかわらず、甲及び乙は、相手方に対して6か月以上の予告期間を定めて書面にて通知することにより、本契約を将来に向かって解約することができる。

第3条（委託料）
　1　甲は、乙に対し、本業務の対価として、本業務の開始日から本契約の終了まで、月額金○○円（消費税別）を支払う。なお、本業務の開始日及び本契約の終了が月の途中であっても日割り計算は行なわない。
　2　甲は前項に定める委託料を当月の末日限り、乙の指定する銀行口座に振り込んで支払う。ただし、振込手数料は甲の負担とする。

207

第3章　契約書チェックポイント

第4条（報告義務）
1　乙は、甲に対し、本業務の毎月の遂行状況について、翌月5日までに作業仕様書に定める方式に基づき報告する。
2　前項にかかわらず、乙は、本業務の遂行に支障を来すおそれのある事由が生じた場合、又は、甲に損害を生じさせるおそれのある事由が生じた場合は、直ちに甲に報告するものとする。
3　甲は、本業務の具体的な実施状況について特に確認する必要があると判断したときは、乙に対し、その必要性を明示した上で個別に報告を求めることができる。

第5条（権利の帰属）
1　本業務の遂行に際して乙が作成したドキュメント、データベース、その他の著作物に関する権利は全て乙に帰属する。ただし、本業務の遂行の結果作成される、甲の顧客に関するデータベースその他の資料については、本業務の対価が全て支払われることを条件に、本契約終了時において無償にてその著作権（著作権法第27条及び第28条に基づく権利を含む。）その他一切の権利を甲に譲渡する。
2　乙は、自己又は第三者をして、前項で甲に譲渡した著作権について、著作者人格権を行使しない。

第6条（再委託）
　乙が本委託の全部又は一部を、自らの責任と費用をもって第三者に再委託することができる。この場合、乙は、本契約上の乙と同等の義務を再委託先である第三者に負わせるものとし、当該第三者の故意又は過失によって甲に損害が生じた場合には、乙は当該第三者と連帯してその損害を賠償するものとする。

第7条（秘密保持）
　甲及び乙は、本契約の内容及び本業務の履行に関して相手方から開示された一切の情報を秘密として保持するものとし、相手方の書面による事前の同意なく第三者に開示し、漏洩し、又は本契約を履行する目的以外に使用してはならない。ただし、以下の各号に該当する場合はこの限りではない。
　　(1)　開示を受けた時点で、既に公知となっている情報
　　(2)　開示を受ける前から自らが保有していた情報

第3節　業務委託契約書（準委任型）

　⑶　開示を受けた後に、自らの責に帰すべからざる理由により公知となった情報
　⑷　開示を受けた後に、正当な権限を有する第三者から秘密保持義務を負うことなく入手した情報
　⑸　相手方が事前に書面によって第三者への開示を承諾した情報
　⑹　開示を受けた情報とは無関係に独自に開発した情報

第8条（資料等の貸与・保管・返却・廃棄）
　1　甲は、本業務の遂行上必要な資料等（以下「資料等」という。）を乙に貸与し、また本業務遂行上必要な情報を告知するものとする。
　2　乙は、甲より貸与された資料等を善良な管理者の注意をもって保管、管理し本契約に基づく委託業務の遂行以外の目的に使用しないものとする。
　3　乙は、甲より貸与された資料等を本契約に基づく委託業務の遂行以外の目的に複写、複製、編集等を行わないものとする。
　4　乙は、甲より貸与された資料等について、甲の指示により、返却又は廃棄するものとする。ただし、その際の費用は甲の負担とする。

第9条（個人情報の保護）
　1　乙は、本契約の履行に際して知り得た甲が保有する個人情報（以下「個人情報」という。）を法令、官庁の定めるガイドライン及び甲の指示に従い善良な管理者の注意をもって管理し、甲の書面による事前の承諾を得ることなく、本契約の履行以外の目的に利用、第三者への開示、漏洩を行ってはならない。
　2　乙は、個人情報の目的外利用、漏洩、紛失、誤消去、改竄、不正アクセス等が生じないように必要な措置を取らなければならない。
　3　甲は、甲が必要と判断した場合には、乙による前項に定める義務の履行状況につき監査することができる。
　4　乙は、個人情報に関して第三者から開示等の請求、苦情若しくは問い合わせを受けた場合、又は本条に違反し若しくはそのおそれがある場合には、直ちに甲に報告し、甲の指示を受けなければならない。
　5　乙は、本契約が終了した場合又は甲が要求した場合には、甲の指示に従い、個人情報が含まれる紙媒体又は電子媒体を直ちに甲に返還し、消去し、廃棄する。

209

第3章　契約書チェックポイント

6　個人情報に接した乙の従業員等が退職する場合には、退職後の秘密保持
　　義務について当該従業員との契約書又は誓約書で明らかにしなければな
　　らない。

第10条（事故処理）
　甲及び乙は、本契約に基づく本業務の遂行に支障をきたすおそれのある事態
が生じた場合は、速やかに相手方に連絡するとともに、甲乙協力してその解決
処理にあたるものとする。

第11条（損害賠償）
　甲及び乙は、本契約の履行に関し、相手方の故意又は過失により損害を被っ
た場合は、その賠償を相手方に請求することができるものとする。

第12条（不可抗力）
　甲及び乙は、天災事変、戦争、暴動、内乱、同盟罷業、争議行動その他不可
抗力により本契約の全部又は一部の履行の遅延又は不能が生じた場合は、甲及
び乙は共にその責を負わないものとする。

第13条（解除）
　甲及び乙は、相手方が次の各号のいずれかに該当したときは、催告その他の
手続を要することなく、直ちに契約を解除する事ができる。
　　⑴　本契約の各条項に違反し、相当期間を定めた催告をしたにもかかわら
　　　ず、当該期間内に違反状態が是正されないとき。
　　⑵　破産手続開始、民事再生手続開始、会社更生手続開始、特別清算手続
　　　開始の申立てを受け、又は自ら申し立てたとき。
　　⑶　その所有する財産につき、第三者より差押え、仮差押え、仮処分、強
　　　制執行若しくは競売申立て、又は公租公課滞納処分を受けたとき。
　　⑷　監督官庁より営業の取消し、停止等の処分を受けたとき。
　　⑸　解散（合併による場合を除く。）、事業の全部又は重要な一部の譲渡の
　　　決議をしたとき。
　　⑹　自ら振り出し、又は引き受けた手形、小切手が不渡処分になる等、支
　　　払不能な状態になったとき。
　　⑺　その他本契約を継続しがたい重大な事由が発生したとき。

第3節　業務委託契約書（準委任型）

第14条（契約終了後の処理）

　乙は、本契約が終了したときは、甲の指示に基づき、直ちに本業務に関する資料及び物品等を返却又は、破棄するものとする。なお、その際の費用は、乙の負担とする。

第15条（反社会的勢力の排除）

1　甲及び乙は、それぞれ相手方に対し、本契約締結時において、自ら（法人の場合は、代表者、役員又は実質的に経営を支配する者）が暴力団、暴力団員、暴力団関係企業、総会屋、社会運動標ぼうゴロ又は特殊知能暴力集団その他反社会的勢力に該当しないことを表明し、かつ将来にわたっても該当しないことを確約する。

2　甲又は乙の一方が前項の確約に反する事実が判明したとき、その相手方は、何らの催告もせずして、本契約を解除することができる。

3　前項の規定により、本契約を解除した場合には、解除した当事者は、これによる相手方の損害を賠償する責を負わない。

4　第2項の規定により、本契約を解除した場合であっても、解除した当事者から相手方に対する損害賠償請求を妨げない。

第16条（準拠法・裁判管轄）

1　本契約の準拠法は日本法とし、本契約は日本法に従い解釈される。

2　本契約に関する一切の紛争は、○○地方裁判所を第一審の専属的合意管轄裁判所とする。

第17条（協議）

　甲及び乙は、本契約に定めのない事項が生じたとき、又は本契約の条項の解釈について疑義が生じたときは、誠意をもって協議し、円満に解決を図るものとする。

　以上、本契約締結の証として、本書2通を作成し、甲乙記名押印の上、各1通を保管する。

（日付、記名押印）

第3章　契約書チェックポイント

●第4節● 請負契約書（システム開発契約書）

　請負契約は、仕事の完成とこれに対する報酬の支払を約する契約です。請負契約では、委託する仕事の内容の規模が大きくなることも多く、業務を遂行する期間が長くなることも少なくありません。そのため、委託する仕事の内容を明確にしておくほか、仕事に着手してから完成するまでの間のルールも明確に定めておくことが、トラブルの回避にも繋がります。また、システム開発契約などでは、著作権等の取扱いも重要なポイントとなりますし、仕事の完成義務等との関係で、当該契約がそもそも請負契約なのか、それとも準委任契約等の他の契約なのか、という点も重要になってきます。一口に請負契約といっても、建設工事請負契約、システム開発契約、ウェブサイト制作契約などその典型例はいくつか存在しますが、ここでは、システム開発契約を対象にチェックポイントを解説しています。

1　請負契約と準委任契約との違い

　システム開発契約においては、事案に応じて、その契約関係は、請負契約として構成されることもあれば、準委任契約として構成されることもあります。請負契約とは、請負人が仕事を完成することを約し、注文者がこれに対して報酬を支払うことを内容とする契約であり、仕事の完成に対して報酬が支払われる形の契約です（民法第632条）。準委任契約とは、一定の事務処理行為を行うことを約する契約（民法第656条）です。請負契約と違い、仕事の完成自体は契約の内容にはなっていません（業務の成果に対して報酬を支払う形式の準委任契約はあります（民法第648条の2）が、この形式の準委任契約であっても、業務の成果はあくまで報酬発生の

212

第4節　請負契約書（システム開発契約書）

条件であって、仕事を完成させないこと自体が債務不履行となるものではありません。）。請負契約と準委任契約では、以下のような違いがあります。

⑴　仕事完成義務の有無

請負人は、仕事が完成できなければ債務不履行責任を負いますが、準委任契約の受任者は、善管注意義務を果たしていれば仕事が完成しなくても債務不履行責任は負いません。

⑵　契約不適合責任の有無

請負人は、注文者が契約不適合を知った時から1年以内に通知しなければ、契約不適合責任を負いません（民法第637条第1項。ただし、多くの契約では引渡し時を起算点とするなどの修正がされています。）。これに対し、準委任契約の受任者は、そもそも契約不適合責任を負いません（ただし、善管注意義務違反等として構成される場合は多いでしょう。）。

⑶　任意解除の際における扱いの違い

請負契約では、注文者は、請負人が仕事を完成しない間はいつでも損害を賠償して契約を解除することができます（民法第641条）。どこまでの範囲が損害になるかは裁判例が分かれていますが、既に支出した費用および既作業部分の利益相当額だけでなく、仕事が完成していれば得られたであろう利益も請求できる余地があります。これに対し、準委任契約では、委任者も受任者も、いつでも契約を解除することができます（民法第651条第1項）。準委任契約の場合も、一定の場合には損害賠償義務が生じますが、①相手方に不利な時期に契約を解除したときと、②受任者の利益（専ら報酬を得ることによるものを除く。）を目的とする契約を解除したときとされています（同条第2項）。裁判例は分かれているところですが、準委任契約の場合は、受任者は未履行部分についての報酬を得ることができる可能性は低いものと思われます。

請負契約と準委任契約には、上記のような違いがありますが、これらはあくまで民法上の規定の違いですので、当事者間でこれと異なる合意をしていれば、そちらが優先されます。そのため、いずれの契約形態とするのか、あるいは、いずれかの契約形態を基にしつつどのような個別の変更を加えていくのかは、依頼する業務内容の性質等も踏まえながら当事者間で十分に協議

第3章　契約書チェックポイント

したうえで、各契約書に適切に落とし込むようにしていただければと思います。

2　請負代金の支払時期

　報酬の支払い時期については、民法上は、仕事の完成後となるのが原則です（民法第633条）。しかしながら、あくまで原則ですので、当事者間の合意により自由に設定できます。開発資金その他のために必要であれば、報酬の一部を先払いさせるという選択肢もあります。

条項例

第〇条（本件業務の対価）
　甲は乙に対し、本件業務の対価として、金〇〇円を、本件業務の成果物の検収完了後30日以内に乙の指定する銀行口座に振り込み支払う。なお、振込手数料は甲の負担とする。

◆請負人側◆
☑チェックポイント❶：報酬について、一部でも先払いを受ける。

【請負人側変更例】　　　　　　　　　　　　　　　　　チェックポイント❶

第〇条（本件業務の対価）
　甲は乙に対し、本件業務の対価として、金〇〇円を、以下の通り乙の指定する銀行口座に振り込み支払う。なお、振込手数料は甲の負担とする。
　(1)　❶本契約締結後10日以内に金〇〇円
　(2)　本件業務の成果物の検収完了後30日以内に金〇〇円

第4節　請負契約書（システム開発契約書）

☑チェックポイント❶：報酬について、一部でも先払いを受ける。

　システムを完成させるにあたって、開発資金が必要となることも多いと思われますので、請負人側としてはそのような場合は、システム完成後の支払いとなっている報酬について先払いを受けることを検討すべきでしょう。また、請負人側からすると、契約当初から一部でも支払を受けておくことで、長期間資本投下してシステムを完成させた後の不払いという事態を一部でも回避することができるというメリットもあるため、かかる観点からも報酬の一部先払いは検討すべきものと思います。

3　着手時期や工程表についての合意

　システム開発や建設工事などの請負契約では、業務期間が長くなることも多く、請負人がなかなか着手しなかったり、着手はしたものの工期遅れが生じ、完成の目途が立たなかったりするという場合も生じ得ます。そのような場合にも対策が講じられるよう、着手時期や工程表についても合意しておくという方法もあります。

　条項例

第○条（甲が乙に委託する本件業務の内容）
1　乙は、本件システムの具体的仕様等乙の実施すべき業務につき甲と個別に協議し確定した上で本件業務を実施する。
2　本件業務の実施に際し、乙は、甲に対して必要な協力を要請できるものとし、甲は、乙から協力を要請された場合には速やかにこれに応じるものとする。

第3章　契約書チェックポイント

◆注文者側◆
☑**チェックポイント❶**：着手時期を規定すること。
☑**チェックポイント❷**：工程表を契約の内容に盛り込むこと。

【注文者側変更例】　　　　　　　　　　　　　**チェックポイント❶❷**

> 第○条（甲が乙に委託する本件業務の内容）
>
> 　1　乙は、本件システムの具体的仕様等乙の実施すべき業務につき甲と個別
> 　　に協議し確定した上で本件業務を実施する。
>
> 　2　乙は、本件業務を、**❶遅くとも○年○月○日までには開始するものと
> 　　し、❷別紙工程表の通り本件業務を遂行するものとする。**
>
> 　3　本件業務の実施に際し、乙は、甲に対して必要な協力を要請できるもの
> 　　とし、甲は、乙から協力を要請された場合には速やかにこれに応じるもの
> 　　とする。

☑**チェックポイント❶❷**：着手時期を規定すること・工程表を契約の内容に
　　　　　　　　　　　　　盛り込むこと

　請負契約では、請負人は仕事を完成させることが債務の内容ですので、請
負人は期日までに仕事を完成させればよく、いつ仕事に着手するか、どのよ
うなスケジュールで進めるかは基本的には請負人の裁量に委ねられていると
いえます。そのため、請負人がなかなか仕事に着手しなかったり、工期遅れ
が生じていて完成の目途が立たなかったりする場合でも、約定された完成期
日までは債務不履行による解除は難しい場合が多いです。しかしながら、注
文者としては、成果物の完成の遅れは自社の売上にも影響する問題ですの
で、スケジュール通りに進めてくれない請負人については、早期に契約を解
除し、別の業者に変更したいという場合もあるものと思います。そのような
場合は、仕事の着手時期や工程表を契約の内容に盛り込んでおけば、約定通
りに仕事に着手しないことや、工程表通りに進んでいないことを債務不履行
として構成できるようになりますので、完成期日を待たずに早期に契約を解
除する余地が生じることになります。工程表の事前作成が難しい場合もある
かもしれませんが、可能であれば、着手時期や工程表を契約の内容に盛り込

216

むことを検討すべきでしょう。

4　契約不適合責任の権利行使期間・起算点

　請負契約の場合は、契約不適合責任が発生しますが、多くの契約書では、その期間や起算点について民法所定のものから修正が加えられています。成果物の性質も踏まえながら、契約不適合責任の期間や起算点については検討いただければと思います。

 条項例

> 第○条（保証及び責任の範囲）
> 　本件システムが、種類・品質又は数量等に関して本契約の内容に適合しない場合（以下「契約不適合」という。）は、その不適合を知ったときから6か月以内に限り、乙は、無償で補修又は代金減額の措置を行うものとする。ただし、乙は、甲に不相当な負担を課するものでないときは、甲が請求した方法と異なる方法による履行の追完をすることができる。

◆請負人側◆
☑**チェックポイント❶**：契約不適合責任の起算点を引渡し（検収完了）時にする。
☑**チェックポイント❷**：契約不適合責任の期間を一定の範囲にとどめる。
◆注文者側◆
☑**チェックポイント❸**：権利行使期間についてはある程度余裕のある期間にしておく。

第3章　契約書チェックポイント

【請負人側変更例】　　　　　　　　　　　　　　チェックポイント❶❷

> 第○条（保証及び責任の範囲）
> 　本件システムが、種類・品質又は数量等に関して本契約の内容に適合しない場合（以下「契約不適合」という。）は、❶検収完了日から❷3か月以内に限り、乙は、無償で補修又は代金減額の措置を行うものとする。ただし、乙は、甲に不相当な負担を課するものでないときは、甲が請求した方法と異なる方法による履行の追完をすることができる。

【注文者側変更例】　　　　　　　　　　　　　　チェックポイント❸

> 第○条（保証及び責任の範囲）
> 　本件システムが、種類・品質又は数量等に関して本契約の内容に適合しない場合（以下「契約不適合」という。）は、検収完了日から❸1年以内に限り、乙は、無償で補修又は代金減額の措置を行うものとする。ただし、乙は、甲に不相当な負担を課するものでないときは、甲が請求した方法と異なる方法による履行の追完をすることができる。

解　説

☑チェックポイント❶：契約不適合責任の起算点を引渡し時にする。

　改正前民法においては、瑕疵担保責任の権利行使期間は、成果物の「引渡し」時から1年とされていました（旧民法第637条）が、民法改正により、「契約不適合を知ったとき」から1年へと変更されました（民法第637条）。そのため、請負契約書においても契約不適合責任の権利行使期間を、契約不適合を知ったときから○年とするケースも出てきました。請負人側としては、「契約不適合を知ったとき」という注文者側の主観に左右される起算点では、その存続期間を明確に把握することができず、リスク管理が難しくなってしまいます（引渡しから数年後に注文者が契約不適合を認識しても、それから1年以内に権利行使をすればよいため、請負人側としては相当の期間、契約不適合責任を追及されるリスクが残ります。）。そこで、請負人側としては、契約不適合責任の権

第4節　請負契約書（システム開発契約書）

利行使期間の起算点を「引渡し時」という客観的に明確なものに修正すべきでしょう。

☑チェックポイント❷：契約不適合責任の期間を一定の範囲にとどめる。

契約不適合責任の権利行使期間については、請負人側として無償で修補対応をしなければならない期間ですので、起算点を「引渡し時」にできたとしても、その期間自体もある程度の範囲にとどめることも検討すべきでしょう。あまり長期になってしまうと、注文者側の過失で生じたものなのか、契約不適合なのかの判断も難しくなるという点もあります。成果物の性質等にもよりますが、請負人側としては、3～6か月が1つの目安にはなると思います。

☑チェックポイント❸：権利行使期間についてはある程度余裕のある期間にしておく。

請負人側としては、契約不適合責任の権利行使期間について、ある程度の期間にとどめておきたいことは、上述のとおりですが、注文者側からすれば、契約不適合責任について十分に保証してもらうため、権利行使期間についても十分な期間で規定しておきたいところです。特に、起算点について、「引渡し時」としたのであれば、注文者側にて不適合について認識したときにはすでに権利行使期間は満了しているという事態もあり得ますので、起算点を「引渡し時」とした場合は、1～2年を目安に請負人側と協議すべきでしょう。

5　著作権の取扱い

成果物がシステム等の場合は、その所有権だけでなく、著作権の帰属も問題になります。注文者側としては、第三者への提供等を考えると自社に移転させておくべきですが、請負人としては、全てを移転させてしまうと今後の業務に影響が出てしまう場合もあります。双方とも今後に影響が出ないように、双方にて協議のうえ、契約書において適切に規定

219

しておきましょう。

 条項例

> 第○条（納入物の著作権）
> 1　乙が本件業務により作成した甲のシステムに関するプログラム（ソースコードを含む。）、付随データ、素材、モジュール等の著作権（著作権法第27条及び第28条の権利を含む。）は、乙に留保されるものとする。

◆注文者側◆
☑チェックポイント❶：成果物の著作権も自社に移転することを定める。
◆請負人側◆
☑チェックポイント❷：汎用性もあるプログラム等については、他の業務においても無償にて使用できるようにしておく。

【注文者側変更例】　　　　　　　　　　　　　　　　チェックポイント❶

> 第○条（納入物の著作権）
> 1　乙が本件業務により作成した甲のシステムに関するプログラム（ソースコードを含む。）、付随データ、素材、モジュール等の著作権（著作権法第27条及び第28条の権利を含む。）は、**❶甲に移転する**ものとする。

【請負人側変更例】　　　　　　　　　　　　　　　　チェックポイント❷

> 第○条（納入物の著作権）
> 1　乙が本件業務により作成した甲のシステムに関するプログラム（ソースコードを含む。）、付随データ、素材、モジュール等の著作権（著作権法第27条及び第28条の権利を含む。）は、甲に移転するものとする。**❷ただし、本成果物に含まれるプログラム、スクリプト、HTMLデータ、モジュール等であって、本成果物と同種のものの開発において汎用的に用いられるものについては、乙が無償にて利用することを甲は許諾する。**

第4節　請負契約書（システム開発契約書）

☑**チェックポイント❶**：成果物の著作権も自社に移転することを定める。

　成果物の著作権は、特別の規定がなければ請負人に帰属しますので、注文者に著作権を移転させる場合は、その旨を契約書に記載する必要があります。注文者としては、納入されたシステムについて、第三者に提供することなども想定されていると思いますので、その際に障害とならないよう著作権の移転は明記しておくべきでしょう。なお、著作権法第27条および第28条に規定する権利については、契約において「特掲」（特に掲げて明確に規定すること。）されないと譲渡した者に留保されると推定されます。そのため、これらの権利を含めて移転させるのであれば、契約書上にその旨を明記します（本条項でも「著作権法第27条及び第28条の権利を含む。」と明記されています。）。

☑**チェックポイント❷**：汎用性もあるプログラム等については、他の業務においても無償にて使用できるようにしておく。

　上記の通り、注文者としては、著作権を自社に移転させておくことを求めることが一般的でしょう。ただ、開発に使用したプログラム等の中には他の開発にも使用できる汎用性のあるものもあり、そのような汎用性のあるものについてまで著作権を移転させてしまうと、請負人としては今後の業務に支障を来す場合もあるでしょう。そのため、請負人としては、注文者に成果物の著作権を移転させる場合でも、汎用性のあるものについては、注文者から少なくとも無償にて利用許諾を得ておくべきでしょう（利用許諾の形態ではなく、著作権をそもそも留保するという方法もあります。）。

システム開発委託契約書サンプル

　株式会社○○○○（以下「甲」という。）と株式会社△△（以下「乙」という。）とは、甲のシステム開発等に係る業務（以下「本件業務」という。）の委託に関して、以下のとおり契約（以下「本契約」という。）を締結する。

第1条（契約の目的）
　甲は、本契約に定めるところにより、甲の○○に関するコンピュータシステム（以下「本件システム」という。）の構築、運用及び保守に関する業務を乙

221

第 3 章　契約書チェックポイント

に委託し、乙は、これを受託する。

第 2 条（本件業務の対価）
　甲は乙に対し、本件業務の対価（以下「業務委託料」という。）として、金
〇〇円を、以下の通り乙の指定する銀行口座に振り込み支払う。なお、振込手
数料は甲の負担とする。
　(1)　本契約締結後10日以内に金〇〇円
　(2)　本件業務の成果物の検収完了後30日以内に金〇〇円

第 3 条（甲が乙に委託する本件業務の内容）
　1　乙は、本件システムの具体的仕様等乙の実施すべき業務につき甲と個別
　　に協議し確定した上で本件業務を実施する。
　2　乙は、本件業務を遅くとも〇年〇月〇日までには開始するものとし、別
　　紙工程表の通り本件業務を遂行するものとする。
　3　本件業務の実施に際し、乙は、甲に対して必要な協力を要請できるもの
　　とし、甲は、乙から協力を要請された場合には速やかにこれに応じるもの
　　とする。

第 4 条（本件業務の承認及び完了）
　1　乙は、本件業務の成果物（本件システムに関するソフトウェア、各種付
　　随データ及び付属ドキュメント等。以下「本件成果物」という。）を、甲
　　乙にて別途定める納期までに完成させた上で、甲乙にて定める方法により
　　甲に引き渡して納入する。
　2　甲は、前項による本件成果物の納入がなされた日から14日以内（以下
　　「本件業務の確認期間」という。）に本件成果物が甲乙協議の上定めた仕様
　　に適合することを確認する。
　3　前項の確認の結果、本件成果物が仕様に適合すると認めた場合、甲の責
　　任者は、直ちに乙の指定するプロジェクト完了確認書（以下「確認書」と
　　いう。）に記名押印し、乙に交付する。
　4　確認書が交付されない場合であっても、本件業務の確認期間内に甲から
　　書面による異議の申出がない場合は、本件業務の確認期間の満了をもって
　　甲の承認があったものとする。
　5　前二項による確認書の交付時又は本件業務の確認期間の満了をもって、

第4節　請負契約書（システム開発契約書）

本件成果物の検収完了とする。

第5条（秘密情報の取扱い）

1　甲及び乙は、本件業務遂行のため相手方より提供を受けた技術上又は営業上その他業務上の情報のうち、相手方が特に秘密である旨書面で指定した情報（以下「秘密情報」という。）を第三者に開示又は漏洩してはならない。ただし、次の各号のいずれか一つに該当する情報についてはこの限りではない。

(1)　秘密保持義務を負うことなく既に保有している情報

(2)　秘密保持義務を負うことなく第三者から正当に入手した情報

(3)　相手方から提供を受けた情報によらず、独自に開発した情報

(4)　本契約に違反することなく、かつ、受領の前後を問わず公知となった情報

(5)　相手方から次項に従った秘密情報である旨の表示がなされず提供された情報

2　甲及び乙は、秘密情報を相手方に提供する場合、機密情報の範囲を特定し、秘密情報である旨の表示を明記して行うものとする。

3　秘密情報の提供を受けた当事者は、当該秘密情報の管理に必要な措置を講ずるものとし、当該秘密情報を第三者に開示する場合は、事前に相手方からの書面による承諾を受けなければならない。ただし、法令の定めに基づき又は権限ある官公署から開示の要求があった場合はこの限りでない。

4　甲及び乙は、第2項に基づき相手方より提供を受けた秘密情報について、本契約の目的の範囲内でのみ使用し、複製、改変が必要な場合は、事前に相手方から書面による承諾を受けるものとする。

第6条（納入物の所有権）

乙が甲に納入する納入物の所有権は、納入物の検収が完了した時点で、乙から甲へ移転する。

第7条（納入物の著作権）

1　乙が本件業務により作成した甲のシステムに関するプログラム（ソースコードを含む。）、付随データ、素材、モジュール等の著作権（著作権法第27条及び第28条の権利を含む。）は、甲に移転するものとする。ただし、

223

第3章　契約書チェックポイント

本成果物に含まれるプログラム、スクリプト、HTMLデータ、モジュール等であって、本成果物と同種のものの開発において汎用的に用いられるものについては、乙が無償にて利用することを甲は許諾する。

2　乙は、自己又は第三者をして、前項で甲に移転した著作権について、著作者人格権を行使しない。

第8条（保証及び責任の範囲）

本件システムが、種類・品質又は数量等に関して本契約の内容に適合しない場合（以下「契約不適合」という。）は、検収完了日から6か月以内に限り、乙は、無償で補修又は代金減額の措置を行うものとする。ただし、乙は、甲に不相当な負担を課するものでないときは、甲が請求した方法と異なる方法による履行の追完をすることができる。

第9条（保守等）

甲及び乙は、乙が納入した本件システムにつき、継続的に保守、更新等に係る業務を乙が受諾するときは、別途個別契約にて具体的な業務内容、代金及びその支払方法等の詳細に関する事項を定めるものとする。

第10条（反社会的勢力の排除）

1　甲及び乙は、それぞれ相手方に対し、本契約締結時において自ら（法人の場合は、代表者、役員又は実質的に経営を支配する者）が暴力団、暴力団員、暴力団関係企業、総会屋、社会運動標ぼうゴロ又は特殊知能暴力集団その他反社会的勢力に該当しないことを表明し、かつ将来にわたっても該当しないことを確約する。

2　甲又は乙の一方が前項の確約に反する事実が判明したとき、その相手方は、何らの催告もせずして、本契約を解除することができる。

3　前項の規定により、本契約を解除した場合には、解除した当事者は、これによる相手方の損害を賠償する責を負わない。

4　第2項の規定により、本契約を解除した場合であっても、解除した当事者から相手方に対する損害賠償請求を妨げない。

第11条（解除）

1　甲又は乙は、相当期間を定めてなした催告後も、相手方の債務不履行が

第4節　請負契約書（システム開発契約書）

是正されない場合は、本契約の全部又は一部を解除することができる。

2　甲又は乙は、前項により相手方より本契約の全部又は一部が解除された場合は、相手方に対し負担する一切の金銭債務につき当然に期限の利益を喪失し、直ちに弁済しなければならない。

第12条（損害賠償）

1　甲及び乙は、本契約の履行に関し、相手方の責に帰すべき事由により直接の結果として現実に被った通常の損害に限り、相手方に対して損害賠償を請求することができる。

2　甲又は乙の本契約の履行に関する損害賠償の累計総額は、債務不履行、契約不適合責任、不当利得、不法行為その他請求原因の如何にかかわらず、業務委託料の金額を限度とする。

第13条（協議）

本契約に定めのない事項又は疑義が生じた事項については、信義誠実の原則に従い甲乙協議し、円満に解決を図るものとする。

第14条（管轄）

本契約から生じる一切の紛争については、乙の本店所在地を管轄する地方裁判所を第一審の専属的合意管轄裁判所とする。

本契約締結の証として、本書2通を作成し、甲乙記名押印の上、各自1通を保有する。

（日付、記名押印）

第3章　契約書チェックポイント

●第 5 節●　代理店契約書

　代理店契約は、企業間のアライアンスに関する契約の一形態です。メーカーと代理店は、商品販売という共通の目的がありますので、基本的には、同じ方向を向いて協調して事業を進めていく関係にあります。そこで、その目的を十分にすり合わせるために、あるいは、他の競合との関係等も考えるにあたって、メーカーと代理店でしっかりと協議を行っておくべき事項は少なくありません。メーカーと代理店双方にとって有意義な代理店契約とするためにも、個別の契約内容についてはしっかりとチェックを行って下さい。

1　契約形態について

　一口に代理店契約といっても、販売店契約、狭義の代理店契約、営業代理店契約など、さまざまな契約形態が存在します。販売店契約は、メーカー等の商標を付した商品等の販売に関する企業間のアライアンスに関する契約の1つであり、販売店がメーカーから継続的に商品を買い取り、再販売する内容の契約です。販売店としては、信用力のある商品を取り扱うことが可能となり、メーカーにおいては販売店の販路を利用して広範囲に商品を販売することが可能となるものです。狭義の代理店契約も、販売店契約と同じく、メーカー等の商標を付した商品等の販売に関する企業間のアライアンスに関する契約の1つです。代理店は、メーカーのブランド力を利用した集客が可能となり、メーカーは代理店を通して販路を開拓できる点は販売店契約と同様ですが、狭義の代理店契約では、メーカーから商品を購入することはなく、仲介等を行うにとどまる点に違いがあります。営業代理店契約については、当該代理店が

226

第5節　代理店契約書

契約の締結には関与せず、顧客の紹介を行うことを主たる要素とする形式の契約です。営業代理店が行う業務は、あくまで顧客を紹介するところまでで、契約の締結の交渉や更なる商品説明については、メーカーが行うことを予定しています。単に顧客紹介契約との名称で締結されることも多い契約形態です。

　このように代理店契約には、さまざまな契約形態が存在しますので、当事者間で締結する契約の形態がどれにあたるのかを十分に協議する必要があります。また、いずれかの契約形態に決まれば当然に諸条件について決定されるわけではなく、各形態の中でも細かく取決めを行う必要がありますので、個別の条項についても検討したうえで、契約書を作成し、後になって不測の損害を被らないようにしましょう。

2　独占的代理店か否か、その他制限の有無

　代理店契約を締結するにあたって、メーカーまたは代理店に対しどのような制約を設けるかは、販路開拓にとって非常に重要なポイントになります。代表的な制約としては、独占的代理店とするか否か、そのエリアを限定するのか、販売方法を限定するのか、といったものが挙げられます。それぞれにメリット・デメリットのある制約ですので、どのような制約を設けるのかは、慎重に検討しましょう。

🤝 条項例

第○条（目的）
　甲は、甲の取り扱う○○の商品（以下「本商品」という。）の販売につき、乙を甲の代理店として指名し、乙はこれを受託する。

227

第 3 章　契約書チェックポイント

◆メーカー側代理店側共通◆
☑**チェックポイント❶**：独占的代理店か非独占的代理店かについて定める。
◆メーカー側◆
☑**チェックポイント❷**：エリア等の限定を定める。
☑**チェックポイント❸**：販売方法について定める。

【メーカー側変更例】　　　　　　　　　　**チェックポイント❶❷❸**

> 第○条（目的）
> 1　甲は、甲の取り扱う○○の商品（以下「本商品」という。）の販売につき、乙を**❷A 地区（B 市、D 市及び E 市）における**甲の**❶独占的**代理店として指名し、乙はこれを受託する。
> 2　**❸乙は、本商品の販売については、インターネットを利用してはならない。**

解　説

☑**チェックポイント❶**：独占的代理店か非独占的代理店かについて定める。
　独占的代理店とする場合、代理店側としては、独占的な販売権限を与えられることで、競業他社との関係を懸念することなく、安定した営業活動を行えるというメリットがあります（なお、そのメリットと引き換えに、最低取引額のノルマや不達成の場合の制裁が厳格なものとされるのが通常です。）。一方、メーカー側としては、当該代理店が多くの販路を有している場合には、当該代理店と緊密な関係を保つことができ、最大限販路を活用できるというメリットや、代理店側が安心して販路開拓に資本投下できる結果、販路開拓が進みやすいというメリットがありますが、当該代理店の販路が十分ではない場合には、商品の販路が限定されてしまうことになるというデメリットがあります。そのような不安が残る場合には、非独占的代理店とするか、独占的な販売権限を与えるとしても、独占権を与える地域や期間等を限定することでリスクを軽減することなどを検討することになります。独占、非独占について、それぞれのメリット・デメリットやリスクヘッジの手段の有無、程度

228

第 5 節　代理店契約書

を検討し、いずれの形式にするかを検討しましょう。

☑チェックポイント❷：エリア等の限定を定める。

　独占的代理店とする場合、エリア等の限定をかけなければ、当該代理店以外を代理店とすることができなくなりますので、当該代理店と完全に二人三脚で販路を開拓していくことを想定しているのでなければ、エリア等の限定は必要です。今後、新しい代理店が現れたときのためにも、できる限り範囲は絞っておくことは考えられます。反対に、代理店側としては、他の代理店の参入を防ぐためにも、ある程度の範囲のエリアは確保しておくことが考えられます。

☑チェックポイント❸：販売方法について定める。

　インターネットでの販売については、メーカー側で行うことを考えていたり、商品の性質によっては、インターネットでの販売に適さなかったりするものもあると思います。そのような場合は、商品の販売について、インターネットの利用を禁止することも考えられます（あるいは、インターネットでの販売のみを認めるというケースもあるかと思います。）。

　なお、販売店契約の形式の場合に多いと思いますが、インターネットでの販売を禁止する際は、独占禁止法に抵触しないかを検討する必要があります。インターネット上での安売りを回避したい場合に、特定の販売店のみインターネットでの販売を禁止するケースなどでは、合理的理由なく価格競争を阻害しているとして拘束条件付取引とされるおそれがあります（独占禁止法第19条、不公正な取引方法（昭和57年6月18日公正取引委員会告示第15号）第12項）ので、合理的な理由が説明できるかは慎重に検討する必要があります。

3　メーカーの直接販売権の有無

　直接販売権とは、代理店が扱う商品を、メーカーが自ら販売することができる権利です。メーカーの直接販売権を認める場合、代理店とメーカーの間で競合が発生しますので、その有無については、慎重に検討す

229

第 3 章　契約書チェックポイント

る必要があります。

 条項例

> 第○条（目的）
>   甲は、甲の取り扱う○○の商品（以下「本商品」という。）の販売につき、乙をA地区（B市、D市及びE市）における甲の独占的代理店として指名し、乙はこれを受託する。

◆メーカー側◆
☑チェックポイント❶：直接販売を行えるようにする。
◆代理店側◆
☑チェックポイント❷：メーカーによる直接販売禁止を明記する。

【メーカー側変更例】　　　　　　　　　　　　　チェックポイント❶

> 第○条（目的）
>   1 甲は、甲の取り扱う○○の商品（以下「本商品」という。）の販売につき、乙をA地区（B市、D市及びE市）における甲の独占的代理店として指名し、乙はこれを受託する。
>   2 **❶甲は、自らが本商品を販売する権利を留保する。**

【代理店側変更例】　　　　　　　　　　　　　　チェックポイント❷

> 第○条（目的）
>   1 甲は、甲の取り扱う○○の商品（以下「本商品」という。）の販売につき、乙をA地区（B市、D市及びE市）における甲の独占的代理店として指名し、乙はこれを受託する。
>   2 **❷甲は、A地区においては、本商品を販売してはならない。**

解　説

☑チェックポイント❶：直接販売を行えるようにする。

　代理店に独占権を与える場合、メーカーとしては、当該商品の販売については代理店に委ねることになりますので、代理店の販売能力や販売意欲がない場合は、代理店が商品の販売を進められない状態にもかかわらず、メーカーとしては、当該商品を販売することもできないことになります。このようなリスクを回避するために、メーカーとしては、直接販売権を留保しておくという方法が考えられます。

☑チェックポイント❷：メーカーによる直接販売禁止を明記する。

　メーカーとしては、代理店による営業活動が功を奏さなかったときのために、直接販売権を確保しておきたいところですが、代理店からすれば、せっかく資本を投下して販路を拡大したにもかかわらずメーカーが直接販売をできるとなれば、安心して販路拡大に専念できないでしょう。代理店としては、メーカーのフリーライドを回避すべく、メーカーの直接販売は禁止することを明記しておくべきでしょう。

4　競業避止義務

　代理店は、複数のメーカーと取引を行うことも多いでしょう。その場合は、代理店が取り扱う商品同士が売上を食い合ってしまう事態も想定されますし、自社製品に力を入れてもらえなかったり、競合他社に自社の機密情報が漏れたりする可能性も懸念されます。そこで、メーカーとしては、代理店による競合他社商品の取扱いを禁止することが考えられます。

第3章　契約書チェックポイント

 条項例

> 第○条（競業避止義務）
> 　乙は、本契約期間中及び本契約終了後であっても、本商品と同一又は類似の商品を自ら販売し、又は第三者によるこれらの商品販売の代理や仲介をしてはならない。

◆代理店側◆
☑**チェックポイント❶**：競業避止義務の期間を限定する。
☑**チェックポイント❷**：特定の競合品を取り扱うことについて承認の余地を残す。
☑**チェックポイント❸**：すでに取り扱っている競合品については、競業避止義務の対象外であることを明記する。

【代理店側変更例】　　　　　　　　　　　　チェックポイント❶❷❸

> 第○条（競業避止義務）
> 　1　乙は、本契約期間中及び本契約終了後❶<u>2年間は、</u>❷<u>甲による承認がない限り、</u>本商品と同一又は類似の商品を自ら販売し、又は第三者によるこれらの商品販売の代理や仲介をしてはならない。
> 　2　❸<u>甲及び乙は、乙が既に取り扱っている○○については、前項の適用対象ではないことを確認する。</u>

解　説

☑**チェックポイント❶**：競業避止義務の期間を限定する。
　メーカーとしては、独占的代理店には様々なノウハウや技術、機密情報を共有することが想定されますので、それらの流出を防ぐべく、契約終了後であっても代理店が競合他社の商品を扱うことは避けたいと考えることが多いとは思います。しかし、代理店からすれば、競合品を一切扱えなくなるのは売上に対する影響も大きく、死活問題にもなりかねませんので、契約終了後

第5節　代理店契約書

までは競業避止義務を負わないようにするか、少なくとも2年程度の限定を
行っておくべきでしょう。

☑**チェックポイント❷**：特定の競合品を取り扱うことについて承認の余地を
　　　　　　　　　　残す。

　代理店としては、特定のメーカーの商品だけを取り扱うよりは、複数の
メーカーの商品を取り扱えた方が売上は安定しますので、できれば競合品を
扱えるようにはしておきたいところと思います。ただ、メーカーからすると
独占権を与える以上、競合品の取扱いを一律に認めることはなかなか難しい
と思います。しかし、代理店としても、競合品であっても販売先が実質的に
重ならないようにできる場合などは、その旨をメーカーに説明して承認をも
らうことができる場合もあるかもしれません。そのような余地を残しておく
ために、メーカーによる承認の余地がある建付けにしておくことも考えられ
ます。

☑**チェックポイント❸**：すでに取り扱っている競合品については、競業避止
　　　　　　　　　　義務の対象外であることを明記する。

　代理店によっては、メーカーと独占的代理店契約を締結する前に、すでに
他社の競合品の取扱いを開始しているケースもあるでしょう。そのような場
合は、後に競業避止義務違反といわれないように、すでに取り扱っている商
品については、契約書に明記し、競業避止義務の対象外であることを明確に
確認しておくべきでしょう。

5　最低取引額

　メーカーとしては、独占的代理店とする場合は、他の販路を絶たれる
ことになりますので、代理店による売上が芳しくない場合には、一定の
措置をとれるように対策しておくことが考えられます。一方で、代理店
としては、その措置が過剰なものにならないようにしておく必要があり
ます。

233

第3章　契約書チェックポイント

 条項例

> 第○条（最低取引額）
> 　乙は、本商品を、3か月間単位で最低金○万円の販売代金に相当する金額（最低取引額）の契約の仲介を行わなければならない。

◆メーカー側◆
☑**チェックポイント❶**：違反した場合のペナルティを規定する。
◆代理店側◆
☑**チェックポイント❷**：ペナルティ発動の条件を緩和する。
☑**チェックポイント❸**：ペナルティの内容を緩和する。
☑**チェックポイント❹**：最低取引額について協議できるようにする。

【メーカー側変更例】　　　　　　　　　　　　　チェックポイント❶

> 第○条（最低取引額）
> 　1　乙は、本商品を、3か月間単位で最低金○万円の販売代金に相当する金額（最低取引額）の契約の仲介を行わなければならない。
> 　2　**❶乙が前項に定める取引額を実現できなかったときは、乙は当該取引額に満たない部分の利益相当額を違約金として甲に対し支払うものとする。**

【代理店側変更例】　　　　　　　　　　　　　チェックポイント❷❸❹

> 第○条（最低取引額）
> 　1　乙は、本商品を、3か月間単位で最低金○万円の販売代金に相当する金額（最低取引額）の契約の仲介を行わなければならない。
> 　2　乙が前項に定める取引額を**❷2回連続して**実現できなかったときは、乙は**❸代理権のうち、独占的な部分について失うものとする。**
> 　3　**❹第1項に定める最低取引額については、適切な設定金額について、3か月に1回、甲乙にて協議するものとする。**

234

第5節　代理店契約書

 解　説

☑チェックポイント❶：違反した場合のペナルティを規定する。

　最低取引額について合意しただけでは、その実効性が担保できませんので、メーカーとしては一定のペナルティを課すべきでしょう。独占的代理権を与えて、メーカーとしては他の販路を絶っている以上、相応のペナルティを課すことも考えられます。契約自体の解除事由とすることも考えられますが、ここでは、最低取引額相当分を販売できていればメーカーが得ていたであろう利益分を違約金として設定する形にしています。

☑チェックポイント❷：ペナルティ発動の条件を緩和する。

　最低取引額を一度でも達成できない場合にペナルティが発動してしまうのは、代理店の負担が大きいものになりますので、ここでは2回連続して不達成の場合に初めてペナルティが発生する形にしています。2回「連続」としておくことで、次々回に再度不達成となってしまってもそれだけではペナルティは発動しませんので、代理店としてはある程度余裕を持てることになります。

☑チェックポイント❸：ペナルティの内容を緩和する。

　最低取引額に満たない場合にその分の違約金を支払わされるのは、代理店としては、リスクが大き過ぎると思いますので、独占権を失うなどのペナルティに緩和させることが考えられます。

☑チェックポイント❹：最低取引額について協議できるようにする。

　代理店としては、大きなペナルティを負う条項ですので、その発動条件である最低取引額をどのように設定するかは重要なポイントです。代理店業務を進めた結果、適切な最低取引額が見えてくることもあるでしょうし、社会情勢の変化などから思ったほど売上があげられなくても致し方ない状況もあるかもしれませんので、最低取引額については、その状況に応じて協議できる余地を残しておくことが考えられます。

235

第3章　契約書チェックポイント

代理店契約書サンプル

　株式会社○○（以下「甲」という。）と株式会社△△（以下「乙」という。）
とは、次のとおり、代理店契約（以下「本契約」という。）を締結する。

第1条（目的）
　甲は、甲の取り扱う○○の商品（以下「本商品」という。）の販売につき、
乙をA地区（B市、D市及びE市）における甲の独占的代理店として指名し、
乙はこれを受託する。

第2条（乙の業務及び権限）
　1　乙は、甲の代理店として、本商品の販売の仲介を行うとともに、甲に代
　　わって顧客から本商品の代金を受領するものとする。ただし、乙は顧客か
　　ら回収できなかった本商品の代金につき、何らの責任を負わないものとす
　　る。
　2　乙は、顧客との間で本商品の取引を行うときは、甲の代理店であること
　　を示さなければならないが、乙は甲を代理して顧客と契約を締結する権限
　　を有しない。

第3条（代理店手数料）
　1　甲は、乙の仲介により顧客との間で本商品の売買契約を締結し代金を受
　　領したときは、乙に対し、売買契約を締結した本商品の代金の○％を代理
　　店手数料として支払う。
　2　乙は、乙の仲介により売買契約を締結し、顧客から受領した本商品の代
　　金を毎月末日締めにて集計し、翌月末日限り、前項の代理店手数料を控除
　　して甲の指定する銀行口座に振り込んで支払う。なお、振込手数料は甲の
　　負担とする。

第4条（競業避止義務）
　乙は、本契約期間中及び本契約終了後2年間は、本商品と同一又は類似の商
品を自ら販売し、又は第三者によるこれらの商品販売の代理や仲介をしてはな
らない。但し、本契約締結時において乙が既に取り扱っている○○については

236

この限りでない。

第5条（最低取引額）

1　乙は、本商品を、3か月間単位で最低金○万円の販売代金に相当する金額（最低取引額）の契約の仲介を行わなければならない。

2　乙が前項に定める取引額を2回連続して実現できなかったときは、乙は代理権のうち、独占的な部分について失うものとする。

3　第1項に定める最低取引額については、適切な設定金額について、3か月に1回、甲乙にて協議するものとする。

第6条（販売協力）

1　甲は、本商品の販売に必要な本商品の情報、及び、パンフレット、カタログその他の宣伝用材料を乙に無償で提供する。

2　乙は、別紙商標目録（省略）記載の甲の商標を、本商品の販売に必要な範囲において、無償で使用することができる。ただし、乙が本商品の販売のために使用するパンフレット、POPその他の販促物を独自に作成するに際して事前に甲の承諾を得なければならない。

第7条（秘密保持義務）

1　甲及び乙は、本契約期間中及びその終了後5年間、本契約の遂行に際して相手方より開示を受けた次の各号の情報に関する秘密を保持し、相手方の承諾を得ることなく第三者に開示・漏洩してはならない。

⑴　開示当事者より文書、電子データその他の方法により受領当事者に開示された開示当事者の営業上、技術上の情報であって、当該情報が記録された媒体に「秘密」「㊙」「Confidential」その他秘密である旨の表示がなされたもの。

⑵　開示当事者より口頭にて受領当事者に開示された開示当事者の営業上、技術上の情報であって、開示後7日以内に書面にて情報の範囲を特定して秘密である旨の通知が開示当事者よりなされたもの。

2　次の各号に該当する場合は本条に定める秘密保持義務は適用されないものとする。

⑴　開示当事者から事前に書面による承諾を得た場合

⑵　知得前に、第三者から秘密保持義務を負わずして知得していた場合

第3章　契約書チェックポイント

(3)　開示当事者から知得後に、受領当事者の責めに帰すことができない事
由によって公知となった場合

(4)　知得時に既に公知となっている場合

第8条（譲渡及び再委託の禁止）

1　乙は、甲の書面による事前の同意なく、本契約上の地位若しくは本契約
に基づくいかなる権利又は義務も、第三者に譲渡し若しくは担保の目的に
供してはならない。

2　乙は、甲の書面による事前の同意なく、本契約の業務の全部又は一部を
第三者に再委託してはならない。

第9条（契約解除）

次の各号の一に該当する事由が乙に生じたときは、乙は甲に対する一切の債
務について当然に期限の利益を喪失し、甲は乙に対して何らの催告を要するこ
となく直ちに本契約を解除することができる。

(1)　本契約に違反し、相当の期間を定めた是正の催告を受けたにもかかわら
ず当該期間内に是正がなされないとき

(2)　手形又は小切手が不渡りとなったとき

(3)　破産手続開始、民事再生手続開始、会社更生手続開始、又は特別清算手
続開始の申立てがあったとき

(4)　差押え、仮差押え、仮処分等強制執行の申立てを受け、又は競売の申立
てがあったとき

第10条（契約終了後の取扱）

1　前条による解除、その他事由のいかんを問わず本契約が終了したとき
は、乙は、直ちに本商品の販売を中止するとともに、甲の代理店である旨
の表示を全て撤去する。また、乙は甲の代理店とみなされる行為を一切し
てはならない。

2　甲は、本契約終了後であっても、乙に対し、本契約が終了するまでに乙
が仲介した売買取引に関する代理店手数料を支払う義務を負う。

3　前条による解除、その他事由のいかんを問わず、本契約が終了したとき
は、乙は、甲に対し、直ちに本商品の在庫を返還しなければならない。

第5節　代理店契約書

第11条（契約期間）

　本契約は、本契約締結日より1年間効力を有するものとする。ただし、期間満了3か月前までに、甲乙いずれからも相手方に対して本契約を終了する旨の書面による通知がなされない場合には、更に1年間延長するものとし、以後も同様とする。

第12条（合意管轄）

　本契約に関する一切の紛争については、甲の本店所在地を管轄する地方裁判所を第一審の専属的合意管轄裁判所とする。

　本契約の成立を証するため本書2通を作成し、甲乙記名押印の上、各1通を保有する。

（日付、記名押印）

239

第3章　契約書チェックポイント

●第6節● 建物賃貸借契約書（事業用、普通賃貸借）

　建物の賃貸借契約には、法律に基づく更新が適用される賃貸借契約（普通賃貸借契約とも呼ばれます。）と法律に基づく更新が適用されない定期賃貸借契約があります。また、普通賃貸借契約の中にも、居住目的で借りる居住用と店舗や事務所等の目的で借りる事業用の賃貸借契約がありますが、ここでは事業用の普通賃貸借契約を前提にチェックポイントを解説します。

　賃貸借契約に関しては、貸主としては、使用目的を明確に定めること、借主が本物件内にて造作を行う際のルールを明確に定めることで、本物件の資産価値の減少を防ぎながら、適切に物件を管理できるようにするという視点が重要です。他方、借主としては、物件内で行う事業が使用目的に反しないように変更の手続も含めて使用目的に関する規定は柔軟に対応できる余地を残したいところですし、無断増改築にならないための貸主の承諾手続についてもスムーズに承諾が得られるような規定の仕方を検討すべきでしょう。

　また、当事者のどちらにとっても重要となるのが原状回復の範囲や程度についての問題ですが、こちらについては負担の内容によっては金額が高額となる場合も多いためトラブルとなりやすいのが実情です。そのため、どちらが選定した業者で行うかも含めて、原状回復義務の内容については特に注目してチェックを行うべきです。

1　使用目的

　借主がどのような目的のために賃借するのかによってその使用方法が大きく変わったり、その目的を満たすための内装工事は原状回復の内容および程度にも関わることから、貸主としては使用目的を厳密に定めた

240

第6節　建物賃貸借契約書（事業用、普通賃貸借）

上で、借主が契約時に定めた使用目的を厳守することを求めます。他方、借主としては、契約後に新事業や新業態での営業を行いたいと考える場合もあり、それが当初定めた目的との関係で違反とならないように、使用目的やその変更の要件については柔軟に定めたいところです。

条項例

第○条（使用目的）
　借主は、本物件を飲食店として使用するものとし、その使用目的以外に使用してはならない。

◆貸主側◆
☑**チェックポイント❶**：使用目的を明確かつ限定して規定する。
☑**チェックポイント❷**：使用目的を変更する際には事前の書面承諾を要求する。

◆借主側◆
☑**チェックポイント❸**：可能性のある使用目的を列挙する。
☑**チェックポイント❹**：使用目的の変更について承諾を得やすいように工夫する。

【貸主側変更例】　　　　　　　　　　　　　　　　**チェックポイント❶❷**

第○条（使用目的）
　1　借主は、本物件を**❶フランス料理店舗として**使用するものとし、その使用目的以外に使用してはならない。
　2　**❷借主が前項の使用目的を変更しようとする場合には、貸主が指定する書式にて事前に変更後の具体的な使用目的を示して貸主に変更申請を行った上で、貸主の書面による承諾を得なければならない。**

241

第3章　契約書チェックポイント

【借主側変更例】　　　　　　　　　　　　　　　チェックポイント❸❹

> 第○条（使用目的）
>   1　借主は、本物件を❸飲食店舗、物品販売店舗、事務所及び倉庫として使用するものとし、その使用目的以外に使用してはならない。
>   2　❹借主が前項の使用目的を変更しようとする場合には、事前に貸主に通知を行った上で貸主の承諾を得なければならない。借主からの通知が行われた場合、貸主は、借主が変更後の使用目的に基づいて本物件を使用することによって、本物件の管理上著しい支障が生じるおそれがある場合以外は、これを承諾するものとする。

　解　説

☑チェックポイント❶：使用目的を明確かつ限定して規定する。

　賃借した建物をどのような使用目的に基づいてどのように使用するのかについては、貸主にとっては非常に重要な事項になります。たとえば、事務所として使用するのか、店舗として使用するのかによって、第三者が建物内に出入りする頻度も変わりますし、同じ店舗であっても販売店として使用するのか、飲食店として使用するのかによって、火器の使用の有無による火災リスクの違い、排水や臭い、汚損の問題など大きく異なってきます。また、原状回復の規模や容易さについても大きく異なる場合があります。

　このように、貸主が物件を管理する上で使用目的の違いによって大きな影響が生じることから、貸主としては使用目的について、可能な限り明確かつ限定して規定すべきです。

　特定の使用目的を定めた場合、借主がこの使用目的以外の使用を行えば契約違反となりますし、賃貸借契約書にはその場合に契約を解除できる旨が規定される場合も多いです。

　もっとも、裁判等の法的手続によって契約解除および明渡しが認められるためには、使用目的の違反が貸主と借主の信頼関係を破壊するような著しいものである場合に限定されている点は注意が必要です。

☑チェックポイント❷：使用目的を変更する際に事前の書面承諾を要求する。

第6節　建物賃貸借契約書（事業用、普通賃貸借）

　前述の通り、使用目的は貸主にとって非常に重要な点であることから、借主がこれを変更することを希望する場合には、事前に貸主の承諾を得ることを条件とすることが通常です。

　変更例では、貸主が指定する書式に基づいて、変更後の具体的な使用目的を特定して事前に申請を行ってもらった上で、書面による承諾まで要求しています。

　貸主としては、使用目的を変更するか否かについて裁量がありますので、断ることは可能ですが、これを承諾するか否かは借主が賃貸借契約を解約するリスクを踏まえて検討することになります。つまり、借主の側から見れば、たとえば契約時の業態では赤字が続くため、新たな業態や事業を始めたいと考えた時に、貸主が使用目的の変更に応じてくれないのであれば別の物件を探さないといけなくなり、本物件の賃貸借契約の解約をやむなく伝えてくるという場合もあるからです。

　使用目的の変更に併せて改装工事に関する承諾の申請が借主から行われる場合もありますが、そちらについては原状回復の内容や程度にも関わりますので、工事を行う業者名や工事内容、工事のための図面等の提示を受けるなどして検討することになります。なお、改装工事の承諾を行うに際しては、貸主が指定する業者にて行うことを条件とする場合もあります。

☑**チェックポイント❸**：可能性のある使用目的を列挙する。

　借主としては事業を行う中で、新たな業態への変更を行いたいと考える場合もありますが、契約書に定めた使用目的に反して使用を行った場合には、貸主から契約解除が行われるリスクがあります。また、新たな業態への変更ではなく、店舗の一部を事務所や倉庫として使用したいという場合であっても厳密には使用目的の違反として貸主からのクレームが出されることもあり得ます。

　そのため借主としては、たとえば「フランス料理店舗」ではなく「飲食店」として抽象化した上で、物品の販売も行う可能性があるのであれば「物品販売店」を追加したり、事務所や倉庫として使用する可能性があるのであれば、「事務所及び倉庫」も追加することを提案すべきです。

☑**チェックポイント❹**：使用目的の変更について承諾を得やすいように工夫

243

する。
　前述の通り、使用目的の変更を認めるか否かについては貸主に裁量があります。
　そのため借主としては、承諾を得やすくするような条項の変更を求めることが出来ないかを検討します。
　一例としては事前承諾を得る必要があることは前提としつつも、変更の通知が借主から行われた場合、貸主は変更後の使用目的に基づいて借主が使用することで、本物件を管理する上での「著しい支障」が生じる懸念があるか否かを検討し、そのような懸念がないのであればこれを承諾するというような規定を提案することが考えられます。

2　賃料の増減額

　賃料の増減額については、借地借家法第32条第1項に規定されており、契約書にこれに関する条項がない場合であっても、法律に定める要件を満たせば増減額の請求を行うことは可能です。もっとも、契約書に規定することによって、当事者間で合意した内容として法的手続前の交渉機会が確保しやすくなるというメリットがあるため、一般的な契約書では当該条項が設けられることが多いです。

 条項例

> 第○条（賃料の増減）
> 　本物件の公租公課、経済情勢、土地又は建物の価格の変動、物価の著しい変動等により賃料を改定する必要が生じたとき又は近傍同種の建物の賃料に比して賃料が不相当となった時は、双方協議の上賃料を改定することができる。

◆貸主側◆
☑チェックポイント❶：賃料の増額のみを規定する。
☑チェックポイント❷：一定期間経過後に増額に関する協議を行えるようにする。

◆借主側◆
☑チェックポイント❸：賃料の減額についても規定する。
☑チェックポイント❹：一定期間は賃料を増額せずに据え置く旨を規定する。

【貸主側変更例】　　　　　　　　　　　　　　　　チェックポイント❶❷

第○条（賃料の増減）
1　本物件の公租公課、経済情勢、土地又は建物の価格の変動、物価の著しい変動等により賃料を❶増額する必要が生じたとき又は近傍同種の建物の賃料に比して賃料が不相当となった時は、❶貸主は賃料の増額を請求することができる。
2　❷前項にかかわらず、貸主は、本契約締結後1年ごとに賃料の増額に関する協議を借主に求めることができる。

【借主側変更例】　　　　　　　　　　　　　　　　チェックポイント❸❹

1　本物件の公租公課、経済情勢、土地又は建物の価格の変動、物価の著しい変動等により賃料を❸増減する必要が生じたとき又は近傍同種の建物の賃料に比して賃料が不相当となった時は、❸契約当事者は賃料の増減額を請求することができる。
2　❹前項にかかわらず、本契約から3年間は賃料を据え置くものとする。

解　説

☑チェックポイント❶：賃料の増額のみを規定する。
　貸主としては賃料の増額を行う余地は残した上で、反面、減額は避けたいと考えるのが通常です。また、建物賃貸借契約書については貸主側のひな型が用いられることが多いことから、当初提示する契約書としては増額のみを

第3章　契約書チェックポイント

規定した契約書を提示することが考えられます。

　なお、前述の通り、賃料の減額請求は法律上認められた権利であり、定期賃貸借契約は別ですが、普通賃貸借契約においてはその権利を排除する特約も無効とされておりますので、仮に増額のみを定めたとしても、借主にて減額の請求を行うことは可能です。また、増額について請求できると定めたとしても、借主が応じなければ法的手段によって増額の要件を満たすかの判断を求めざるを得ません。そのためこの変更例については、あくまで任意交渉において増額の協議の機会を確保しやすくするためのものという趣旨であることは留意して下さい。

☑**チェックポイント❷**：一定期間経過後に増額に関する協議を行えるように
　　　　　　　　　　　する。

　賃料の改定に関して、法律上は公租公課等の著しい変動や近隣の賃料相場と比べて不相当となるような場合に限定されていますが、このような大幅な変動は度々生じるというものでもありません。そこで、1、2年ごとなどのように一定期間ごとに賃料の増額に関する協議を行うべきことを規定することによって、貸主としては、増額に関する協議をより行いやすくするための変更例を提示しています。

☑**チェックポイント❸**：賃料の減額についても規定する。

　借主としては、☑**チェックポイント❶**の裏返しとして、賃料の増額だけでなく、減額も請求できるようにフォローすべきです。より借主に有利にするためには、減額だけを規定する方がよいものと思いますが、賃貸物件を貸すか否かについては貸主がイニシアチブを有している場合も多く、貸主の立場が強い場合も多いことから、変更例では減額のみを規定する提案を避けています。

　減額についても貸主が承諾しない場合には、法的手段によって法律の要件を満たすか否か判断することになるという点は増額と同様です。そのため、変更例についてもあくまで任意交渉の機会の確保のための条項であるという点は☑**チェックポイント❶**と同様です。

☑**チェックポイント❹**：一定期間は賃料を増額せずに据え置く旨を規定する。

　前述の通り、貸主の立場が強い場合の方が実務上多く、また良好な関係性

246

第6節　建物賃貸借契約書（事業用、普通賃貸借）

を維持したいとの配慮から、貸主が合理的な範囲で賃料の増額を請求してき
た場合には、借主として拒否することは事実上難しいというケースもありま
す。

　そのため、借主の立場としては、賃料を一定期間据え置くという条項を契
約書に予め設けることによって、頻繁に増額交渉が行われることを避けるこ
とが考えられます。

　注意すべき点としては、賃料を据え置くとした場合には、その期間は貸主
からの増額請求だけでなく、借主からの減額請求の交渉も行わないことが前
提となります（ただし、法律上の要件を満たせば請求は可能です。）。そのため、
このような規定を設けるか否かは、借主として減額の交渉を行う余地を残し
たいと考えるのか（その場合はこのような据え置きの規定は設けないことになり
ます。）、たとえ減額の交渉を行えないというデメリットがあっても最低限増
額の交渉が行われるのは避けたいと考えるのか（その場合は据え置きの規定を
設けることになります。）によって判断することになります。

3　本物件の造作等

　貸主にとっては賃貸物件内においてどのような造作や改装が行われる
かによって資産価値にも影響し、また、原状回復の範囲や内容も変わっ
てくることから、これらが無断で行われないようにすべきです。また、
貸主としては、安心のために本物件の工事に慣れている指定業者に行っ
てもらいたいとの意向を有する場合が多いですが、反対に借主として
は、工事代金について調整ができるように（予想外に高い金額にならない
ように）借主自身が選んだ業者を希望する場合もあります。

247

第3章　契約書チェックポイント

条項例

> 第○条（本物件の造作等）
> 　借主は、貸主の承諾を得ることなく、本物件の造作、増築、改築、改造若しくは模様替又は本物件の敷地内における工作物の設置を行ってはならない。

◆貸主側◆
☑**チェックポイント❶**：借主が造作を行う場合の事前承認の方法を明確に定める。
☑**チェックポイント❷**：造作の工事については貸主の指定業者で行うことを規定する。
☑**チェックポイント❸**：借主が造作買取請求権を行使しない旨を規定する。
◆借主側◆
☑**チェックポイント❹**：増改築等の工事に関して借主の選定した業者でも行えるようにする。

【貸主側変更例】　　　　　　　　　　　　　　　　チェックポイント❶❷❸

> 第○条（本物件の造作等）
> 　1　借主は、❶貸主の書面による事前の承諾を得ることなく、本物件の造作、増築、改築、改造若しくは模様替又は本物件の敷地内における工作物の設置を行ってはならない。
> 　2　❶借主が前項の貸主の承諾を求める場合には、具体的な工事内容及びそれが分かる図面等を添付した上で、貸主の定める書式に従って申請を行わなければならない。
> 　3　❷第1項の工事については、借主の費用負担のもとで、貸主が指定する業者によって行わなければならない。
> 　4　❸借主は、前項に基づく造作等に関し、造作買取請求権を行使しないものとする。

第6節　建物賃貸借契約書（事業用、普通賃貸借）

【借主側変更例】　　　　　　　　　　　　　　　　　　チェックポイント❹

> 第○条（本物件の造作等）
> 1　借主は、貸主の承諾を得ることなく、本物件の造作、増築、改築、改造若しくは模様替又は本物件の敷地内における工作物の設置を行ってはならない。
> 2　前項の工事については、貸主が指定した業者❹又は<u>借主が選定し貸主が承認した業者にて行うものとする。ただし、借主が選定した業者については、当該業者に工事を行わせることによって著しい支障が生じるものでない場合には貸主は当該業者について承認を行うものとする。</u>

解　説

☑**チェックポイント❶**：借主が造作等を行う場合の事前承認の方法を明確に
　　　　　　　　　　　定める。

　借主が増築、改築、改造、模様替、工作物の設置を行う場合には、前述の通り、資産価値や原状回復への影響に鑑み、借主が貸主の事前の承諾なく行うことができない旨を規定すべきです。

　それに加えて、借主から「口頭での承諾があった」「工事を黙認していた」と主張されないために、貸主の定める形式に従って申請が行われるべきであり、書面による承諾があって初めて正式な承諾があったとするというような規定にすべきです。

　併せて、貸主が上記のような影響についての判断を正確にできるようにするために、具体的な工事内容が分かる図面等の提出を求められるように規定すべきです。

☑**チェックポイント❷**：造作の工事については貸主の指定業者で行うことを
　　　　　　　　　　　規定する。

　貸主としては、自己が保有する物件の中で工事が行われることから、当該物件について理解し、工事に慣れている業者に行ってもらうことで、安心して工事についての承諾ができるという場合もあるかと思います。また、その際の工事費用は借主とすることで、貸主に費用が請求されることのないよう

第3章　契約書チェックポイント

にフォローすべきです。

　それらを踏まえて変更例では、借主の費用負担のもとで、借主が貸主の指定業者に発注して、同業者によって工事が行われるべきことを定めています。

☑**チェックポイント❸**：借主が造作買取請求権を行使しない旨を規定する。

　借主が貸主の同意を得て造作工事等を行った結果、借主の所有に属するものであり、かつ、容易に取り外しができない造作を建物に取りつけた場合には、賃貸借契約が終了するに際して、借主から貸主に当該造作を時価で買い取る旨を請求できる権利が法律上認められています（造作買取請求権、借地借家法第33条）。

　なお、この請求が認められるためには、建物の価値を向上させるものであることが必要とされています。

　このような請求権が行使されてしまうと、貸主としては借主の希望で取りつけたものであるにもかかわらず、賃貸借契約の終了に際してこれを買取る義務が生じてしまうことになります。客観的な価値の向上が認められたとしても、貸主が必要と考える造作が行われるとは限りませんので、貸主がこれを避けたいと考える点は変わりません。

　もっとも、この借地借家法第33条の規定は任意規定とされており、契約条項による排除が可能であるとされていることから、貸主としては上記のような不測の事態を避けるために、借主が造作買取請求権を行使しない旨の規定を定めることが考えられます。

　なお、造作買取請求権が排除された場合には、借主としては、当該造作についても原状回復を行う必要がありますが、貸主においては自身が承諾した範囲で原状回復を免除することができる条項を設けることもあります。それによって借主は承諾を得た範囲で原状回復義務を避けることができますし、貸主も残置された物の所有権を取得するという条項を別途設けることによって、造作の所有権を取得できることになります。

☑**チェックポイント❹**：増改築等の工事に関して借主の選定した業者でも行えるようにする。

　貸主としては自身の指定業者にて工事を行わせたいと思うのが通常ですが、業者によっては相場よりも高額な工事代金の見積もりを出してくること

250

第6節　建物賃貸借契約書（事業用、普通賃貸借）

もあります。そのため、借主としては、工事代金を抑えるために自身の選定する業者にて行いたいと希望する場合があります。このような場合のフォローを行うために、借主としては自身の選定した業者においても工事を行うことができる旨を規定すべきです。

　もっとも、実際の契約交渉の場面では前述のような貸主の懸念も踏まえて調整する必要がありますので、変更例では借主の選定業者を用いる場合には貸主の承認を得ることを条件にしています。ただ、貸主が一律に承認しないということになれば、借主が選定した業者にても行わせることができるという規定が無意味になりますので、著しい支障がない場合には貸主は承認すべきことを規定しています。

　このように、借主としては、自身が選定した業者に工事を行わせるようにしたいところではありますが、貸主が自身の指定業者を用いる点について譲歩しない場合には、少なくとも契約締結前に当該指定業者にて工事を行った場合にどの程度の費用が必要かについて見積書を提出してもらって確認を行っておくべきです。契約締結前に確認すべきという理由は、契約締結後に高額であることが判明しても、賃貸借契約書の中に早期解約の場合の違約金条項が設けられるケースもあり、違約金がハードルとなって契約の中止（入居前の解約）が難しい場合も実務上見受けられるためです。

4　中途解約

　期間の定めのない賃貸借契約の場合には、借主はいつでも解約の申入れが可能であり、建物賃貸借の場合には申入れから3か月後に契約が終了するものとされています（民法第617条）。他方、期間の定めのある賃貸借契約については、途中解約の条項がない場合には借主であっても途中解約ができません。借主としては、本物件における事業が上手く行かない場合に備えて、途中解約ができる条項を設けたいところです。

　なお、期間の定めのない契約においては賃貸人もいつでも解約を申し

251

第3章　契約書チェックポイント

入れることができるものとされており、申入れから6か月が経過すれば契約は終了します（借地借家法第27条）。もっとも、解約の申入れを行うには正当な事由が必要とされております（同法第28条）。

条項例

第○条（中途解約）
　貸主及び借主は、本契約の有効期間中であっても、両当事者間にて協議し、相手方の合意が得られた場合には、本契約を中途にて解約することができる。

◆借主側◆
☑**チェックポイント❶**：借主が単独にて中途解約ができる旨の条項を定める。

◆貸主側◆
☑**チェックポイント❷**：借主からの中途解約の場合の予告期間および即時解約の条件を定める。

【借主側変更例】　　　　　　　　　　　　　　　チェックポイント❶

第○条（中途解約）
　❶借主は、本契約の有効期間中であっても、いつでも本契約を中途にて解約することができる。

【貸主側変更例】　　　　　　　　　　　　　　　チェックポイント❷

第○条（中途解約）
　1　貸主及び借主は、本契約の有効期間中であっても、**❷6か月前までに相手方に対して書面による通知を行うことによって、**本契約を中途にて解約することができる。
　2　**❷前項にかかわらず、借主が6か月分の賃料及び共益費を直ちに支払うときは、即時に本契約を解除することができる。**

252

第6節　建物賃貸借契約書（事業用、普通賃貸借）

 解　説

☑**チェックポイント❶**：借主が単独にて中途解約ができる旨の条項を定める。

　賃貸借契約においては、期間の定めが設けられるのが通常ですが、前述のように中途解約を認める条項がなければその契約期間中は解約はできません。借主としては、本件物件において事業を行う中で、たとえば当該店舗の売上が伸び悩んでおり、赤字が続くことが見込まれる場合には、契約期間中であっても満了時期を待たずに解約したいと考える場合も生じます。

　特に、期間が1年などの短い契約の場合には、期間満了に伴う更新の拒絶を行う時期まで待つという選択肢も取り得るかと思いますが、5年間や10年間などの長期の期間を定めた契約の場合には、それまで待つことが難しい場合もあります。

　その意味で、借主にとって中途解約を認める条項は非常に重要であり、見落としのないようにすべきです。

　なお、モデル条項においては「両当事者間にて協議し、相手方の合意が得られた場合には」と定めておりましたが、このような定め方では相手方である貸主が承諾しなければ中途解約ができませんので、借主にとってはあまり意味のある条項とはなりません。同様の問題は、単に「協議の上で中途にて解約できる。」と定めた場合にも生じます。そこで、「借主は、‥解約することができる。」として、協議や合意を要件として定めないことがポイントです。

☑**チェックポイント❷**：借主からの中途解約の場合の予告期間および即時解約の条件を定める。

　貸主としては、借主による中途解約は認めるとしても、即時に解約されるとなれば、次の借主を見つける時間的な余裕もありませんし、その間賃料を得ることができなくなります。そのため、一定の予告期間を定めることが通常です。

　予告期間については、3か月や6か月というものをよく見かけますが、次の借主が見つかるまでの合理的な期間を定めることで借主の納得も得やすくなると思います。

第3章　契約書チェックポイント

　加えて、借主が即時に解約を求める場合には、予告期間と同期間の賃料（共
益費などを加えるかは検討する。）を支払うことを条件とすることで、予告期間
後の解約と同等の賃料の確保ができますし、早期に新たな借主を探すことも
可能になります。

5　明渡し及び原状回復

　明渡しに伴う原状回復については、当事者間でトラブルとなりやすい
部分です。このようなトラブルを避けるためにも、原状回復が必要な範
囲や原状回復の程度、費用負担や業者の選定については明確に定めるべ
きです。

条項例

第○条（明渡し及び原状回復）
1　借主は、本物件の明渡しに際し、借主が所有又は保管する一切の動産を
　撤去し、造作加工したものについて原状回復を行う。
2　借主が前項の義務を履行しない場合、貸主は、借主の費用負担において
　本物件を原状に復することができる。

◆貸主側・借主側共通◆
☑チェックポイント❶：原状回復工事の範囲および程度を明確に定める。
◆貸主側◆
☑チェックポイント❷：通常損耗や経年劣化の部分についての原状回復まで
　　　　　　　　　　　求める場合には、借主の負担で行うべき具体的な工
　　　　　　　　　　　事内容についても定める。
☑チェックポイント❸：原状回復工事については貸主の指定業者で行うこと
　　　　　　　　　　　を規定する。

254

第6節　建物賃貸借契約書（事業用、普通賃貸借）

☑**チェックポイント❹**：明渡しに際して借主から金銭請求を行わないように
　　　　　　　　　　　 規定する。

◆借主側◆

☑**チェックポイント❺**：工事に関して自身の選定した業者でも行えるように
　　　　　　　　　　　 する。

【貸主側変更例】　　　　　　　　　　　　　　**チェックポイント❶❷❸❹**

第○条（明渡し及び原状回復）
　1　借主は、本物件の明渡しに際し、借主が所有又は保管する一切の動産を
　　撤去し、造作加工したものについて撤去の上で、**❶借主の負担のもとで別**
　　紙原状回復工事負担表に定める項目、工事内容及び回復の程度の原状回復
　　を行う。❷ただし、当該原状回復については、通常損耗及び経年劣化によ
　　るものも含まれるものとし、借主は費用負担のもとで同負担表に定める内
　　容の工事を行うものとする。
　2　　**❸前項の工事を行う場合には、借主の費用負担のもとで貸主が指定する**
　　業者にて行うものとする。
　3　借主が第1項の義務を履行しない場合、貸主は、借主の費用負担におい
　　て本物件を原状に復することができる。
　4　**❹本物件の明渡しに際し、乙は甲に対し、立退料、移転料、営業補償、**
　　その他名目の如何を問わず、何らの金銭請求もしないものとする。

【借主側変更例】　　　　　　　　　　　　　　　**チェックポイント❶❺**

第○条（明渡し及び原状回復）
　1　借主は、本物件の明渡しに際し、借主が所有又は保管する一切の動産を
　　撤去し、造作加工したものについて撤去の上で、**❶別紙原状回復工事負担**
　　表に定める項目、工事内容及び回復の程度の原状回復を行う。
　2　借主が前項の義務を履行しない場合、貸主は、借主の費用負担において
　　本物件を原状に復することができる。
　3　第1項の工事については、貸主が指定した業者**❺又は借主が選定し貸主**
　　が承認した業者にて行うものとする。ただし、借主が選定した業者につい
　　ては、当該業者に工事を行わせることによって著しい支障が生じるもので

255

第3章　契約書チェックポイント

> **ない場合には借主は当該業者について承認を行うものとする。**

☑️**チェックポイント❶**：原状回復工事の範囲および程度を明確に定める。

　原状回復の範囲や程度については、当事者間の認識に齟齬が生じやすい部分であり、また、回復のための費用も高額になる場合が多いことから、当事者間でトラブルとなるケースが非常に多いです。

　モデル条項のように、単に動産や造作の撤去と「原状回復を行う」とだけ規定する契約書もよく見かけますが、上記のようなトラブルを防ぐためには、明確に工事の範囲（どこの部分まで工事をするか）や工事の程度（どの程度・状態までの回復を行うか）を定めるべきです。

　定め方の一例としては、変更例のように、原状回復に関する工事負担表や工事区分表を契約書末尾に添付する方法があり、この表には部位（床、壁、天井など）、工事の内容・範囲（スケルトン、カーペット張替え、ペンキ塗装など）、費用負担は誰が行うのかなどを明確にすることによって、原状回復に関する双方の認識を一致させることができるかと思います。

　その他、A工事、B工事、C工事という表現で取り決められることがあります。このうち、A工事とは貸主が工事業者を決めて、費用も貸主(オーナー)が負担するものを意味します。また、B工事は貸主が業者を決めて、費用は借主が負担するものを意味します。最後にC工事は借主が業者の選定も費用負担も行うものを意味します。

☑️**チェックポイント❷**：通常損耗や経年劣化の部分についての原状回復まで求める場合には、借主の負担で行うべき具体的な工事内容についても定める。

　賃貸借契約においては、建物を借主に貸して使用収益を行わせ、借主はそれに対する対価としての賃料を払うという性質上、借主はその使用によって生じる通常損耗や経年劣化の部分についての原状回復義務（たとえば経年劣化で傷んだクロスの張替えを行う義務など）を負わないのが原則です（民法第621条）。

　もっとも、事業用の賃貸借においては、しばしば通常損耗等も含めて借主が原状回復を負う旨の特約が定められている場合も多く見受けられます。

第6節　建物賃貸借契約書（事業用、普通賃貸借）

　このような特約の有効性については、前述の通り、原則として賃料の中に含まれているとの理解を前提としますので、判例においても有効となるための要件について一定のハードルが設けられています。

　つまり、最高裁平成17年12月16日判決においては、借主が補修費用を負担することになる通常損耗の範囲について契約書の条項自体に具体的に明記されているか、あるいは、借主が口頭により説明して借主が明確に認識し、それを合意の内容としたものと認められるなど、その旨の特約が明確に合意されていることが必要であるとしています。その上で、この「契約書の条項自体に具体的に明記されている」という点については厳しく判断しており、「クッションフロアの張替え」や「室内クリーニングは借主負担」という内容では特約として無効であるとの見解も示しています。

　そこで、通常損耗等についても原状回復の範囲に含めるとの特約を定める場合には、契約書において、①通常損耗や経年劣化の部分の回復についても借主が行う原状回復義務に含まれること、②その具体的な工事内容（どの部分をどのように工事するかを原状回復工事の負担表などで記載）、③その費用は借主の負担であることを条項に明記するとよいでしょう。

☑**チェックポイント❸**：原状回復工事については貸主の指定業者で行うことを規定する。

　貸主としては、原状回復の場面においても、当該物件について理解し、工事に慣れている貸主の指定業者に行ってもらうことで、安心して工事についての承諾ができるという点は前述の造作工事の場合と同じです。また、その際の工事費用は借主とすることで、貸主に費用が請求されることのないようにフォローすべき点も同様です。それらを踏まえて変更例では、原状回復の場面でも借主の費用負担のもとで、借主は貸主の指定業者に発注して、同業者によって工事が行われるべきことを定めています。

☑**チェックポイント❹**：明渡しに際して借主から金銭請求を行わないように規定する。

　借主にとっては事業用に用いていた物件の明渡しを行うとなると、新たな物件を確保することになりますが、その際には保証金や賃料（従前の物件よりも高い場合は差額分の負担）、内装工事の費用、移転のための搬入費用等の負

257

第3章　契約書チェックポイント

担が生じることになります。また、移転の間については営業が出来なくなりますのでその間の営業損失も生じます。

　そのため、契約終了時の明渡しに際しては、上記負担について貸主にも負担して欲しいとして、立退料、移転料および営業補償等の名目で金銭請求を借主が行ってくる場合もあります。

　貸主としては、期間満了や中途解約、合意に基づく終了など適式な手続を踏んで終了する場面ですので、このような借主に生じる負担については応じることはできないと考えるのが通常です。

　そこで、借主からこのような交渉が行われることによるトラブルを防ぐために、明渡時においては名目の如何を問わず金銭請求を行わない旨を規定しています。

　なお、借地借家法が適用される場面としての更新拒絶や解約申入れの場合には、貸主側に「正当の事由」が必要とされています（借地借家法第28条）。この「正当の事由」は貸主や借主が建物の使用を必要とする事情等に基づいて判断されますが、補完的な要素として立退料などの金銭給付の有無が考慮されます。そのため、このような場面では補完的なものとして立退料などの負担が生じる可能性があることは貸主として注意が必要です。

☑**チェックポイント❺**：工事に関して自身の選定した業者でも行えるようにする。

　貸主の指定業者にて原状回復工事が行われる場合、業者によっては相場よりも高額な工事代金の見積りが出てくる場合があることは前述の造作に関する工事と同様です。

　そのため、借主としては、工事代金を抑えるために自身の選定する業者にて行いたいと希望する場合がありますので、借主としては自身の選定した業者においても工事を行うことができる旨を規定すべきです。

　その上で、貸主の懸念も踏まえて、変更例では借主の選定業者を用いる場合には貸主の承認を得ることを条件にする反面、著しい支障がない場合には貸主は承認すべきことも規定しています。

　仮に、貸主が自身の指定業者を用いる点について譲歩しない場合には、少なくとも契約締結前の時点において、当該指定業者にて工事を行った場合に

258

第6節　建物賃貸借契約書（事業用、普通賃貸借）

どの程度の費用が必要かについて見積書を提出してもらって金額の確認を行っておくことも検討すべきです。もっとも、貸主側や指定業者からは、原状回復工事がいつになるのか、その時の費用の相場がどのようになっているか分からないことを理由に拒否されるケースもありますが、現時点の相場で通常想定される範囲の原状回復工事を行った場合の金額で出してもらうことや借主側の業者での見積書を取ることで、将来にどの程度の費用負担になるかの予測は最低限しておいた方がよいと思います。

建物賃貸借契約書サンプル

株式会社○○（以下「甲」という。）、株式会社△△（以下「乙」という。）及び連帯保証人□□（以下「丙」という。）は、以下のとおり賃貸借契約（以下「本契約」という。）を締結する。

第1条（物件の表示）
　甲は、乙に対し、下記表記の建物（以下「本物件」という）を賃貸し、乙は、甲から、これを賃借する。

記

所　　在	大阪府東大阪市○○町○○
家屋番号	△△番
建物構造	鉄骨コンクリート造10階建
名称・室番号	□□ビル　1階104号室
床面積	110平方メートル

以上

第2条（使用目的）
　1　乙は、本物件をフランス料理店舗として使用するものとし、その使用目的以外に使用してはならない。
　2　乙が前項の使用目的を変更しようとする場合には、甲が指定する書式にて事前に変更後の具体的な使用目的を示して甲に変更申請を行った上で、甲の書面による承諾を得なければならない。

第3章　契約書チェックポイント

第3条（賃貸期間）

1　本物件の賃貸借期間は、本契約締結日より5年間とする。

2　前項の期間満了後の更新については、期間満了の6か月前までに当事者から書面による更新を拒絶する旨の意思表示がないときは、従前の契約と同一の条件で契約が更新されたものとする。

第4条（賃料及び賃料の支払）

賃料は、月額金○○円（消費税別）とし、乙は毎月末日までに翌月分を甲の指定する銀行口座に振り込み支払うものとする。ただし、1か月に満たない賃料は、その月を30日として日割計算した額とする。また、日割計算における端数発生の場合は、100円未満を切上げるものとする。なお、振込手数料は乙の負担とする。

第5条（賃料の増減）

1　本物件の公租公課、経済情勢の変動、又は不動産価格の変動などにより賃料を増減額する必要が生じたときは、双方協議の上、改定することができる。なお、消費税の税率が変更された場合については、変更された税率が施行される日を含む月から、変更された税率により計算するものとする。

2　前項の規定にかかわらず、本契約締結日から3年間は、甲は乙に対し本物件の賃料の増額を請求することはできない。

第6条（諸費用）

本物件の公租公課については甲の負担とし、電気使用料金、水道使用料金、ガス使用料金、衛生費、その他本物件の使用上必要な諸費用は、全て乙の負担とする。ただし、乙が本物件に付加工事を施した設備等にかかる公租公課、及び付加工事を施したことで本物件にかかる公租公課が増額された場合のその増額分にかかる金額は、乙の負担とする。

第7条（修繕費の負担）

本物件の維持修繕費用は甲の負担とする。

第6節　建物賃貸借契約書（事業用、普通賃貸借）

第8条（本物件の造作等）
1　乙は、甲の書面による承諾を得ることなく、本物件の造作、増築、改築、移転、改造若しくは模様替又は本物件の敷地内における工作物の設置を行ってはならない。
2　本物件の補修、造作等、本物件の現状を変更する必要が生じた場合、乙は甲に対し事前に申し出て、甲乙協議の上、甲の書面による承諾を得た場合には、甲の指定又は承認する工事業者によって、乙の費用負担でこれを実施する。
3　乙は、前項に基づく造作等に関し、造作買取請求権を行使しないものとする。
4　乙は、甲が同意した場合を除き、第1項の変更箇所について、本物件の明渡しの際、乙の費用負担でこれらを原状に復さなければならない。

第9条（遅延損害金）
　乙が本契約に基づく金銭債務についてその支払を遅滞したときは、甲は乙に対し、乙が遅滞に陥った日から履行済みまで、年14％の割合による遅延損害金を請求することができる。

第10条（不可抗力免責）
　天災地変、その他不可抗力により本物件の全部又は一部が滅失若しくは破損して、本物件の使用が不可能となった場合、本契約は当然に終了するものとする。

第11条（立入り）
　甲又は甲の使用人は、建物保存、衛生、防犯、防火、救護、その他本物件の管理上必要があるときは、事前に乙に通知した上で、乙の業務に支障を来さない範囲で本物件に立入り、点検、その他適宜の措置をとることができ、乙は甲の措置に協力するものとする。

第12条（保証金）
1　乙は甲に対し、本契約に関し生じる乙の債務の担保として金○○万円の保証金を本契約締結日に預託する。
2　乙に賃料未払等、本契約に関し乙が甲に対して負担する債務の不履行が

261

第3章　契約書チェックポイント

生じた場合、甲は催告なく直ちに保証金をこれらの債務の弁済に充当することができる。なお、充当により保証金に不足額が生じたときは、甲は乙に対してその旨通知し、乙は、その通知後15日以内に不足額を追加して甲に対し預託しなければならない。

3　本契約が終了し、乙が甲に対し本物件の明渡しを完了した後30日以内に、未払賃料等乙の債務が残存している場合、甲は、保証金からこれらの債務の額を差し引いた上、残額を乙に対し返還する。この場合、返還する保証金には利息を付さない。

4　乙は、保証金返還請求権を第三者に譲渡し、又は質権等の担保の目的に供することはできない。

5　乙は甲に対し、保証金返還請求権をもって賃料支払債務と相殺することができない。

第13条（転貸等の禁止）

乙は、甲の事前の書面による承諾なく、本物件の賃借権を第三者に譲渡し、又は本物件を第三者に転貸してはならない。

第14条（中途解約）

乙は3か月の予告をもって本契約の解約を申し入れることができる。

第15条（契約の解除）

1　乙に次の各号の事由の一つにでも該当することがあった場合、甲は何らの催告を要することなく本契約を即時解除することができる。

(1)　乙が賃料その他諸費用等を2か月以上支払わないとき

(2)　乙が本契約の各条項に違反したとき

(3)　乙が自ら振り出した約束手形、為替手形、小切手について一回でも不渡りとしたとき

(4)　乙に破産手続開始、民事再生手続開始、会社更生手続開始又は特別清算の各申立てがあったとき

(5)　乙が監督官庁より営業停止又は営業免許若しくは営業登録の取消処分を受けたとき

(6)　乙が、資本金の減少、営業の廃止若しくは変更、又は解散の決議をしたとき、あるいは清算手続に入ったとき

第6節　建物賃貸借契約書（事業用、普通賃貸借）

⑺　その他、乙に信用状態悪化を疑わせる事情が生じたとき

2　前項各号の事由その他乙の責めに帰すべき事由により、本契約が解除された場合、乙は直ちに営業を停止し、次条の規定に従って、契約解除日から30日以内に甲に本物件を明け渡さなければならない。

第16条（明渡し及び原状回復）

1　乙は、本物件の明渡しに際し、乙が所有又は保管する一切の動産を撤去し、造作加工したものについて撤去の上で、乙の負担のもとで別紙原状回復工事負担表に定める項目、工事内容及び回復の程度の原状回復を行う。ただし、当該原状回復については、通常損耗及び経年劣化によるものも含まれるものとし、乙は費用負担のもとで同負担表に定める内容の工事を行うものとする。

2　前項の工事を行う場合には、乙の費用負担のもとで甲が指定する業者にて行うものとする。

3　乙が第1項の義務を履行しない場合、甲は、乙の費用負担において本物件を原状に復することができる。

4　本物件の明渡しに際し、乙は甲に対し、立退料、移転料、営業補償、その他名目の如何を問わず、何らの金銭請求もしないものとする。

第17条（重要事項の変更）

甲又は乙は、その商号、営業種目、本店所在地、代表者その他重要事項に変更が生じた場合、直ちに文書をもって相手方に通知しなければならない。

第18条（明渡し遅延）

本契約が期間満了により終了した場合、乙は、本契約終了と同時に本物件を明け渡すこととし、乙が本物件の明渡しを遅滞したときは、明渡し完了まで、従前賃料の倍額の割合による金員を甲に対し支払わなければならない。

第19条（連帯保証）

1　丙は、本契約に基づき乙が甲に対して負担する債務につき、責任限度額を○○万円として、乙と連帯して責任を負う。

2　乙は、丙に連帯保証を委託するに際して、乙に関する以下の情報を提供したことを確認する。

263

第3章　契約書チェックポイント

記

(1)　財産及び収支の状況

(2)　本契約に基づく債務以外に負担している債務の有無並びにその額及び履行状況

(3)　本契約に基づく債務の担保として、他に提供し、又は提供しようとするものがあるときは、その旨及び内容

3　乙は、前条により丙に提供した情報がいずれも真実であることを保証する。

4　丙は、本契約にて連帯保証を行うに先立ち、乙より第1項記載の情報の提供を受けたことを確認する。

第20条（合意管轄）

　本契約に基づく権利義務に関する紛争については、甲の本店所在地を管轄する地方裁判所を第一審の専属的合意管轄裁判所とする。

第21条（規定外事項）

　本契約に定めのない事項及び本契約の規定にない事項については、甲乙双方誠実に協議して解決に当たるものとする。

　本契約締結の証として、本書3通を作成し、甲乙丙記名押印の上、各自1通を保有する。

（日付、記名押印）

●第7節● 金銭消費貸借契約書

　知人等から融資を受ける場合や、取引先に依頼され融資を行う場合、それまでの関係性から、あまり契約書の内容を吟味せず、簡潔な規定で契約書を作成する場合もあるかもしれません。しかし、自社が貸主となる場合は、貸付金を確実に回収するため、自社が借主となる場合は、必要以上に厳しい返済条件となってしまわないようにするため、契約書の内容は慎重に検討しておく必要があるものです。また、金銭消費貸借契約やそれに伴う保証契約については、借主や保証人を保護すべく、利息制限法や民法において種々の制限が設けられておりますので、その点などもしっかりと把握し、契約自体が無効となってしまうようなことがないようにチェックを行うことが重要です。

1 返済期限・返済方法

　借り受けた金員について、いつまでに返済してもらえるのか、一括で返済してもらえるのか、分割での返済になるのかは、貸し手と借り手双方にとって重要な事項になりますので明確に規定しておきましょう。

条項例

第○条（借入条件）
　1　本契約に基づく借入条件は以下のとおりとする。
　　⑴　弁済期限　　　　　　　○年○月○日
　・・・

265

第3章　契約書チェックポイント

◆借主側◆
☑チェックポイント❶：弁済期限を明確に規定する。
☑チェックポイント❷：分割弁済の場合は各支払期限および支払金額を明記する。

【借主側変更例】　　　　　　　　　　　　　　　チェックポイント❶❷

> 1　本契約に基づく借入条件は以下のとおりとする。
> （1）　弁済期限　　　　❷○年○月○日限り金○万円
> 　　　　　　　　　　　　○年○月○日限り金○万円
> 　　　　　　　　　　　　・・・

　解　説

☑チェックポイント❶：弁済期限を明確に規定する。
　金銭消費貸借契約において、弁済期限について合意しなかった場合は、民法第591条第1項に従い、貸主は、相当の期間を定めて催告をすることにより、いつでも返済を求めることができます（いつ返済してもらっても良いからという説明のもとで契約を締結したとしても、借主が返済期限を自由に定められる建付けではありません。）。そのため、借主としては、想定外の返済の要求を回避するため、いつまで借りることができるのか、その返済期限を明記しておく必要があります。

☑チェックポイント❷：分割弁済の場合は各支払期限および支払金額を明記する。
　金銭消費貸借においては一括弁済が原則になるので、分割弁済とする場合は、毎月の支払期限およびその際の支払金額について貸主と合意し、契約書上もその内容を明記しておく必要があります。

第7節　金銭消費貸借契約書

2　利息・遅延損害金の有無、利息制限法

　利息については、当事者間での合意がなければ発生しませんし、遅延
損害金についても民法所定の料率のものしか生じません。貸主として
は、ある程度の定めは規定しておきたいところですが、利息制限法上一
定の制限がありますので、その点には注意が必要です。

条項例

第○条（借入条件）
　1　本契約に基づく借入条件は以下のとおりとする。
・・・
　⑵　利息　　　　　　　　年○パーセント（年365日の日割計算）
　⑶　利息支払時期　　　　弁済期に元金と併せて支払う。
　⑷　損害金　　　　　　　年○パーセント（年365日の日割計算）

◆貸主側◆
☑**チェックポイント❶**：利息を明記する。
☑**チェックポイント❷**：遅延損害金を明記する。
☑**チェックポイント❸**：利息制限法所定の上限を超えない範囲で利息や遅延
　　　　　　　　　　　　損害金を設定する。

【貸主側変更例】　　　　　　　　　　　　　　チェックポイント❶❷❸

第○条（借入条件）
　1　本契約に基づく借入条件は以下のとおりとする。
・・・
　⑵　利息　　　　　　　**❶❸年15パーセント**（年365日の日割計算）

267

(3) 利息支払時期　　弁済期に元金と併せて支払う。
　　(4) 損害金　　　　　❷❸**年21.9パーセント**（年365日の日割計算）

解　説

☑**チェックポイント❶**：利息を明記する。
　金銭消費貸借契約では、別途利息について合意しなければ、利息は発生しません（民法第589条第1項）。そのため、利息を支払わせる場合は、利息について明記する必要があります。

☑**チェックポイント❷**：遅延損害金を明記する。
　借主が弁済期限に支払を怠ったことによって発生する遅延損害金については、金銭消費貸借契約上特別の合意がなければ、民法所定の年3％のものが発生するのみとなります（民法第404条第2項。なお、令和5年4月1日から令和8年3月31日までの法定利率であり、3年ごとに変動する可能性があります。）。そのため、それ以上の割合の遅延損害金を設定する場合は、その料率について明記する必要があります。

☑**チェックポイント❸**：利息制限法所定の上限を超えない範囲で利息や遅延
　　　　　　　　　　　損害金を設定する。
　利息制限法所定の利息（「制限利息」といいます。）を超過する利息を規定しても、その超過部分については無効となりますので（同法第1条）、注意が必要です。
　制限利息として、利息制限法においては次のとおり規定されています。
　①元本額が10万円未満　年20％
　②元本額が10万円以上100万円未満　年18％
　③元本額が100万円以上　年15％
　また、利息制限法所定の金額を超過する賠償額（遅延損害金）を予定しても、その超過部分については無効となりますので（同法第4条）、こちらも注意が必要です。賠償額の予定の制限として、利息制限法においては次のとおり規定されています。
　①元本額が10万円未満　年29.2％

第7節　金銭消費貸借契約書

②元本額が10万円以上100万円未満　年26.28％

③元本額が100万円以上　年21.9％

　設定した利息や遅延損害金が無効とならないよう、上記上限の範囲内で設定する必要があります。

3　連帯保証

　保証契約については、保証人が不測の保証債務を負担させられることのないよう、保証人の保護の観点から、民法所定の手続を踏まなければ保証契約が無効となってしまう場合があります。貸主としては、担保として期待していた保証契約が無効とならないよう、民法所定の手続に従って慎重に対応すべきです。

条項例

第○条（連帯保証）

　丙は、乙が本契約に基づいて負担する甲に対する債務について保証する。

◆貸主側◆

☑**チェックポイント❶**：連帯保証であることを明記する。

☑**チェックポイント❷**：連帯保証人が保証能力を喪失した場合の対応を定める。

☑**チェックポイント❸**：個人根保証契約の場合は、極度額を定める。

☑**チェックポイント❹**：主たる債務が事業のために負担する債務の場合は、保証意思宣明公正証書を作成する。

☑**チェックポイント❺**：主たる債務が事業のために負担する債務の場合は、主債務者の財産等の情報について連帯保証人が主債務者から提供を受けていることを確認する条項を定

269

第3章　契約書チェックポイント

　　　　　　　　　　　める。

◆借主側◆

☑**チェックポイント❻**：保証の範囲・内容を限定付ける。

【貸主側変更例】　　　　　　　　　　　チェックポイント**❶❷❸❺**

> 第○条（連帯保証）
> 　1　丙は、乙が本契約に基づいて負担する甲に対する一切の債務について**❶**
> 　**連帯して**保証する。
> 　2　**❷連帯保証人の死亡・破産その他の事由により、連帯保証人が欠け、又**
> 　**は保証能力を喪失した場合、乙は直ちに十分な保証能力を有する第三者を**
> 　**連帯保証人に立てなければならない。**
> 　3　**❸丙の連帯保証の極度額は○○円とする。**
> 　4　**❺乙及び丙は、民法第465条の10に定められた事項について適切な情報**
> 　**提供が行われたことを確認する。**

【借主側変更例】　　　　　　　　　　　　チェックポイント**❻**

> 第○条（連帯保証）
> 　1　丙は、乙が本契約に基づいて負担する甲に対する債務について保証す
> 　る。**❻ただし、丙の責任限度額は、○○○万円とする。**

☑**チェックポイント❶**：連帯保証であることを明記する。

　債務者の債務の履行を確保する手段としては、物的担保と人的担保があります。これらのうち、保証条項は人的担保に関わるものです。保証には大別して、単純な保証と連帯保証とがあります。両者はともに、主たる債務者が債務を履行しないときに、これに代わって履行するという内容の債務を負担している点で共通です。また、保証人は、その全財産が保証債務の履行の引当財産となります。

　しかし、単純な保証の場合は、保証人に催告の抗弁権（まず主たる債務者に対して催告をなすべき旨を請求することができる権利。民法第452条）と検索の抗弁権（主たる債務者の財産につき執行をなすまで自己の保証債務の履行を拒むこと

第7節　金銭消費貸借契約書

ができる権利。民法第453条)が認められています。これらの抗弁権の存在により、単純な保証の場合は、「補充性」（主たる債務者が債務を履行しないときに保証債務を履行する責任を負うこと。）があるといわれます。他方、連帯保証では、これら催告の抗弁権と検索の抗弁権が認められません。すなわち、連帯保証では補充性が認められず、いわば主たる債務者と全く同じ内容の債務を負担しているということになります。

　そこで、担保としての効力を強調するためにも、契約書の文言においても保証の内容が「連帯保証」であることを明記し、保証責任の内容について疑義を残さないようにしておくのが適切です。

　また、貸主としては、保証の範囲についても、できるだけ広くカバーされるのが望ましいので、【貸主側変更例】にありますように「乙が本契約に基づいて負担する甲に対する一切の債務について」として、保証債務の範囲を広く設定しておくことが妥当です。もっとも、このように保証債務の限度額を定めない方法で規定したとしても、どのような場合でも無制限に保証債務を負うことには必ずしもならず、「取引通念上相当な範囲」に制限される場合もあることに留意しなければなりません。

☑**チェックポイント❷**：連帯保証人の保証能力を喪失した場合の対応を定める。

　保証は人的保証であるため、契約締結後に財産状態が悪化したり、あるいは死亡したりすることも考えられます。このように、保証人が保証能力を喪失した場合や、保証人がそもそも欠けてしまったという事態が発生した場合に、代わりに十分な保証能力を有する者を立てるべきことを、借主に義務付けておくことが重要です。これにより、貸主としては、人的保証の不安定性を相当程度排除することが可能となります。

☑**チェックポイント❸**：個人根保証契約の場合は、極度額を定める。

　一定の範囲に属する不特定の債務を主たる債務とする保証契約（根保証契約）であって保証人が法人でないもの（個人根保証契約）については、その保証範囲の上限として極度額を契約書に記載しなければ、無効となってしまいます（民法第465条の2第2項）。個人根保証契約については、契約書に極度額を明記するようにしましょう。

271

第3章　契約書チェックポイント

☑**チェックポイント❹**：主たる債務が事業のために負担する債務の場合は、保証意思宣明公正証書を作成する。

　事業のために負担した貸金等債務（その債務の範囲に金銭の貸渡しまたは手形の割引を受けることによって負担する債務）について、個人が保証を行う場合には、契約の締結に先立ち、その締結の日前1か月以内に作成された公正証書で保証人になろうとする者が保証債務を履行する意思を表示していなければ、主債務者の役員が保証する場合など民法所定の例外（現行民法第465条の9）を除き、その効力を生じません（民法第465条の6）。貸主としては、保証人にかかる公正証書（保証意思宣明公正証書）を作成させるとともに、公正証書作成後1か月以内に保証契約を完了するよう注意しましょう。

☑**チェックポイント❺**：主たる債務が事業のために負担する債務の場合は、主債務者の財産等の情報について連帯保証人が主債務者から提供を受けていることを確認する条項を定める。

　保証人保護の観点から、民法上、情報提供に関し次のような定めがなされています（民法第465条の10第1項）。
「主たる債務者は、事業のために負担する債務を主たる債務とする保証又は主たる債務の範囲に事業のために負担する債務が含まれる根保証の委託をするときは、委託を受ける者に対し、次に掲げる事項に関する情報を提供しなければならない。
　　一　財産及び収支の状況
　　二　主たる債務以外に負担している債務の有無並びにその額及び履行状況
　　三　主たる債務の担保として他に提供し、又は提供しようとするものがあるときは、その旨及びその内容」
　さらに、主たる債務者が上記事項に関して情報を提供せず、または事実と異なる情報を提供したために保証人がその事項について誤認をし、それによって保証契約をした場合は、そのことを債権者が知りまたは知ることができたときは、保証人は、保証契約を取り消すことができるとされています（同条第2項）。そこで、当該条項による保証契約の取消を回避するため、情報提供義務自体は主債務者の義務ではありますが、主債務者が保証人に適切に情

第7節　金銭消費貸借契約書

報提供していることについては、保証契約書上にて主債務者および保証人に確認させておくとよいでしょう。

☑チェックポイント❻：保証の範囲・内容を限定付ける。

　保証人の責任は、たとえ単純保証であったとしても、その内容は大変重いものとなります。それゆえ、借主すなわち保証人を立てる側からしますと、保証債務の範囲をできるだけ限定するようにすべきです。個人根保証の場合には極度額を定めることが義務付けられたことは上記の通りですが、そうでない場合であっても、**【借主側変更例】**のように、保証債務の上限を予め設定しておく方法が望ましいと考えられます。

　もっとも、反対当事者である貸主の側からしますと、保証債務の範囲はできる限り広く設定したいところですので、これと相反する借主側の意向というのは、簡単には受け入れられないでしょう。ただ、借主において他に物的担保（抵当権や譲渡担保など）を提供したり、保証人を複数立てたりする等、債務の担保が見込まれる場合には、このような上限設定もあり得るところですので、これらの方法を用いてできる限り保証責任の軽減化に努めるべきでしょう。

4　期限の利益の喪失

　金銭消費貸借契約などでは、債務者の債務の履行を確保するために、期限の利益の喪失条項が設けられます。「期限の利益」とは、ここでは、契約で定められた返済期日が到来するまでは返済しなくてよいという利益のことですが、債務者が分割弁済を怠るなど、債務者に契約違反があった場合にはその利益を喪失し、直ちに一括で全額の弁済をしなければならなくなります。かかる期限の利益をいかなる場合において、いかなる手続にて喪失させるのかを明確に規定すべきでしょう。民法上は、期限の利益を喪失する場合は、債務者の破産手続開始決定、担保の滅失・減少、担保不提供の場合に限られます（民法第137条）が、これらの

273

他、債務者の債務不履行（不払い）、破産以外の倒産手続（民事再生手続、会社更生手続など）、差押え、滞納処分、不渡処分などの場合には、一般的に借主の信用不安が生じているといえますので、契約書上に期限の利益喪失条項を定める場合には、これらの事由も含めて列記することが一般的です。

 条項例

> 第○条（期限の利益の喪失）
> 乙又は丙について次の各号の事由が一つでも生じた場合には、乙及び丙は当然に期限の利益を失い、直ちに甲に対し、元利金とこれに対する期限の利益喪失日の翌日から完済までの遅延損害金を一括して支払う。
> (1) 本契約又は個別契約の各条項に違反したとき
> (2) 破産手続開始、民事再生手続開始、会社更生手続開始の申立て若しくは特別清算開始の申立てがあったとき
> (3) 自己の財産に対し差押え、仮差押え、仮処分がなされたとき
> (4) 公租公課の滞納処分を受けたとき
> (5) 自ら振り出し又は引き受けた手形・小切手について、一度でも不渡処分を受けたとき
> (6) 監督官庁より事業停止又は事業免許若しくは事業登録の取消処分を受けたとき
> (7) 資本減少、重要な事業の譲渡、事業の廃止若しくは変更又は解散（合併による場合を除く。）の決議をしたとき

◆貸主側◆
☑チェックポイント❶：信用状況が悪化した場合を一般的にカバーできるよう、包括条項を置く。

◆借主側◆
☑チェックポイント❷：当然に期限の利益を喪失するのではなく、相手方の請求があって初めて期限の利益を喪失するという文言にする。

第7節　金銭消費貸借契約書

☑**チェックポイント❸**：契約条項違反をしてしまった場合でも、是正の余地
を残しておく。

【貸主側変更例】　　　　　　　　　　　　　　　　チェックポイント❶

第○条（期限の利益の喪失）
　乙又は丙について次の各号の事由が一つでも生じた場合には、乙及び丙は当
然に期限の利益を失い、直ちに甲に対し、元利金とこれに対する期限の利益喪
失日の翌日から完済までの遅延損害金を一括して支払う。
　(1)　本契約又は個別契約の各条項に違反したとき
　(2)　破産手続開始、民事再生手続開始、会社更生手続開始の申立て若しくは
　　　特別清算開始の申立てがあったとき
　(3)　自己の財産に対し差押え、仮差押え、仮処分がなされたとき
　(4)　公租公課の滞納処分を受けたとき
　(5)　自ら振り出し又は引き受けた手形・小切手について、一度でも不渡処分
　　　を受けたとき
　(6)　監督官庁より事業停止又は事業免許若しくは事業登録の取消処分を受
　　　けたとき
　(7)　資本減少、重要な事業の譲渡、事業の廃止若しくは変更又は解散（合併
　　　による場合を除く。）の決議をしたとき
　(8)　**❶その他、乙の財産状態が悪化し又は悪化するおそれがあると甲におい
　　　て認めたとき**

【借主側変更例】　　　　　　　　　　　　　　　チェックポイント❷❸

第○条（期限の利益の喪失）
　乙又は丙について次の各号の事由が一つでも生じた場合には、乙及び丙は**❷
相手方の請求により**期限の利益を失い、直ちに甲に対し、元利金とこれに対す
る期限の利益喪失日の翌日から完済までの遅延損害金を一括して支払う。
　(1)　**❸本契約又は個別契約の各条項に違反し、相手方による相当期間を定め
　　　た催告にもかかわらずこれを是正しないとき**
　(2)　破産手続開始、民事再生手続開始、会社更生手続開始の申立て若しくは
　　　特別清算開始の申立てがあったとき

275

第3章　契約書チェックポイント

> ⑶　自己の財産に対し差押え、仮差押え、仮処分がなされたとき
> ⑷　公租公課の滞納処分を受けたとき
> ⑸　自ら振り出し又は引き受けた手形・小切手について、一度でも不渡処分を受けたとき
> ⑹　監督官庁より事業停止又は事業免許若しくは事業登録の取消処分を受けたとき
> ⑺　資本減少、重要な事業の譲渡、事業の廃止若しくは変更又は解散（合併による場合を除く）の決議をしたとき

☑**チェックポイント❶**：信用状況が悪化した場合を一般的にカバーできるよう、包括条項を置く。

　貸主の立場からすれば、契約上に列挙されている事由以外の事象が生じたことで借主の信用不安が顕在化した場合に備え、そのような事象も含ませることができる包括条項を規定しておくべきでしょう。

　逆に、借主としては、列記された明確な場面以外を含ませることができる、曖昧な包括条項を規定することにより、紛争リスクが増大することになります。よって、このような包括条項は排除し、期限の利益喪失事由を限定する（場合によっては期限の利益喪失条項自体を削除する。）方向で修正することが考えられます。

☑**チェックポイント❷**：当然に期限の利益を喪失するのではなく、相手方の請求があって初めて期限の利益を喪失するという文言にする。

　借主としては、一定の事象が生じた時点で当然に期限の利益を喪失するという規定の場合、突然債務全額について請求や法的手段を受けるというリスクを負うことになります。場合によっては、些細な契約条項違反を理由に期限の利益の喪失を主張され、突然訴訟を提起されるという事態も生じかねません。

　そこで、借主としては、期限の利益の喪失条項を契約書に定めるとしても、期限の利益を当然に（自動的に）喪失するのではなく、相手方の請求により喪失するという文言とすることにより、期限の利益喪失の場面を限定することが考えられます。これにより、少なくとも借主側は、貸主が期限の利益の喪

276

第7節　金銭消費貸借契約書

失について明確な意思表示をしない限りは、突然期限の利益を喪失したという主張を受けることはないという限度でリスクヘッジをすることができます。

☑**チェックポイント❸**：契約条項違反をしてしまった場合でも、是正の余地を残しておく。

　上記のような期限の利益喪失のリスクに鑑みますと、契約条項に違反することを理由とする期限の利益の喪失については、債務不履行が即時に期限の利益の喪失に繋がらないよう、相当期間を定めた催告によっても債務不履行を是正しない場合に限り、期限の利益喪失事由となる、という文言とすることが考えられます。これにより、借主としては、期限の利益の喪失という重大なリスクを、ある程度コントロールすることが可能となります。

5　公正証書の作成

　貸主としては、主債務者や連帯保証人の返済意思を明確にするため、また、金銭消費貸借契約書の成立の真正を争われるおそれを軽減すべく、締結した金銭消費貸借契約書と同一の内容の公正証書を作成することも考えられます。また、一定の要件を満たせば、強制執行手続を簡略化できる場合もあるので、公正証書を作成することを定める条項の追加も検討すべきでしょう。

🤝 **条項例**

第○条（公正証書の作成）
　1　乙及び丙は、本契約締結後○日以内に、本契約と同一の約定による公正
　　証書を作成することに同意し、甲に対して必要書類を提出するものとする。

277

第3章　契約書チェックポイント

◆貸主側◆
☑チェックポイント❶：執行認諾文言付の公正証書とすること。

【貸主側変更例】　　　　　　　　　　　　　　　　　　チェックポイント❶

> 第○条（公正証書の作成）
> 1　乙及び丙は、本契約締結後○日以内に、本契約と同一の約定による**❶執行認諾文言付**公正証書を作成することに同意し、甲に対して必要書類を提出するものとする。

☑チェックポイント❶：執行認諾文言付の公正証書とすること。

　借主が、弁済期限を経過しても返済せず、貸主の督促にもかかわらず連帯保証人ともども任意で支払を行わない場合などは、借主や連帯保証人の預貯金等の財産が見えている場合には、当該口座の差押えなどの強制執行を行うことが考えられます。しかしながら、強制執行手続には、債務名義（民事執行法第22条）が必要となるところ、金銭消費貸借契約書では債務名義になりませんので、債務名義の１つである確定判決（同条第１号）を取得するべく、借主あるいは連帯保証人に対して訴訟を提起する必要があります。ところが、執行認諾文言付公正証書は、確定判決と同じく債務名義となります（同条第５号。単なる公正証書では不可）ので、かかる執行認諾文言付公正証書を作成しておけば、訴訟提起を経ることなく、強制執行手続に進むことが可能となります。そのため、貸主としては、公正証書を作成する場合は、執行認諾文言付公正証書としておくべきでしょう。

金銭消費貸借契約書サンプル

　貸主株式会社○○（以下「甲」という。）と借主株式会社△△（以下「乙」という。）と連帯保証人△△（以下「丙」という。）とは、本日、次のとおり金銭消費貸借契約（以下「本契約」という。）を締結する。

278

第7節　金銭消費貸借契約書

第1条（消費貸借）

甲は、○年○月○日、金○○万円を下記の乙名義の銀行口座に振り込んで貸し渡し、乙はこれを借り受けた。

記

○○銀行　　　　　　　　　○○支店

普通　　　　　　　　　　　○○○○○

株式会社△△　代表取締役△△

以上

第2条（借入条件）

1　本契約に基づく借入条件は以下のとおりとする。

(1)　弁済期限　　　　　　　○年○月○日

(2)　利息　　　　　　　　　年○パーセント（年365日の日割計算）

(3)　利息支払時期　　　　　弁済期に元金と併せて支払う。

(4)　遅延損害金　　　　　　年○パーセント（年365日の日割計算）

2　乙は、甲に対し、前項第1号記載の弁済期限に、前条の金額及び前項第2号の利息金を送金して弁済する。

第3条（連帯保証）

1　丙は、乙が本契約に基づいて負担する甲に対する一切の債務について連帯して保証する。

2　乙及び丙は、民法第465条の10に定められた事項について適切な情報提供が行われたことを確認する。

第4条（期限の利益の喪失）

乙又は丙について次の各号の事由が一つでも生じた場合には、乙及び丙は当然に期限の利益を失い、直ちに甲に対し、元利金とこれに対する期限の利益喪失日の翌日から完済までの遅延損害金を一括して支払う。

(1)　本契約又は個別契約の各条項に違反したとき

(2)　破産手続開始、民事再生手続開始、会社更生手続開始の申立て若しくは特別清算開始の申立てがあったとき

(3)　自己の財産に対し差押え、仮差押え、仮処分がなされたとき

279

第3章　契約書チェックポイント

(4)　公租公課の滞納処分を受けたとき

(5)　自ら振り出し又は引き受けた手形・小切手について、一度でも不渡処分を受けたとき

(6)　監督官庁より事業停止又は事業免許若しくは事業登録の取消処分を受けたとき

(7)　資本減少、重要な事業の譲渡、事業の廃止若しくは変更又は解散（合併による場合を除く。）の決議をしたとき

第5条（届出義務）

　乙及び丙は、次の事項について、当該事項発生後直ちに甲に対し文書で通知しなければならない。

(1)　本店所在地、住所の移転

(2)　業種の変更、勤務先、職業の変更

第6条（反社会的勢力の排除）

1　乙及び丙は、それぞれ甲に対し、本契約締結時において、自ら（法人の場合は、代表者、役員又は実質的に経営を支配する者）が暴力団、暴力団員、暴力団関係企業、総会屋、社会運動標ぼうゴロ又は特殊知能暴力集団その他反社会的勢力に該当しないことを表明し、かつ将来にわたっても該当しないことを確約する。

2　乙又は丙のいずれかが前項の確約に反する事実が判明したとき、甲は、何らの催告もせずして本契約を解除することができ、乙及び丙は、弁済期の定めにかかわらず直ちに連帯して全額の弁済を行わなければならない。

3　前項の規定により、本契約を解除した場合には、甲はこれによる乙及び丙の損害を賠償する責を負わない。

4　第2項の規定により、本契約を解除した場合であっても、甲から乙及び丙に対する損害賠償請求を妨げない。

5　乙又は丙の一方が第1項の確約に反する事実が判明したとき、乙及び丙は、甲に対して本契約において負担する一切の債務につき当然に期限の利益を喪失するものとし、債務の全てを直ちに甲に弁済しなければならない。

第7節　金銭消費貸借契約書

第7条（公正証書の作成）
1　乙及び丙は、本契約締結後○日以内に、本契約と同一の約定による執行認諾文言付公正証書を作成することに同意し、甲に対して必要書類を提出するものとする。
2　前項の公正証書作成に要する費用は乙の負担とする。

第8条（費用負担）
　本契約締結に要する印紙その他費用は乙の負担とする。

第9条（管轄）
　甲乙及び丙は、本契約に関する一切の紛争について、○○地方裁判所を第一審の専属的合意管轄裁判所とすることに合意する。

　本契約の成立を証するため、本書3通を作成し、甲乙丙が記名ないし署名押印のうえ、各自その1通を所持する。

（日付、記名押印）

第3章　契約書チェックポイント

●第 8 節● 秘密保持契約書

　相手方との取引の可否を検討するため、あるいは実際に取引を行うに際して、当事者間で自社が保有する秘密情報を開示する場合があります。当該秘密情報について、開示を受けた側（被開示側）が承諾なく第三者に開示・漏洩したり、本来の目的とは異なる利用方法での利用を行ってしまうと、開示した側（開示側）に重大な損害が生じる可能性があります。そのような事態を防ぐために、秘密保持契約書を締結することによって開示した秘密情報の保護を目指すことになります。なお、このように秘密保持のみで契約書を作る以外にも、取引契約書の中に秘密保持に関する条項が設けられる場合もあります。秘密情報の保護のための契約書であるという性質上、開示した側としては秘密情報を厳密に守ってもらえるように厳格な内容としたいと思う反面、開示を受けた側としては不当に秘密の範囲が広くならないようにした上で、義務が厳しすぎないようにするという視点でチェックを行うべきです。

1　秘密情報の定義

　開示された情報が秘密情報に該当するか否かによって保護の対象となるか否かが異なることになります。そのため、開示される情報のうち何が秘密情報に該当するのかについての定義を明確に定めるべきです。

第8節　秘密保持契約書

条項例

第○条（秘密情報）
　本契約において「秘密情報」とは、本検討に際して開示当事者が受領当事者に対して開示した営業上・技術上の情報をいう。

◆開示側・開示を受ける側共通◆
☑**チェックポイント❶**：開示を受ける側に立つか開示する側に立つかを確認する。

◆開示側◆
☑**チェックポイント❷**：秘密情報の範囲を広く規定する。

◆開示を受ける側◆
☑**チェックポイント❸**：秘密情報の範囲を限定し、明確にする。
☑**チェックポイント❹**：秘密情報に該当しない例外を規定する。

【開示側変更例】　　　　　　　　　　　　　　　**チェックポイント❶❷**

第○条（秘密情報）
　本契約において「秘密情報」とは、本検討に際して開示当事者が受領当事者に対して開示した営業上・技術上**❷その他の一切の**情報をいう。ただし、文書その他の媒体（電磁的又は電子的な情報を記録した媒体を含むが、これに限られない。）を問わないものとする。

【開示を受ける側変更例】　　　　　　　　　　　**チェックポイント❶❸❹**

第○条（秘密情報）
1　本契約において「秘密情報」とは、本検討に際して開示当事者が受領当事者に対して開示した情報のうち、次の各号の情報をいう。
⑴　開示当事者より文書、電子データその他の方法により受領当事者に開示された開示当事者の営業上、技術上の情報であって、**❸当該情報が記録された媒体に「秘密」「㊙」「Confidential」その他秘密である旨を示す表示がなされたもの**。

283

> (2) 開示当事者より口頭にて受領当事者に開示された開示当事者の営業上、技術上の情報であって、❸**開示後7日以内に書面にて情報の範囲を特定して秘密である旨の通知が開示当事者よりなされたもの。**
> 2　前項にかかわらず、❹**次の各号の一に該当する情報は、秘密情報から除外する。**
> (1) 開示された時点で既に公知となっていた情報。
> (2) 開示後、受領当事者の責めに帰すべき事由によらず公知となった情報。
> (3) 正当な権限を有する第三者から適法に入手した情報。
> (4) 受領当事者が秘密情報を利用せずに独自に開発した情報。
> (5) 法令に基づき開示を強制された情報。

解　説

☑**チェックポイント❶**：開示を受ける側に立つか開示する側に立つかを確認する。

　条項例のように双方の義務として規定されているケースもあれば、一方当事者の義務のみを定めているようなケースもあります。双方の義務として規定されている場合であっても、自らが開示をすることが多いのか、それとも開示を受けることが多いのかを確認することが必要です。

　情報を開示する立場にある場合には、秘密保持の対象となる情報の範囲をできるだけ広く規定することになります。

　これに対し、情報の開示を受ける立場にある場合は、開示された情報を誠実に管理すべきことはもちろんですが、情報が漏洩した場合のリスクを契約書上いかに回避するかを考えておく必要があります。もっとも、あからさまなリスクヘッジ条項を設けることは、開示を受ける側としての誠実性を疑われかねませんので、必要最小限の規定のみを置くとともに、義務の範囲が狭くなるよう文言上の工夫を行うべきです。

　なお、当事者が相互に情報を開示する場合は、秘密保持条項は双方に平等に適用されるように規定する必要があります。

☑**チェックポイント❷**：秘密情報の範囲を広く規定する。

第8節　秘密保持契約書

　開示する側としては、ノウハウを含めて開示した情報の一切が含まれるように規定することで、漏れのないようにすることもできますし、秘密情報に該当しないために保護の対象でないとの主張を避けることができます。

　もっとも、必要な情報もそうでない情報も全て同様に取り扱われてしまった結果、かえって必要なレベルの情報管理がなされないという事態も招きかねません。

　そのため、開示する側としても一概に広くするのではなく、【開示を受ける側変更例】のように、「秘密」等と表示したものに限定した上で秘密の範囲を敢えて限定するという場合もあります。こちらは開示する情報が秘密情報として特定しやすいものか否か、運用上「秘密」と表示して開示することが可能か否かなどの点も含めて検討することになります。

☑**チェックポイント❸**：秘密情報の範囲を限定し、明確にする。

　開示を受ける側としては、契約できるかの検討や契約を進めるに際して開示される情報の全てを秘密情報として扱われる場合には、対象となる情報の範囲も不明確となりますし、秘密情報の保護の徹底を行うのも難しくなるため、その範囲を限定したり、少なくとも秘密か否かを明確に区別できるような条項に変更したいところです。

　そこで、「秘密」などと明示された情報のみを秘密情報として取り扱うようにすることによって範囲の限定ないし区別を明確にすることを提案することになります。

☑**チェックポイント❹**：秘密情報に該当しない例外を規定する。

　開示を受ける側としては、秘密情報に該当し得るものであっても、既に一般的に知られている情報や自身に帰責性なく知られるようになった情報、開示側からの開示に関係なく第三者から入手した正当な情報や独自に入手した情報について責任を問われるのは避けたいところです。また、裁判所や警察、監督官庁などから法令に基づいて開示を義務付けられた場合についても同様です。

　そのため、これらを適用除外とすることによって、自身に落ち度のない情報の開示については責任追及されないように例外を定めるべきです。

285

第3章　契約書チェックポイント

2　秘密保持義務の内容

　秘密情報を保護するために、開示を受ける側にどのような義務が課されるかにつき規定されます。開示者としては従業員への開示の場合も含めて厳密な管理を希望したいところですし、開示を受ける側としては、一定の条件の下でアドバイザーや第三者への開示についても認めてもらえるように定めたいところです。

条項例

第○条（受領当事者の秘密保持義務）
　受領当事者は、受領した秘密情報に関する秘密を保持するものとし、開示当事者の事前の書面による承諾なく、本検討以外の目的に使用し、又は第三者に開示、漏洩してはならない。

◆開示側◆
☑**チェックポイント❶**：関与する役員や従業員以外への開示の禁止や開示を受ける役員や従業員から誓約書を取得することを義務として定める。
☑**チェックポイント❷**：開示される側に対して、義務の履行のための保護手段を設けるように定める。

◆開示を受ける側◆
☑**チェックポイント❸**：自社の関係者に加え、依頼するアドバイザーへの開示についての例外を定める。
☑**チェックポイント❹**：公的機関からの開示の要求に対して応じることが出来るように例外を定める。

286

第 8 節　秘密保持契約書

【開示側変更例】　　　　　　　　　　　　　チェックポイント❶❷

第○条（受領当事者の秘密保持義務）
1　受領当事者は、受領した秘密情報に関する秘密を保持するものとし、開示当事者の事前の書面による承諾なく、本検討以外の目的に使用し、又は第三者に開示、漏洩してはならない。
2　**❶受領当事者は、秘密情報を、本検討に関与する自己の役員、従業員以外の者に利用させてはならない。また、受領当事者は、本検討に関与する自己の役員及び従業員から、事前に本契約と同等以上の義務を定めた秘密保持に関する誓約書を提出させるものとする。**
3　**❷受領当事者は前各号の義務を履行するため、秘密情報につき開示当事者が承認する必要かつ相当な保護手段を講じなければならない。**

【開示を受ける側変更例】　　　　　　　　　チェックポイント❸❹

第○条（受領当事者の秘密保持義務）
1　受領当事者は、受領した秘密情報に関する秘密を保持するものとし、開示当事者の事前の書面による承諾なく、本検討以外の目的に使用し、又は第三者に開示、漏洩してはならない。
2　**❸受領当事者は本検討のために必要な範囲のみにおいて、受領当事者の役員及び従業員、並びに本検討に関して受領当事者が依頼する弁護士、公認会計士、税理士、コンサルティングその他のアドバイザーに対して、秘密を開示することが出来るものとする。ただし、法律上の守秘義務を負う者でない者に開示を行う場合には、本契約と同様の内容の秘密保持に関する誓約書を提出させるものとする。**
3　**❹第 1 項の規定にかかわらず、受領当事者は、法令または裁判所、監督官庁その他の公的機関の命令等に従い必要な範囲において秘密情報を公表し、または開示することができる。ただし、受領当事者は、かかる公表又は開示を行った場合には、遅滞なく開示当事者に対して通知するものとする。**

287

解　説

☑チェックポイント❶：関与する役員や従業員以外への開示の禁止や開示を受ける役員や従業員から誓約書を取得することを義務として定める。

　秘密情報を用いて取引に関する検討や契約を進める場合には、開示された側としては自社の役員や従業員にてこれを取り扱わせることが通常です。仮にこれらの者が漏洩等を行った場合には、開示を受けた側が会社として秘密保持義務違反の責任を負うことになりますが、開示側としては漏洩後に多大なる損害が生じる可能性もあり、損害賠償では補填されない事態となる場合も想定されます。

　そこで開示側としては、そのような事態になること自体を防ぐために、役員や従業員という個人のレベルにおいても可能な限りリスクを減らすような措置を求めることが重要です。

　その1つの方法として、関係のない役員や従業員に対する開示を行わないように求めたり、関与する役員や従業員に対して開示する場合であっても、誓約書を取得することによってこれらの役員等からの漏洩を可能な限り防ぐための対応が考えられます。開示側の変更例においては、本契約書と同等以上の義務を定めることを求めています。

☑チェックポイント❷：開示される側に対して、義務の履行のための保護手段を設けるように定める。

　こちらも秘密情報の漏洩という事態を予防するための手段として、開示される側に保護手段を設けるように求めるものです。

　当該保護手段については、講じるべき手段の水準に関して当事者間で齟齬が生じる可能性があり、開示側として求めている水準とかけ離れた低い水準の内容の保護手段を講じることで、よしとされてしまうという懸念もあります。

　そこで、開示側が承認する内容の保護手段を設けることを要求しています。

　なお、開示側が必要性や合理性のないものまで求める可能性があるのではないかという懸念が開示される側から出されないように、「必要かつ相当な」

第8節　秘密保持契約書

という限定は加えています。開示側としては、開示される側の秘密に関する管理体制がどのようなものかについては開示の前に確認することが重要です。

☑**チェックポイント❸**：自社の関係者に加え、依頼するアドバイザーへの開示についての例外を定める。

　取引に関する検討や契約を進める場合あるいは契約に関する紛争が生じた場合には、自社だけで検討することには限界があり、外部のコンサルタントや士業への開示をした上で、アドバイスを求めることも想定されます。

　これらの者は開示側および開示される側から見ても第三者となりますので、秘密保持義務違反と言われないためにも、これらの者に対する開示は例外的に認められるようにすべきです。

　ただし、弁護士、公認会計士および税理士等のいわゆる士業については、法律上の守秘義務が課されていますので、法令による漏洩の抑止が期待できますが、このような制約のないアドバイザーについては防止のための対応を別途定めて欲しいと開示側から要望が出されてもやむを得ないものと言えます。そのため、誓約書を取得することを条件として開示側の納得を得られるようにすることが考えられます。

☑**チェックポイント❹**：公的機関からの開示の要求に対して応じることが出来るように例外を定める。

　公的機関から法律上の根拠に基づいて開示の要求が行われた場合には、開示を受けた側としても公表や開示に応じざるを得ないと思いますので、実際に開示を受けた場合の秘密保持義務の例外として開示可能であることは定めておくべきです。

　ただし、開示側としても知らないうちに公表や開示が行われているという事態は避けたいところですので、遅滞なく公表等の事実を通知するものとして納得が得られるようにしています。

　また、開示側からは、事後的な通知ではなく、公的機関から要求が来た場合には開示する前に事前に通知した上で、開示する範囲や方法について事前協議した上でそれに従って対応すべきという内容にして欲しいと言われるケースもあります。

289

第3章　契約書チェックポイント

3　複写及び複製

　複写や複製された情報が漏洩されても同様に開示側に大きな損害が生じる可能性があります。そのため、これらについても秘密情報の対象とした上で、漏洩しないようにするための対応を定めるべきです。

条項例

第○条（複写及び複製）
　受領当事者は、開示当事者の事前の承諾がない限り、秘密情報を複写又は複製（書類又は電磁的記録等を含めて媒体及び方法を問わない。）しないものとする。

◆開示を受ける側◆
☑**チェックポイント❶**：必要な範囲で複写や複製を行えるようにする。
◆開示側◆
☑**チェックポイント❷**：複写または複製を認める場合であっても最低限のものに留めた上で報告を求めるようにする。
☑**チェックポイント❸**：複写または複製した情報についても秘密情報として秘密保持の対象とすることを規定し、契約終了後の返還または破棄の対象とする。

【開示を受ける側変更例】　　　　　　　　　　　　　　　**チェックポイント❶**

第○条（複写又は複製）
　受領当事者は、**❶本検討に必要な範囲で秘密情報を複写又は複製（書類又は電磁的記録等を含めて媒体及び方法を問わない。）できるものとする。**

290

【開示側変更例】　　　　　　　　　　　　　　　チェックポイント❷❸

> 第○条（複写又は複製）
>   1　受領当事者は、**❷本検討において必要最小限の範囲で秘密情報を複写又は複製（書類又は電磁的記録等を含めて媒体及び方法を問わない。）できるものとする。ただし、複写又は複製後は直ちに開示当事者に対して報告を行うものとする。**
>   2　受領当事者は、**❸複写又は複製されたものについては秘密情報として扱うものとし、これらについても秘密保持の対象として本契約に定める義務を負うものとする。また、受領当事者は、本契約終了後、複写又は複製されたものについても第○条（契約終了後の返還又は破棄）の対象として同条に従って処理するものとする。**

 解　説

☑**チェックポイント❶**：必要な範囲で複写や複製を行えるようにする。

　秘密情報をもとに複数のメンバーでチームを組んで検討したり、決裁者に対して決裁を求める場合には、これらの者に渡すために複写または複製を行うことが必要な場合も想定されます。このような場合に、常に開示側から事前の承諾を取得していたのでは、スムーズな検討が阻害される可能性もあります。

　そこで、開示を受ける側としては、徒に行うわけではなく、「必要な範囲」においては複写または複製を行うことを認めて欲しいとして変更を依頼することになります。

☑**チェックポイント❷**：複写または複製を認める場合であっても最低限のものに留めた上で報告を求めるようにする。

　開示側としては、事前の承諾を要するものにすることが一番有利ですが、仮にこれが規定できないとしても、複写または複製を行う際には「必要最小限の範囲」にて行うことを要求した上で、これを確認・担保するためにも事後的な報告を行うように規定すべきです。なお、**チェックポイント❶**の「必要な範囲」よりも本チェックポイントの「必要最小限の範囲」の方が複製等

第3章　契約書チェックポイント

ができる場合を限定した表現です。

　開示側としては、開示された側が恣意的な運用を行わないようにするため、このような報告を充実させることを目指すべきです。具体的には、複製した情報、媒体、個数およびその受領者についても報告することを定める規定を設けるとよいでしょう。

☑**チェックポイント❸**：複写または複製した情報についても秘密情報として秘密保持の対象とすることを規定し、契約終了後の返還または破棄の対象とする。

　複写または複製したものについても秘密情報としての価値や漏洩リスクは同様にありますので、開示側としては、開示された側が複写または複製したものについても秘密情報の1つとして厳格に扱うことを求めるべきです。そのため、これらについても本契約上の義務の対象となることを確認する条項を定めることになります。これによって、複写または複製されたものが漏洩された場合も責任追及の対象となることは明確になりますし、開示された側に対して複写や複製したものであっても厳格に取り扱うべきであることの意識づけを行うことも可能になります。

　また、契約終了時には複写または複製されたものについても返還ないし破棄の対象とすることを確認する条項を設けるべきです。

4　損害賠償等

　万が一、開示された側が秘密保持義務に反して秘密情報を漏洩してしまい、または、第三者に秘密情報を開示してしまった場合等に備えて、損害賠償に関する条項を求めるべきです。その際開示側としては、損害額の立証を容易にするための条項を設けるべきです。

第8節　秘密保持契約書

🤝 条項例

> 第○条（損害賠償）
> 　受領当事者が、本契約に違反したことによって開示当事者に損害が生じた場合には、その損害を賠償するものとする。

◆開示側◆
☑**チェックポイント❶**：損害には弁護士費用も含まれることを規定すること。
☑**チェックポイント❷**：損害の立証を軽減するために具体的な賠償額（最低額）をあらかじめ規定すること。
☑**チェックポイント❸**：賠償以外の被害回復のための措置を求めることができるようにすること。

◆開示を受ける側◆
☑**チェックポイント❹**：損害の範囲を制限すること。

【開示側変更例】　　　　　　　　　　　　　チェックポイント❶❷❸

> 第○条（損害賠償<u>等</u>）
> 　1　受領当事者が、本契約に違反したことによって開示当事者に損害が生じた場合には、その損害❶**（合理的な範囲の弁護士費用を含む。）**を賠償するものとする。
> 　2　**❷受領当事者が支払うべき損害賠償額は、受領当事者がこれを下回ることを証明した場合を除いて金○○円を下限とし、開示当事者がこれを上回る損害が現実に発生したことを証明したときは、その金額とする。**
> 　3　**❸開示当事者は、第1項の損害賠償に加えて、受領当事者の責任と負担において、謝罪広告等被害回復のために必要な措置を講じることを請求することができるものとする。**

293

第3章 契約書チェックポイント

【開示を受ける側変更例】　　　　　　　　　　　　　　チェックポイント❹

> 第○条（損害賠償）
> 1　受領当事者が、本契約に違反したことによって開示当事者に損害が生じた場合には、その損害を賠償するものとする。
> 2　**❹前項に基づいて賠償すべき損害は、直接かつ現実に生じたものに限るものとし、その上限額は、両当事者における直近1年間の取引額を上限とする。**

解　説

☑**チェックポイント❶**：損害には弁護士費用も含まれることを規定すること。

　本契約に違反したこと（債務不履行）を理由に損害賠償を行う場合、損害の中に弁護士費用が含まれることについて定めていなければ損害としては認められず、その費用も請求できないことになります。

　秘密情報の漏洩が行われた上に開示側にて弁護士費用も負担しなければならないとすれば、公平性を害する場合もあるため、開示側としては弁護士費用が含まれることを明記することを目指すべきです。

　他方、開示を受ける側からは、無制限に費用を負担させられることを懸念する旨の反論があり得るため、「合理的な範囲の」という限定を加えることで、これを承諾してもらうことを想定しています。

☑**チェックポイント❷**：損害の立証を軽減するために具体的な賠償額（最低額）をあらかじめ規定すること。

　秘密情報の漏洩が生じた場合において、実際に開示した側に生じた損害の内容や金額の算定が困難な場合が多く、また、損害を立証することも困難な場合が多いことから、損害賠償条項を設けていたとしても実際には機能しないことが想定されます。

　そこで、漏洩した側で反対の立証がない限りは、一定額の損害が開示側に生じたものとみなして賠償請求ができるように予め取り決めておくことが重要です。

最低額をいくらにするのかについては、開示する秘密情報の内容や規模を考慮し、その情報の価値や漏洩された場合に生じる損害のリスクを判断して決めることになりますが（当然相手方がどこまでであれば応じるかという問題もあります。）、想定しきれなかった損害が生じることもあるため、開示側でそれを超える損害が生じたことを立証できた場合には、その金額を賠償すべきという例外を設けることも重要です。

☑**チェックポイント❸**：賠償以外の被害回復のための措置を求めることができるようにすること。

秘密情報が漏洩された場合には、損害賠償では不十分であり、たとえば、開示側の顧客情報や個人情報が漏洩した場合には、謝罪広告等の被害を回復するための措置が必要になる場合もあります。

そのような措置のための費用は高額になることから、漏洩等をした側の責任と負担においてそのような措置を行う義務を課すべきことを定めた規定です。

☑**チェックポイント❹**：損害の範囲を制限すること。

開示を受ける側としては、開示側とは反対に、賠償すべき損害の範囲を限定するように交渉することになります。

具体的には、損害の中には弁護士費用は含まれないものとし、賠償すべき範囲も開示側が立証した直接かつ現実に生じた損害に限定することで、拡大損害にまで賠償範囲が及ばないようにすることが考えられます。

また、賠償額の上限を一定期間の取引額に限定することで、それ以上のリスクが生じないようにフォローすることも検討すべきです。

5 　有効期間及び義務の存続期間

開示側としては契約が終了した後でも秘密保持を求めたいところですが、開示される側としては契約終了後であるにも拘わらずいつまでも秘密保持義務によって拘束されることは抵抗があるかと思います。このよ

うにそれぞれの意向が異なることによってトラブルとならないためにも、契約終了後の秘密保持義務の取扱いについては本契約の中に規定すべきです。

 条項例

> 第○条（有効期間）
>   本契約の有効期間は、本契約締結日より2年間とする。ただし、期間満了の3か月前までに当事者双方より本契約を終了する旨の通知がない場合、1年間契約が更新されるものとし、以降も同様とする。

◆開示側◆
☑チェックポイント❶：取引に関する基本契約が継続中は秘密保持契約も存続することを定める。
☑チェックポイント❷：契約終了後も秘密保持義務が存続することを定める。

◆開示を受ける側◆
☑チェックポイント❸：契約終了後にいつまでも秘密保持義務を負わないために一定期間の制限を設ける。

【開示側変更例】　　　　　　　　　　　　　　　　チェックポイント❶❷

> 第○条（有効期間等）
> 1　本契約の有効期間は、本契約締結日より2年間とする。ただし、期間満了の3か月前までに当事者双方より本契約を終了する旨の通知がない場合、1年間契約が更新されるものとし、以降も同様とする。
> 2　**❶前項にかかわらず、本契約に基づいて開示された秘密情報を前提として締結された当事者間の取引契約が有効な期間においては、本契約も効力を失わないものとする。**
> 3　**❷第○条（受領当事者の秘密保持義務）及び第○条（損害賠償等）に定める義務は、本契約終了後も引き続き効力を有するものとする。**

第8節　秘密保持契約書

【開示を受ける側変更例】　　　　　　　　　　　　　　チェックポイント❸

> 第○条（有効期間等）
> 1　本契約の有効期間は、本契約締結日より2年間とする。ただし、期間満了の3か月前までに当事者双方より本契約を終了する旨の通知がない場合、1年間契約が更新されるものとし、以降も同様とする。
> 2　第○条（受領当事者の秘密保持義務）及び第○条（損害賠償等）に定める義務は、本契約終了後❸**2年間に限り**効力を有するものとする。

解　説

☑**チェックポイント❶**：取引に関する基本契約が継続中は秘密保持契約も存続することを定める。

　秘密情報に基づいて取引を行うことを決めたり、また取引継続中に継続的に秘密情報の開示が行われる場合には、取引が継続しているにもかかわらず秘密保持義務が終了してしまうことを防ぐ必要があります。これは自動更新の条項を設けていても一方当事者が更新拒絶を行える内容とするものが一般的であることから、この更新拒絶によって秘密保持の契約が終了してしまうリスクがあります。

　そのため、開示側としては、秘密保持の契約の有効期間にかかわらず、取引継続中は本契約も有効となることを規定すべきです。

☑**チェックポイント❷**：契約終了後も秘密保持義務が存続することを定める。

　開示側としては、本契約が終了した後であっても秘密保持義務等の重要な義務については存続する旨の規定を設けるべきです。変更例では特に期間を設けていないことから、特に期間の限定なく義務が存続するようにしています。

☑**チェックポイント❸**：契約終了後にいつまでも秘密保持義務を負わないために一定期間の制限を設ける。

　開示を受ける側としては、本契約終了後にも義務が存続することは受け入れざるを得ないとしても、それが続く期間については制限を設けたいところ

297

第3章 契約書チェックポイント

です。

そのため変更例では2年間に限って効力が存続する旨の制限を設けています。

これを何年とするかについては開示側との交渉となりますが、秘密情報がどの程度の期間に亘って価値が存続するか（どの程度で情報の陳腐化が生じるか）などを踏まえて交渉することになります。

秘密保持契約書サンプル

　株式会社○○（以下「甲」という。）と株式会社△△（以下「乙」という。）は、下記のとおり秘密保持契約（以下「本契約」という。）を締結する。

第1条（目的）
　甲及び乙は、本契約に定めるとおり××を目的として開示された「秘密情報」を保管・管理する。

第2条（定義）
　1　本契約における「秘密情報」とは媒体の形式を問わず、秘密情報と明示し開示する情報をいう。
　2　「秘密情報」である旨を明示する方法としては、文書・書面・電子媒体などの有体物の場合には、当該有体物に「秘密」・「極秘」等の秘密表示を付し、有体物以外である場合には、甲及び乙は情報の開示に際し、秘密情報である旨を明確に相手方に伝え、その後速やかに当該秘密情報の内容・提供日・提供場所等を特定した書面を相手方に交付する。
　3　前二項の規定にかかわらず、以下の各号に該当する情報は「秘密情報」に含まれないものとする。
　　①相手側より開示を受けた時点で、既に保有していた情報
　　②正当な手段により、第三者から秘密保持義務を負うことなく取得した情報
　　③公知の情報若しくは開示を受けた相手方の責めに帰すべき事由によらず公知となった情報

298

④秘密情報によらずに独自に開発した情報

第3条（秘密保持義務）
1　甲及び乙は、「秘密情報」について善良なる管理者の注意をもって管理・保持する義務を負うものとし、相手方の書面による承諾なくして第三者に開示しないものとする。
2　甲及び乙は、「秘密情報」を、当該秘密情報を知る必要のある自らの従業員及び役員に限り開示するものとし、当該従業員及び役員に対し、本契約における甲及び乙の負担する義務と同等の義務を負担させる。
3　甲又は乙が、裁判所又は政府機関の命令により「秘密情報」を開示する場合には、前二項の規定は適用しない。ただし、甲又は乙が、裁判所又は政府機関の命令を受けた場合には、○日以内に相手方に対してその旨を通知するものとする。

第4条（使用目的）
　甲及び乙は「秘密情報」を第1条の目的としてのみ使用する。

第5条（複製・複写）
　受領当事者は、開示当事者の事前の承諾がない限り、秘密情報を複写又は複製（書類又は電磁的記録等を含めて媒体及び方法を問わない。）しないものとする。

第6条（秘密情報の返却）
　本契約が終了した場合又は開示者から要求を受けた場合、相手方は、受領した「秘密情報」にかかる情報媒体又は物品及びそれらの複製品等を直ちに返却又は開示者の指示に従い廃棄するものとする。

第7条（秘密情報の帰属）
　甲又は乙から開示されたすべての「秘密情報」は、各開示者に帰属するものとし、「秘密情報」の開示を受けることにより、特許権、商標権、著作権その他いかなる知的財産権も譲渡されるものではなく、また、使用許諾その他いかなる権限も与えられるものではない。

299

第3章　契約書チェックポイント

第8条（損害賠償）
　甲及び乙は、相手方が本契約に定める秘密保持義務に違反して「秘密情報」を漏洩した場合、その違反行為の差止め及び原状回復の請求、及び弁護士費用を含む損害賠償の請求をすることができる。

第9条（有効期限）
　本契約の有効期間は、本契約締結日より2年間とする。ただし、期間満了の3か月前までに当事者双方より本契約を終了する旨の通知がない場合、1年間契約が更新されるものとし、以降も同様とする。

第10条（準拠法）
　本契約の有効性、解釈及び履行については、日本法に従って解釈されるものとする。

第11条（合意管轄）
　本契約に関する紛争は、○○地方裁判所を第一審の専属的合意管轄裁判所とする。

　本契約締結の証として、本書2通を作成し、甲乙記名押印の上、各自1通を保有する。

　（日付、記名押印）

●第9節● 共同研究開発契約書

　共同研究開発とは、ある製品や技術を開発するために複数の企業等が共同して研究開発を行うことです。

　研究開発のために必要な技術を自己が有していない場合に、その技術を有する他社と共同で研究を行う場合や技術を有しているが共同で開発を行うことでより早く開発できるようにする場合などがあります。

　一方で契約に際して必要な事項を十分に定めていない場合には、研究開発の成果の帰属や成果の利用を巡って対立が生じ、当初の目的通りの使用ができないという事態にもなりかねません。

　そのようなリスクを最小限にし、新製品および新技術の開発を行うことによるメリットを活かすためには、共同研究開発につき適切な契約を締結することが重要です。

1 共同研究開発の業務分担

　共同研究の目的・内容・役割分担等を明確に規定することは重要です。内容が大部になる場合は、別紙の形式でまとめても良いでしょう。目的が達成できなかった場合の対応や責任の所在を判断する際には、各当事者において研究目的・内容・役割分担に関する事前合意があり、そこに違反がなかったかという観点から判断されることになりますので、可能な限り明確に規定しておくことが重要です。

第3章　契約書チェックポイント

条項例

> 第○条　（業務の分担）
> 　本契約において甲は○○の業務を行い、乙は○○の業務を行うものとする。

◆共通◆
☑チェックポイント❶：それぞれの担当業務について詳細に記載する。
☑チェックポイント❷：担当業務として明記したもの以外の業務が生じた場合の分担を定める。
☑チェックポイント❸：自己の分担業務を第三者に委託する事の可否および委託を認める際の第三者の責任について記載する。

【共通変更例】　　　　　　　　　　　　　　　　チェックポイント❶❷❸

> 第○条　（業務の分担）
> 　1　本契約において❶**甲は①○○、②○○、③○○の業務を行い、乙は④○○、⑤○○、⑥○○の業務**を行うものとする。
> 　2　甲及び乙は本契約に関し、❷**前項で定める業務以外の業務が必要となった場合にはその業務の分担について別途協議の上決定**するものとする。
> 　3　甲又は乙は、本契約において自己の分担業務の全部または一部を❸**委託する場合**、事前に相手方の書面による同意を得るものとする。ただし、同意を得て委託する場合、委託する第三者についても本契約において❸**当事者が負う義務と同一の義務**を負わせるものとする。

解　説

☑チェックポイント❶：担当業務について詳細に記載する。
　業務の分担においては、研究開発の成果を生み出すために必要な作業についてそれを両者に割り振ることになります。
　分担する業務につき記載がなければ業務が必要となる度にどちらが行うか協議することにもなり、非効率的であるため、当初の段階で可能な限り明確

第9節　共同研究開発契約書

に記載しておくべきです。

　また分担業務を記載することは、共同研究開発の成果が出なかった場合の責任の所在の判断や共同研究中の費用分担等に関する清算の要否の判断に影響する場合もあるため、可能な限り詳細に記載すべきです。

　契約書の中で書ききれない場合には、別紙をつけて詳細に記載することも検討して下さい。

☑チェックポイント❷：担当業務として明記したもの以外の業務が生じた場合の分担を定める。

　共同研究開発において当初の研究通りには進まない場合もあり、予期していなかった業務が生じることも往々にして存在します。

　そのような場面で自己がより多い業務量を負う事態を避けるため、もしくは上記のような責任の限定という観点から、契約時に記載していなかった業務については負いたくないと考える場合もありえます。

　変更例では、共同研究開発の歩調を乱さないことを重視し、誠実に協議を行った上でその業務の分担を定めることができるように、追加の業務が生じた場合には協議の上で決定するものとしております。

　その他の対応としては、「○○及びこれに関連する業務」として、相手方が行うべき業務に加えて「関連する業務」を追加したり、「ただし、共同研究開発の目的を達成するために必要な業務が追加で生じた場合には○にて行うものとする。」として、追加業務を相手方に行ってもらうように規定する方法があります。後者については、主に相手方にて業務を担当するような契約の場合には提案しやすいものと思います。

☑チェックポイント❸：自己の分担業務を第三者に委託する事の可否および委託を認める際の第三者の責任について記載する。

　自社が行うべき分担業務について、自社が行うことのできない作業や工程がある場合、あるいは、コストの面で第三者に行わせることが合理的な場合があります。

　このように一切の委託を禁止することはかえって効率的な共同研究を妨げることになりかねないため、相手方の書面による事前の同意を得た場合には委託を認める条項を入れることもあります。

303

第 3 章　契約書チェックポイント

　ただし、委託する際には第三者については契約当事者でないため本契約の効力が当然に及ぶわけではないことから再委託する者の責任において当該第三者に対しても本契約上の守秘義務等を負わせるべきでしょう。

2　研究開発の費用分担

　研究費用に関しての定めです。ここでは自らの研究分担に必要な費用を各自が負担するという内容としていますが、事案に応じてケースバイケースで定めることになります。
　特に、自己負担ではなく相手方に費用負担を求めることができる場合については、できる限り明確に定めるべきです。

条項例

> 第○条　（研究費用）
> 　甲及び乙は、自己の業務を遂行するにあたって必要な費用をそれぞれが負担する。

◆共通◆
☑**チェックポイント❶**：どのように共同研究の費用を分担するか基準を定める。
☑**チェックポイント❷**：どちらの業務に必要な費用か判然としない費用、当初想定できなかった追加費用等が生じた場合の規定を記載する。
☑**チェックポイント❸**：別段の合意を行うことで相手方に費用の分担を求められる規定を記載する。

304

【共通変更例】　　　　　　　　　　　　　　　　チェックポイント❶❷❸

> 第○条　（研究費用）
> 1　甲及び乙は、❶**自己の業務を遂行するにあたって必要な費用**をそれぞれが負担する。
> 2　甲及び乙は、❷**分担すべき当事者が不明な費用、本契約締結時に想定できなかった追加費用については、甲及び乙が誠実に協議を行った上で各自の負担を決める**ものとする。
> 3　甲及び乙は、書面による❸**別段の費用の合意**をした場合には、相手にその費用を請求することができる。

　解　説

☑チェックポイント❶：どのように共同研究の費用を分担するか基準を定める。

　研究開発を行うに際し、研究設備、原材料、機材等を購入するなど多くの費用が発生することとなりますが、発生した費用につきその都度どちらが負担するかを検討することは現実的ではありません。

　この点自己の負担する業務に関し必要な費用を負担する旨の規定は一定程度公平性があり採用されることが多いですので、変更例はそれに基づいています。

☑チェックポイント❷：どちらの業務に必要な費用か判然としない費用、当初定めていなかった費用等が生じた場合の規定を記載する。

　自分が行っている業務にかかる費用を分担する条項は一見すると公平ですが、双方が使用する機材の購入費用、予期しない費用が発生した場合の追加費用については、一方に全て負担させるのが公平でない場合もあります。そのような際に備え、協議の上で費用分担を行う条項を記載しておくべきです。

　追加費用に関し当事者間で紛争が生じ、共同研究開発が中断することのないためにもこのような規定を検討して下さい。

☑チェックポイント❸：別段の合意を行うことで相手方に費用の分担を求め

第3章　契約書チェックポイント

られる規定を記載する。

　基本的には上記の条項により費用分担につき規定されると考えられますが、共同研究開発を行う当事者間の関係や特殊な事情により原則的な負担割合とは異なる負担割合を設定するべき場合があります。

　たとえば、業務としては一方が行うが、その費用について資金が豊富な他方が支出するなど担当業務と費用分担を分けることを検討する場合、締結後に協議して決定せざるを得ない場合には変更例のように定めることになります。仮に、締結時に取り決めが可能な場合には、「第1項にかかわらず、別紙に記載の費用については同記載の通り負担する。」として予め規定することで事後的なトラブルを防げるものと思います。

3　公表制限

　研究成果の取扱いについて規定しております。特に、成果の公表を拙速に行うと、特許等の出願との関係で公知の水準を上げてしまい新規性を喪失させてしまうこともあり得ますので、意図せず相手方が公表してしまわないような配慮を行っておくべきです。

条項例

第○条（公表の制限）
　甲及び乙は、両者が共有する本契約の研究成果を公表しようとするときは、相手方の承諾を得るものとする。

◆共通◆
☑**チェックポイント❶**：承諾に際し、公表しようとする側が明らかにすべき
　　　　　　　　　　　　情報を明確に記載する。
☑**チェックポイント❷**：承諾があったことにつき記録が残るように規定す

☑チェックポイント❸：承諾を得たい旨の申出があった際の回答期限を定める。

【共通変更例】　　　　　　　　　　　　　　　　チェックポイント❶❷❸

> 第○条（公表の制限）
> 1　甲及び乙は、両者が共有する本契約の研究成果を公表しようとするときは、**❶その内容、時期及び方法につき**事前に相手方の**❷書面による**承諾を得るものとする。
> 2　甲及び乙は、相手方から公表についての承諾を求められた場合には、**❸申し出を受けた日から○営業日以内に**諾否及びその理由について書面により相手方に通知するものとする。

 解　説

☑チェックポイント❶：承諾に際し、公表しようとする側が明らかにすべき情報を明確に記載する。

　研究成果につき、どのような内容を、いつ、どのような方法で発表するかは共同研究開発を行う当事者としては重大な関心事と考えられます。
　冒頭でも述べた通り、一方当事者が研究成果の権利化前に公表を行ってしまえば特許等の出願との関係で新規性が失われる可能性があります。
　そのため、相手方には公表を行う場合には事前に承諾を得るように求めるべきかと思いますが、承諾するかを判断するためには判断に十分な情報が必要です。
　そのため公表を承諾する者にとってその判断要素となる公表する内容、時期、方法などについては開示する旨の規定にすることが望ましいでしょう。

☑チェックポイント❷：承諾があったことにつき記録が残るように規定する。

　承諾について、仮に口頭で承諾があった場合であっても、後に記録等が残らず公表後に相手方から承諾なく公表したと主張される可能性があります。

307

第3章 契約書チェックポイント

　この点について、後日承諾があったことが明らかとなるよう書面もしくはメール等後に残る手段をもって承諾を得ることは双方にとってメリットがあるものと思います。

☑**チェックポイント❸**：承諾を得たい旨の申出があった際の回答期限を定める。

　仮に契約の一方当事者が公表を行いたいと考え、相手方に内容、時期、方法を伝えたとした場合に、相手方が長期間にわたって諾否を明らかにしないという事態が考えられます。

　その場合、適切な発表時期に発表したいと考えた一方当事者にとっては、相手方の諾否が不明なまま期間が過ぎることになるため、適切な公表時期を逃す、もしくは不安定な状況に長期間置かれることになる可能性もあります。そこで、そのような事態を避けるためにも、回答期限を明確に定め、その期限までに回答を得られるようにすべきでしょう。

4　研究成果の帰属

　研究成果を含む知的財産権の帰属について定めています。共同研究の成果は持分均等の共有としていますが、費用負担に差をつけたような場合や、基礎となる技術を一方が提供するなど、成果に対する貢献度が異なる場合には、異なる持分比率を採用する場合もあります。第三者への実施許諾についても、共同研究の目的など事案に応じて定めることになります。

条項例

> 第○条　（研究成果）
> 　甲及び乙は、本研究の成果及び本研究開発に関する権利は甲と乙の共有とする。

◆共通◆
☑**チェックポイント❶**：それぞれの当事者の共有持分割合について記載する。
☑**チェックポイント❷**：共有する研究成果の利用について、相互に無償で使用できる旨記載する。
☑**チェックポイント❸**：研究成果を得た場合に相手方への通知および開示すること規定する。

【共通変更例】　　　　　　　　　　　　　　　　　チェックポイント❶❷❸

第○条　（研究成果）
1　甲及び乙は、本研究の成果及び本研究開発に関する権利は甲と乙の共有❶**（甲：乙＝○：○）** とする。
2　甲及び乙は、本研究の成果について、相手方の承諾を得ることなく、❷**無償で自ら実施若しくは使用することができるものとする。**
3　甲及び乙は、研究成果を得た場合は相手方当事者に❸**速やかにその旨を通知した上で、成果を開示する。**

解　説

☑**チェックポイント❶**：それぞれの当事者の共有持分割合について記載する。

　研究成果の帰属は、共同研究開発契約の最重要条項の1つです。よく見かけるものとしては、共同研究の成果につき公平な割合として、「持分均等」や「5：5」として定めるものがあります。
　この点につき、契約当事者の果たす業務の割合、契約の力関係などによりその帰属する割合が変動することが考えられますが、自己に不利益な割合になっていないかという点は注意深く検討して下さい。
　また、共有状態になった場合には、たとえば特許であれば、自己の持分の譲渡、特許の出願等が単独ではできないことになりますのでその点は注意が必要です。

第3章　契約書チェックポイント

自身にて権利の実施を予定しておらず自由にライセンスを行えないのであれば、自身が持ち分を有する意味が乏しい場合もあります。そのような場合には、相手方に対価を一括にて支払ってもらうことで、全ての権利を相手方に渡す場合もあります。一方にとって研究成果の公表自体が目的の場合にも同様の処理が考えられます。

☑**チェックポイント❷**：共有する研究成果の利用について、相互に無償で使用できる旨記載する。

　共有する研究成果についてどのように実施するかは契約書において記載するべきです。

　この点につき、成果が得られた後に協議するとの条項も見られますが、成果が生じた後より当初の段階で実施方法について決める方が合意に至りやすいのが実情です。

　実施の態様として、各当事者がそれぞれ実施する本件のような態様に加え、第三者に実施させる場合や一方当事者のみが実施する場合など種々の態様が考えられるため、どのような態様で成果を実施したいかは事前に検討の上で条項に反映すべきでしょう。

　少なくとも自己において無償で利用できるようにすることは重要です。

☑**チェックポイント❸**：研究成果を得た場合に、相手方への通知および開示することを規定する。

　共同で研究する以上、研究成果を得た場合には相手方に通知を行った上で、権利帰属や公表、その後の利用について協議する機会が設けられるべきです。

　そこで、一方が研究成果を得た場合には、その旨を通知した上で、当該研究成果を開示する義務を設けるべきです。

5　出願費用の分担

出願費用の負担割合についても、後日のトラブルを防止するために明

第9節　共同研究開発契約書

示しておくべきです。知的財産権は国内のみでなく国外に対しても出願することがあるため、調査や出願費用が多額になる場合もあり、負担についてトラブルとなるケースもあるためです。

 条項例

> 第○条　（出願費用）
> 　甲及び乙は、両者が共有する研究成果について、知的財産権の登録出願若しくは権利化を行う際に要する費用は、甲及び乙が均等に負担するものとする。

◆共通◆
☑チェックポイント❶：各自の共有持ち分に比例した費用分担を定める。
☑チェックポイント❷：外国で知的財産権を出願する際の規定を定める。

【共通変更例】　　　　　　　　　　　　　　　　　　　チェックポイント❶❷

> 1　甲及び乙は、両者が共有する研究成果について、知的財産権の登録出願もしくは権利化を行う際に要する費用は、**❶各自の有する共有持ち分に応じて分担**するものとする。
> 2　甲及び乙は、両者が共有する研究成果につき、**❷外国において知的財産権の出願を行う際は、出願に要する通訳費用、出張費用その他出願にかかる一切の費用の分担について誠実に協議する**。

 解　説

☑チェックポイント❶：各自の共有持ち分に比例した費用分担を定める。
　各自の共有持ち分に応じてその出願費用の負担を分担するように規定すべきです。特許権を例に挙げれば、特許法第38条において、権利を共有する場合他の共有者と共同でなければ出願できないとされていることを根拠に、費用面についても共同で負担することを提案することが考えられます。
☑チェックポイント❷：外国で知的財産権を出願する際の規定を定める。

311

第3章 契約書チェックポイント

外国において知的財産権を出願する場合は通訳費用を含めて国内の出願とは異なる費用が発生することが予想されます。

そのような費用につき別紙で定めることや持ち分割合に応じた分担をすることが考えられますが、そのような合意が難しい場合は最低限変更例のような協議を行った上で、相手方にも負担してもらう余地を残すべきです。

共同研究開発契約書サンプル

○○株式会社（以下「甲」という。）と株式会社××（以下「乙」という。）とは、本日以下のとおり、共同研究開発契約(以下「本契約」という。)を締結する。

第1条（目的）
　甲及び乙は、相互協力の精神の下、下記の共同研究開発（以下「本件共同研究」という。）を行う。

記

1　研究題目
2　研究目的
3　研究内容
4　研究分担
5　研究スケジュール
6　研究担当者
7　研究実施場所
8　その他

以上

第2条（定義）
1　本契約において「研究成果」とは、本件共同研究に基づき得られたもので、甲乙が成果として報告書にまとめた発明、考案、意匠、著作、ノウハウ等の技術的成果を指す。
2　本契約において「知的財産権」とは、次のものを指す。
(1)　特許法に規定する特許権及びこれを受ける権利、実用新案法に規定す

る実用新案権及び実用新案登録を受ける権利、意匠法に規定する意匠権及び意匠登録を受ける権利、商標法に規定する商標権及び商標登録を受ける権利、半導体集積回路の回路配置に関する法律に規定する回路配置利用権及びこれの設定の登録を受ける権利、種苗法に規定する育成者権及び品種登録を受ける地位、並びに外国における上記各権利に相当する権利

(2) 著作権法に規定するプログラムの著作物及びデータベースの著作物に係る著作権並びに外国における上記権利に相当する権利

(3) 秘匿可能な技術的情報であって財産的価値のあるもの（ノウハウ）

第3条（研究体制）

1　本件共同研究は、原則として第1条に定める研究実施場所で行う。なお、甲及び乙は、必要に応じて、研究実施場所以外の場所を使用することがあることを予め了解する。

2　甲及び乙は、本件共同研究に際し、第1条に定める担当者を従事させる。なお、担当者以外の者を従事させる場合又は担当者を変更する場合、相手方の書面による承諾を得るものとする。

3　甲及び乙は、本件共同研究を行うために必要な範囲で、研究施設、設備、機械及び器具等を無償で相手方に使用させるものとする。

第4条（研究費用）

1　甲及び乙は、本件共同研究に際し、自らの研究分担に必要な費用を負担する。ただし、甲及び乙が別途書面による別段の合意をした場合には、相手方にその費用を請求することができる。

2　甲及び乙が本件共同研究に際し、相手方の研究分担に属する費用を負担するときは、事前にその旨と費用の概算額を相手方に通知し、書面あるいは電子メールによる承諾を得た場合に限り、相手方にその費用を請求することができる。

第5条（研究期間）

本件共同研究の期間は、○年○月○日から○年○月○日までの○日間とする。なお、甲乙間の書面による合意によって期間を変更することができる。

第3章　契約書チェックポイント

第6条（情報の提供）
　甲及び乙は、本契約期間中、本件共同研究に必要な情報や資料等を相互に無償で提供するものとする。

第7条（秘密保持）
　1　甲及び乙は、本件共同研究に関連して相手方から受領した技術上の情報その他業務に関する情報であって、受領の際に相手方より秘密である旨の表示がなされ、又は口頭で開示されかつ開示に際し秘密である旨明示され開示後30日以内に書面で相手方より通知されたもの、及び、研究成果（以下「秘密情報」という。）を相手方からの受領後3年間、秘密として保持し、これを本件共同研究の実施以外の目的に利用せず、第三者に漏洩してはならない。
　2　前項の秘密保持義務は、次の各号に該当することを証明できる情報については適用されない。
　⑴　開示を受けた時点で、既に公知となっている情報。
　⑵　開示を受ける前から受領者が保有していた情報。
　⑶　開示を受けた後に、受領者の責に帰すべからざる理由により公知となった情報。
　⑷　開示を受けた後に、正当な権限を有する第三者から秘密保持義務を負うことなく入手した情報。
　⑸　相手方が事前に書面によって第三者への開示を承諾した情報。
　⑹　秘密情報とは無関係に受領者が独自に開発した情報。
　3　本契約が終了した場合、又は相手方から要求のあった場合、甲及び乙は、本件共同研究に関連して相手方から受領した秘密情報を複製物も含めて相手方に返却、又は相手方の指示に従って破棄するものとする。

第8条（研究成果）
　1　研究成果の取扱いについて、知的財産権に関するものは第9条に従い、その他は甲乙協議して定める。
　2　甲及び乙は、研究成果を公表しようとするときは、その時期及び方法につき相手方の承諾を得るものとする。

314

第9節　共同研究開発契約書

第9条（知的財産権）
1　本件共同研究の実施の過程で生じた知的財産権（研究成果を含むが、これに限られない。）は甲乙持分均等の共有とし、甲及び乙は、相手方からなんらの拘束を受けることなく、自由に自ら実施若しくは使用することができるものとする。
2　甲及び乙は、本件共同研究の実施の過程で生じた知的財産権のうち第2条第2項第1号に定めるものについては、相手方の書面による同意を得ることにより、第三者に対して実施する権利を許諾することができるものとする。なお、甲乙共有の知的財産権を第三者に実施させた場合の実施料は、当該知的財産権の持分に応じて甲乙間で分配されるものとする。
3　前2項にかかわらず、研究成果に関連する知的財産権であっても、第5条に定める研究期間前から甲又は乙が所有する知的財産権については、各自に単独で帰属する。
4　甲及び乙は、前項に定める権利について、本件共同研究の実施に当たり必要となる場合に限り、相手方が当該権利を実施又は使用することを承認する。なお、実施に関する条件は、別途甲乙協議して定めるものとする。

第10条（出願費用）
　甲乙共有の知的財産権に係る出願等を共同で行うときは、その費用を持分に応じて甲乙で負担するものとする。

第11条（解除）
　甲及び乙は、相手方が本契約の条項に違反し、相当期間をもって書面により催告したにもかかわらず、当該違反の是正がなかった場合、本契約を解除することができ、併せて、損害があった場合に賠償請求することもできる。

第12条（有効期間）
1　本契約は、契約締結日から発効し、第5条に定める実施期間の終了日に終了するものとする。
2　前項の規定にかかわらず、第7条、第8条、第9条、第10条、第13条及び第14条の規定は、本契約終了後も有効に存続するものとする。

315

第3章　契約書チェックポイント

第13条（協議）

　本契約に定めのない事項及び本契約の内容について甲乙間に紛争又は疑義を生じたときは、甲乙誠意を持って協議し、解決するものとする。

第14条（管轄）

　前条の協議によっても解決できない場合、○○地方裁判所を第一審の専属的合意管轄裁判所とする。

　本契約締結の証として本書2通を作成し、甲乙記名押印の上、各自1通を保有する。

（日付、記名押印）

●第10節● ライセンス契約書

　ライセンス契約とは、権利を有するライセンサーに対し権利を使用するライセンシーが対価を支払うことで、その権利を使用することを許可する契約です。

　ライセンス契約は賃貸借のように有形の物品を対象とするのではなく、無形の権利等をライセンシーに対し使用させる契約があるという特徴があります。

　目に見えない権利ですので、権利の使用がどのような条件で許可されるのか（地理的範囲、期間、制限の有無、独占か否か等）という点については注意して契約を行うべきです。

1 ライセンス契約の範囲

　ライセンスは上記のように無形のものであるため、その内容、使用できる地域、許諾が独占か否か等を含むライセンスの範囲について記載し、どのような態様での使用を許諾しているか明記すべきです。

条項例

第○条　（実施許諾）
　ライセンサーは、ライセンシーに対し、ライセンサーの保有する別紙物件目録記載の各特許権（以下「本件特許」という。）について、別紙物件目録記載の製品（以下「本件製品」という。）を製造販売する通常実施権（以下「本実

317

第3章　契約書チェックポイント

施権」）を許諾する。

◆ライセンサー側・ライセンシー側共通◆
☑**チェックポイント❶**：ライセンスの対象となる権利を特定する。
☑**チェックポイント❷**：許諾の態様（独占か非独占か、通常実施権か専用実施権
　　　　　　　　　　　かを含む。）を明記する。

◆ライセンサー側◆
☑**チェックポイント❸**：ライセンス使用を許諾する用途・地理的範囲・期間
　　　　　　　　　　　について詳細に記載する。

◆ライセンシー側◆
☑**チェックポイント❹**：ライセンスの範囲を限定する方向の記載がないか確
　　　　　　　　　　　認する。

【ライセンサー側変更例】　　　　　　　　　　チェックポイント❶❷❸

第○条　（実施許諾）
　ライセンサーは、ライセンシーに対し、**❶ライセンサーの保有する別紙特許**
権目録記載の各特許権（以下「本件特許」という。）について、本契約に定め
る条件に従い、**❸日本国内**において、本契約の**❸有効期間に限り**、**❸別紙製品**
目録（省略）記載の製品（以下「本件製品」という。）を製造販売する**❷非独**
占的通常実施権（以下「本実施権」という。）を許諾する。

【ライセンシー側変更例】　　　　　　　　　　チェックポイント❶❷❹

第○条　（実施許諾）
　ライセンサーは、ライセンシーに対し、**❶ライセンサーの保有する別紙特許**
権目録（省略）記載の各特許権（以下「本件特許」という。）について、本契
約に定める条件に従い、**❹別紙製品目録（省略）記載の製品（以下「本件製品」**
という。）を製造販売する**❷独占的通常実施権**（以下「本実施権」という。）を
許諾する。

318

解　説

☑チェックポイント❶：ライセンスの対象となる権利を特定する。

　ライセンスの対象となる権利について、契約書本文に記載する場合もありますが、詳細に記載し特定する場合には別紙をつけて記載するという方法もあります。

　具体的には、別紙に特許番号や発明の名称などを記載して特定することが考えられますが、さらに詳しく特定しようとすれば合、出願日や発明者などの情報についても記載するとよいでしょう。

☑チェックポイント❷：許諾の態様（独占か非独占か、通常実施権か専用実施権かを含む。）を明記する。

　実施権には特許法において専用実施権（特許法第77条第1項）と通常実施権（特許法第78条第1項）が存在します。

　専用実施権は対象となる範囲において特許を独占的かつ排他的に実施できる権利です。専用実施権が有効となるためには、このような権利を設定することを合意することに加え専用実施権設定（特許法第98条第1項第2号）の登録を行うことが必要です。

　一方通常実施権はライセンシーがライセンサーに対し、特許の実施を認めるよう求めることができるものであり、上記のような排他的権利ではありません。

　通常実施権が独占的で排他的な権利でないことの帰結として、通常実施権は複数の者に重ねて設定することができるという特徴があります。

　ある実施者以外に許諾を行わないことを合意した通常実施権を、独占的通常実施権、このような合意を伴わない通常実施権を非独占的実施権といいます。

　ライセンサーが他者にも実施権を与えたいと考える場合には、非独占的な通常実施権に留めたいと考えるでしょうし、ライセンシーとしては、製造のための設備や販路開拓のためのまとまった投資を行う場合などは、投下資金を回収したり、その後の利益を確保したりするために独占的な権利を取得したいと考えるかと思います。

第 3 章　契約書チェックポイント

　上記を踏まえ契約当事者として、自身の立場やライセンス契約の目的、許諾を前提として投資するコストなどを考慮の上で、取得する許諾の態様について検討および協議を行うことになります。

☑**チェックポイント❸**：ライセンス使用を許諾する用途・地理的範囲・期間について詳細に記載する。

　ライセンスについて何らの記載がない場合には、いかなる態様での実施を許諾したのかについてトラブルが生じる場合もあります。そのためライセンサーとしては適切にその範囲を特定し、契約後もライセンシーが許諾した範囲でのみ実施をしているかについて確認する必要があります。

　ライセンサーとして範囲の限定を行う場合には、たとえば、地域・期間・用途・実施分野・実施数量・販売先等の限定を加えることが考えられます。

　地域については「日本国内」として国外を許諾しない旨記載する場合や、日本の一部地域（関西・近畿地方・○○県）等の記載方法も見られます。ただし、ライセンシーがインターネット販売を行っている場合には、日本の一部の地域に限定しても十分な限定にならない場合もあります。

　用途についてはその特許を用いてどのような行為を行いたいか記載するものであり、製造・販売・自己使用など考えられる用途を記載して下さい。

☑**チェックポイント❹**：ライセンスの範囲を限定する方向の記載がないか確認する。

　ライセンシーの側からすれば自己が許諾を受ける実施権について制限がないことが望ましいと考えられますし、予想外の制約によって契約の目的を達成できないという事態は避けなければなりません。

　そのため相手方が提案してきた契約書の中に、地域、期間、用途、実施分野、実施数量、販売先等で制限を掛ける条項がある場合には注意して確認を行い、契約の目的が達成できないような制限があれば、相手方に対し変更を求めるべきです。

第10節　ライセンス契約書

2　ライセンスの対価

　ライセンス契約の対価の定め方は複数の方法が考えられます。主要なものとしては、契約の当初に一括で支払うイニシャル・ロイヤルティ、知的財産権の実施によって得た売上や利益の一定割合を対価とするランニング・ロイヤルティ、両者の併用などがあります。
　これらを比較し自己にとって最良の対価の定め方を検討すべきです。

条項例

第○条（対価）
　ライセンシーは、ライセンサーに対し、本件実施権許諾の対価として○円を○年○月○日に支払う。

◆ライセンサー・ライセンシー側共通◆
☑**チェックポイント❶**：対価に関する条項は締結しようとしているロイヤルティや自己の立場を踏まえ有利なものにする。
☑**チェックポイント❷**：支払時期、送金先を含む支払方法を記載する。
☑**チェックポイント❸**：ランニング・ロイヤルティの基準となる指標を適切に選択する。

◆ライセンサー側◆
☑**チェックポイント❹**：ロイヤルティにつき返還しない旨の条項を記載する。

【ライセンサー側変更例】　　　　　　　　チェックポイント❶❷❸❹

第○条（対価）
　1　ライセンサーのライセンシーに対する本実施権許諾の対価は以下のと

321

第3章　契約書チェックポイント

おりとする。

❶(1)　**イニシャル・ロイヤルティ　金○○万円**

❶(2)　**ランニング・ロイヤルティ**　ライセンシーが販売した本件製品の❸**売上高の総額（消費税を含まない）の○○%**

2　ライセンシーは、❷**本契約締結日から○日以内**に、前項第1号に定めるイニシャル・ロイヤルティに消費税額を加算した金額を、❷**ライセンサーの指定する銀行口座に振り込**んで支払う。ただし、振込手数料はライセンシーの負担とする（以下本条において同じ）。

3　ライセンシーは、毎月1日から末日までに販売した本件製品の販売数量及び純販売価格を翌月10日までに集計の上で書面（以下「実施報告書」という。）によりライセンサーに報告するものとし、かかる報告に基づき算出される前項第2号に定めるランニング・ロイヤルティに消費税額を加算した金額を、❷**同月末日限り、ライセンサーの指定する銀行口座に振り込**んで支払う。

4　ライセンシーは、前各項によりライセンシーがライセンサーに支払ったロイヤルティについて、❹**いかなる事由によってもライセンサーに返還を請求することができない。**

【ライセンシー側変更例】　　　　　　　　　　　　　**チェックポイント❶❷❸**

第○条（対価）

1　ライセンサーのライセンシーに対する本実施権許諾の対価は以下のとおりとする。

❶(1)　**イニシャル・ロイヤルティ　金○○万円**

❶(2)　**ランニング・ロイヤルティ**　ライセンシーが販売した本件製品の❸**純販売価格**（ライセンシーより販売された本件製品の販売高から、包装費、輸送費、保険料及び租税公課を控除したものをいう。）の総額の○○%

2　ライセンシーは、❷**本契約締結日から○日以内**に、前項第1号に定めるイニシャル・ロイヤルティに消費税額を加算した金額を、ライセンサーの指定する❷**銀行口座に振り込**んで支払う。ただし、振込手数料はライセンシーの負担とする（以下本条において同じ）。

322

第10節　ライセンス契約書

> 3　ライセンシーは、毎月1日から末日までに販売した本件製品の販売数量及び純販売価格を翌月10日までに集計の上で書面（以下「実施報告書」という。）によりライセンサーに報告するものとし、かかる報告に基づき算出される前条第2号に定めるランニング・ロイヤルティに消費税額を加算した金額を、同月末日限り、ライセンサーの指定する❷<u>銀行口座に振り込</u>んで支払う。

解　説

☑チェックポイント❶：対価に関する条項は締結しようとしているロイヤルティや自己の立場を踏まえ有利なものにする。

　上記のように3種類の対価の決め方があるところ、どの対価の決定方法が自己に最も有利か検討して下さい。

　イニシャル・ロイヤルティのみで一括で収益を得る条項にする場合、一括で早期に金銭を取得できる点ではメリットがあるといえます。

　しかしながらその金額、割合の設定によっては特許の実施によって得られた利益が予想以上に多額になる場合には、取得する対価の報酬は結果として安価になるリスクがあります。

　このため、ライセンサーは特許の実施によりどの程度の収益が上がるか、資金を早期に得る必要があるかなどを検討した上で対価の算定方法を定めることが考えられます（ライセンシーならばこの逆で、より安価になるように検討することになります。）。

　この点イニシャル・ロイヤルティおよびランニング・ロイヤルティを併用する条項では、両方のメリットをバランスよく取り入れており安定した対価を得られる可能性があると考えます。

　またライセンサー側として売上高が上がらないリスクを回避するために、最低実施料として、売上が上がらないとしても最低限支払う金額を定めることも考えられます。

☑チェックポイント❷：支払時期、送金先を含む支払方法を記載する。

　支払時期について、イニシャル・ロイヤルティとランニング・ロイヤル

323

第3章　契約書チェックポイント

ティについてそれぞれ記載する必要があります。

　イニシャル・ロイヤルティについては契約締結日から○日、という定め方や、具体的に日付を指定する方法でもよいと考えられます。

　一方ランニング・ロイヤルティは、売上等に比例して対価が決まるため、ライセンシーから一定期間分の売上の報告を受け、その一定期間の対価を請求することとなります。

　この一定の期間についてライセンサーとしては短いスパンで収益を得る方が好ましく、ライセンシーとしては報告や支払が遅い方が好ましいため、この点を踏まえどの程度の期間を設定するのか検討して下さい。

　また、支払方法については、実務上銀行振り込みが多いので、その場合には、銀行口座を指定することになります。些末な点ではありますが振込手数料についてどちらが負担するかについても条項に加筆することが考えられます。振り込む側が負担することが多いといえますが、交渉次第で相手に負担してもらうことが可能な場合もあります。

☑**チェックポイント❸**：ランニング・ロイヤルティの基準となる指標を適切
　　　　　　　　　　に選択する。

　ランニング・ロイヤルティは売上によってロイヤルティが増減するため、適切な割合を定めれば一定程度合理的な額の対価を設定することができます。しかしながら、どの金額を基準とするかでランニング・ロイヤルティの額が変動し得ることに注意が必要です。

　たとえばライセンサーの側として可能な限り高い対価を得たい場合、売上高を基準にする方が、粗利や純利益等を基準とするのに比して多くの対価が得られることになります。

　反対に、ライセンシーの側からすれば、材料の原価などの必要経費を控除した後の金額を基準とする方が有利となります。

　このように何を対価の基準とするのかについて検討し、自己に有利な指標を用いて下さい。

☑**チェックポイント❹**：ロイヤルティにつき返還しない旨の条項を記載す
　　　　　　　　　　る。

　ロイヤルティにつき当事者間で問題となり返還を求められることがありま

第10節　ライセンス契約書

す。

　そのような場面に対処するため本条項を入れることで返還を免れる可能性が高まるため、ライセンサーの側としてはこのような条項の導入を検討すべきでしょう。

3　特許の有効性及び非侵害性についての表明保証

　ライセンス契約において対象となる知的財産権の有効性、第三者の権利を侵害していないこと（非侵害性）について決めることはライセンス契約にとって重要です。自己の立場や保証が可能か否か、調査するためのコストの大きさを踏まえて上記の保証の可否を検討して下さい。

条項例

第○条　（表明保証）
　1　ライセンサーは、ライセンシーに対して、次の各号に定める事項を表明し、保証する。
　⑴　本契約の締結時点において、本件特許が有効に成立していること。
　⑵　本契約の締結時点において、本件権利につき、第三者の権利を侵害しないこと。

◆ライセンサー側◆
☑**チェックポイント❶**：権利の有効性および第三者の権利の非侵害性について責任を負わない条項（非保証条項）を入れるか保証の範囲を限定する。

◆ライセンシー側◆
☑**チェックポイント❷**：表明保証について条項化した上で、現在第三者から権利を争われている、将来に訴訟などの裁判手続が

325

第3章　契約書チェックポイント

行われるリスクについて記載する。

☑**チェックポイント❸**：第三者から通知や警告、訴訟上の請求が行われた時の対応を記載する。

【ライセンサー側変更例】　　　　　　　　　　　チェックポイント❶

第○条　（非保証）
1　ライセンサーは、ライセンシーに対して、次の各号に定める事項に限って、❶**保証する。**
(1)　❶**本契約の締結時点において、**本件特許が有効に成立していること。
(2)　❶**本契約の締結時点において、**本件特許につき、第三者の権利を侵害しないこと。
(3)　❶ライセンサーは、本件製品の製造・販売に起因して生ずるライセンシー及び第三者のいかなる損害についても一切の責任を負わない。

【ライセンシー側変更例】　　　　　　　　　チェックポイント❷❸

第○条（表明保証）
ライセンサーは、ライセンシーに対して、次の各号に定める事項を表明し、**保証する。**
(1)　**本件**権利が有効に成立していること。
(2)　**本件**権利につき、第三者の権利を侵害しないこと。
(3)　第三者から本件特許の有効性について何らの通知も受領していないこと。
(4)　❷**本件特許に関し、いかなる訴訟・審判・仲裁・調停その他一切の手続も開始されていないこと。**
(5)　❸**ライセンサーは、第三者がライセンシーに対し通知、権利侵害の警告、訴訟手続を行ってきた時は、ライセンサーの責任と負担において第三者とライセンシー間の紛争を解決する**ものとする。

326

第10節　ライセンス契約書

 解　説

☑**チェックポイント❶**：権利の有効性および第三者の権利の非侵害性について責任を負わない条項（非保証条項）を入れるか保証の範囲を限定する。

　ライセンサーとしては、ライセンシーと交渉し、権利の有効性について責任を負わず、本件権利が第三者の保有する権利を侵害しないことを保証しない旨の条項（非保証条項）を入れるのが最も有利です。なぜなら、このような事項を保証条項として入れた契約を締結した場合には、保証に反し特許が有効でない場合や第三者の特許を侵害する等の事由が生じた場合には本条項に違反したことを理由としてそれによって生じた損害の賠償を請求されるリスクがあります。

　そのため、いかに権利が有効であり第三者の権利を侵害していないと考えているとしても損害賠償のリスクを回避するためにこのような非保証条項を入れることが望ましいと考えます。

　仮に、ライセンシー側で当該条項を求めてきた場合には、非侵害性等についての調査費用が過大になることやその結果としてライセンス料も高額にならざるを得ないということを説明するなどして納得してもらうという交渉もあり得ますが、それでも承諾しないという場合には、少なくとも「ライセンサーの知る限りにおいて」第三者の権利を侵害していないことを保証するという限定を加えるべきでしょう。

　変更例では、「契約締結時点において」と限定することで、将来請求を受ける場合について保証はしていないことになりますので、限定として機能する場合も多いでしょう。

☑**チェックポイント❷**：表明保証について条項化した上で、現在第三者から権利を争われている、将来に訴訟などの裁判手続が行われるリスクについて記載する。

　ライセンシーとしては、特許の有効性に関わるような通知や裁判手続などがないことについて保証条項とすれば、将来の特許が無効となるリスクを踏まえて対応することが可能です。そもそも、そのような手続が行われていな

いことを前提として契約を締結する場合も多いでしょうから、保証条項として列挙した上で、万が一、これらの手続の存在が判明した時には、解除や損害賠償請求ができるようにすべきです。

☑**チェックポイント❸**：第三者から通知や警告、訴訟上の請求が行われた時の対応を記載する。

ライセンシーとしては、万が一第三者から特許に関する何らかの請求や通知を受けた場合には、当該ライセンスを保有するライセンサーに対応をして欲しいと考えるかと思います。

変更例のように、対応の責任と費用の負担も含めて、全てライセンサーにて対応してもらうことを前提とする条項はライセンシーに有利な条項ですが、これ以外の流れとして、「ライセンサー及びライセンシーは、第三者から通知、権利侵害の警告、訴訟手続を受けたときは紛争解決のため協力して対応を行うものとする。ただし、当該対応に必要な費用は責任割合に応じて甲乙にて協議して定める。」という形で両者で対処し、それぞれ負担する旨の条項も考えられます。

4　有効期間

ライセンスは賃貸借契約のように、そのライセンスを実施し、権利を使用させる代わりに対価を払うという状態が一定期間続く契約です。その期間について明確にしておかないといつまで実施が可能なのかについての争いが生じることから、有効期間については明確に定めるべきです。

 条項例

> 第○条（有効期間）
> 　本契約は、本契約締結日から5年間とする。

第10節　ライセンス契約書

◆ライセンサー側◆
☑チェックポイント❶：自動更新を行う場合には、更新期間および更新拒絶を行う期限について明確に定める。

◆ライセンシー側◆
☑チェックポイント❷：可能な限り長期間使用できる安定的な契約にする。

【ライセンサー側変更例】　　　　　　　　　　チェックポイント❶

> 第○条（有効期間）
> 1　本契約は、本契約締結日から5年間、効力を有する。
> 2　**❶前項の有効期間満了の1か月前までにライセンサーとライセンシー双方から本契約を更新しない旨の意思表示が相手方に到達しない場合、本契約は、同一条件にて2年間更新されるものとし、以後も同様とする。**

【ライセンシー側変更例】　　　　　　　　　　チェックポイント❷

> 第○条（有効期間等）
> 1　**❷本契約の有効期間は、本契約の締結日から、本件特許の存続期間満了の日までとする。** ただし、本件特許の全てについて、特許無効の審決が確定したときは、当該確定日をもって本契約は当然に終了する。
> 2　前項にかかわらず、ライセンシーは3か月前に予告することによって、本契約を中途解約できるものとする。

解　説

☑チェックポイント❶：自動更新を行う場合には、更新期間および更新拒絶を行う期限について明確に定める。

　変更例では、契約期間を5年とし、1か月前に更新しない旨（更新拒絶）を述べない場合には2年ごとに順次更新がなされる旨を規定としています。

　当初の契約期間が満了した後に、再度ライセンス契約の必要性を検討して締結をし直すという場合は自動更新の条項は不要ですが、満了ごとに条件を一から交渉して契約締結まで行うというのは煩雑でありコストもかかりま

第3章　契約書チェックポイント

す。そのため、自動更新の条項が設けられる場合も多いです。

　何か月前までに予告が必要とするかについては、たとえば他者に独占的な
ライセンス契約を与えるためにライセンス契約の見直しを行う可能性がどの
程度あるかはロイヤルティを継続的に受領するメリットなどを考慮しながら
協議して決めることになります。

☑**チェックポイント❷**：可能な限り長期間使用できる安定的な契約にする。

　変更例では、ライセンサー側に有効な例として、契約の対象となっている
特許の存続期間満了までを契約期間としており、より安定的な契約としてい
ます。

　もっとも、固定のランニング・ロイヤルティや最低額のランニング・ロイ
ヤルティが定められている場合には、ライセンシーはそれを毎月支払う義務
がありますし、権利が不要と考えたとしても途中で解約できないとすれば、
支払を継続せざるを得ない状況にもなります。そのため、期間を長くする場
合には、中途解約の条項を入れることも検討すべきです（ただし、こちらの提
案を契機として相手方も中途解約の条項を入れたいと提案してくる可能性がある
ため、安定的な契約という視点との総合考慮となります。）。

　自己にとってその契約を安定的なものにすることが有利か、相互に解約が
可能な柔軟な条項が好ましいかは、相手方との契約をどの程度の期間維持し
たいかを踏まえて検討すべきです。

5　不争条項

　ライセンシーが契約の対象となる特許権につきその有効性を争った場
合にライセンサーが契約を解除することができる旨定めた条項です。
　この条項は特許について契約当事者間で紛争が生じることを未然に防
止することを目的として締結されることが多いです。

第10節　ライセンス契約書

条項例

> 第○条　（不争条項）
> 　ライセンサーは、ライセンシーが本件権利の有効性を争ったとき、本契約を解除することができる。

◆ライセンサー側◆
☑チェックポイント❶：「有効性を争った」に該当し、契約を解除できる場合を広く規定する。
☑チェックポイント❷：ライセンサーが特許権につき訂正が可能な条項を加える。

◆ライセンシー側◆
☑チェックポイント❸：ライセンシーが契約を解除される場面を限定する規定にする。

【ライセンサー側変更例】　　　　　　　　　　チェックポイント❶❷

> 第○条　（不争条項）
> 　ライセンサーは、ライセンシーが本件権利の有効性を**❶直接又は間接に争ったとき、**ライセンサーが希望する**❷訂正審判若しくは訂正請求の承諾を拒否したとき、又は第三者が本件権利の有効性を争う場合にその者に対し情報提供をしたとき**は、何らの催告を要することなく本契約を解除することができる。

【ライセンシー側変更例】　　　　　　　　　　　　　チェックポイント❸

> 　ライセンサーは、ライセンシーが本件権利の有効性を**❸直接争ったときに限り**、催告後1週間以内に是正されない場合本契約を解除することができる。

解　説

☑チェックポイント❶：「有効性を争った」に該当し、契約を解除できる場合

331

第3章　契約書チェックポイント

を広く規定する。

　ライセンサーとしては可能な限り広く不争義務（権利の有効性を争わない義務）を課し、可能な限りライセンシーとの紛争を未然に防止する条項にする必要があります。

　上記記載の条項の「有効性を争う」の具体例としては、特許無効審判の提起、特許異議申立、公官庁に対する情報提供などが含まれると考えられています。

　このように直接に有効性を争う場合に加えて、間接的に有効性を争う場合、有効性を争っている第三者への情報提供についても条項で禁止することでより不争義務の範囲を広くしています。

☑**チェックポイント❷**：ライセンサーが特許権につき訂正が可能な条項を加える。

　特許権につき訂正審判、訂正請求を行う場合特許法上ライセンシーの承諾が必要となるところ、この承諾がないとして訂正が出来ないという状況を防止するためにこのような規定を入れることが望ましいです。

　特許の無効を主張された際に特許の技術的範囲を修正することで無効理由を解消し、特許が無効となることを防ぐという手段を取る余地を残すためです。

☑**チェックポイント❸**：ライセンシーが契約を解除される場面を限定する規定にする。

　ライセンシーの場合には不争条項を入れないことが最も望ましいと考えます。しかし、交渉の結果不争条項を入れる必要がある際には、可能な限りその義務を限定するようにすべきです。

　上記では直接争った場合、間接的に争った場合、情報提供をした場合などについて責任を負う旨記載していますが、ライセンシーの場合は直接に特許の有効性を争った場合にのみ解除がなされるように限定する規定にしています。

332

第10節　ライセンス契約書

ライセンス契約書サンプル

　株式会社○○（以下「ライセンサー」という。）と株式会社△△（以下「ライセンシー」という。）とは、ライセンサーの保有する特許権に関する非独占的な実施権をライセンシーに許諾するに際し、以下のとおり契約（以下「本契約」という。）を締結する。

第1条（実施許諾）
　1　ライセンサーは、ライセンシーに対し、ライセンサーの保有する別紙特許権目録（省略）記載の各特許権（以下「本件特許」という。）について、本契約に定める条件に従い、日本国内において、本契約の有効期間に限り、別紙製品目録（省略）記載の製品（以下「本件製品」という。）を製造販売する非独占的な通常実施権（以下「本実施権」という。）を許諾する。
　2　ライセンシーは、ライセンサーの事前の書面による承諾がない限り、本実施権について第三者に対し再実施の許諾を行うことができない。

第2条（対価）
　1　ライセンサーのライセンシーに対する本実施権許諾の対価は以下のとおりとする。
　　⑴　イニシャル・ロイヤルティ　金○○万円
　　⑵　ランニング・ロイヤルティ　ライセンシーが販売した本件製品の純販売価格（ライセンシー又はライセンシーの子会社により販売された本件製品の販売高から、包装費、輸送費、保険料及び租税公課を控除したものをいう。）の総額の○○％
　2　ライセンシーは、本契約締結日から○日以内に、前項第1号に定めるイニシャル・ロイヤルティに消費税額を加算した金額を、ライセンサーの指定する銀行口座に振り込んで支払う。ただし、振込手数料はライセンシーの負担とする（以下本条において同じ）。
　3　ライセンシーは、毎月1日から末日までに販売した本件製品の販売数量及び純販売価格を翌月10日までに集計の上で書面（以下「実施報告書」という。）によりライセンサーに報告するものとし、かかる報告に基づき算

333

第3章　契約書チェックポイント

出される前条第2号に定めるランニング・ロイヤルティに消費税額を加
算した金額を、同月末日限り、ライセンサーの指定する銀行口座に振り込
んで支払う。

4　ライセンシーは、前各項によりライセンシーがライセンサーに支払った
ロイヤルティについて、いかなる事由によってもライセンサーに返還を請
求することができない。

第3条（非保証）

ライセンサーは、ライセンシーに対し、本件特許の有効性について責任を負
わず、本件製品の製造・販売が第三者の保有する権利を侵害しないことを保証
しない。ライセンサーは、本件製品の製造・販売に起因して生ずるライセン
シー及び第三者のいかなる損害についても一切の責任を負わない。

第4条（調査）

1　ライセンサーは、第2条第3項におけるライセンシーの報告に疑義があ
るときは、ライセンシーに対して説明を求めることができる。

2　ライセンシーは、本契約期間中及び本契約終了後5年間、第2条第3項
における実施報告書、会計帳簿、その他関係書類を保管するものとし、ラ
イセンサー又はライセンサーの指名する公認会計士等は、これらの帳簿及
び関係書類を閲覧（複写を含む。）することができる。

第5条（不争義務）

ライセンサーは、ライセンシーが本件特許の有効性を直接又は間接に争った
とき、又はライセンサーが希望する訂正審判若しくは訂正請求の承諾を拒否し
たときは、何らの催告を要することなく本契約を解除することができる。

第6条（侵害の排除）

1　ライセンサーは、本件特許が第三者により侵害されている場合は、その
排除のために最大限の努力を行う。

2　ライセンシーは、本件特許が第三者により侵害されていることを発見し
たときは、速やかにその旨をライセンサーに報告する。

3　ライセンシーは、ライセンサーが第三者による本件特許の侵害を排除す
るに際し協力を求めたときは、資料の提出その他可能な限りの協力を行う

334

第10節　ライセンス契約書

ものとする。

第7条（改良発明）
1　本契約の有効期間中に、ライセンシーの従業員が、本件特許に基づき新たな発明、考案又は意匠の創作（以下「改良発明等」という。）を行ったときは、直ちにその内容をライセンサーに通知する。
2　ライセンシーは、前項の改良発明等についてライセンサーから要請を受けたときは、ライセンサーライセンシー協議により定めた合理的な条件にてライセンサーに対し通常実施権を許諾するものとする。

第8条（秘密保持）
1　ライセンサー及びライセンシーは、本契約により相手方より開示を受けた相手方の経営上・技術上の情報（本件特許及び本件製品に関する情報、本契約第3条により開示された帳簿等の内容を含むが、これらに限られない。）並びに本契約に定める本実施権の内容及び対価について、相手方の事前の書面による承諾なく第三者に開示、漏洩してはならず、また、本契約を遂行する目的以外に使用してはならない。ただし、次の各号に該当する情報については、この限りではない。
⑴　相手方から開示を受けた時点で既に公知であった情報
⑵　相手方からの開示後に自らの帰責事由によらず公知となった情報
⑶　第三者から秘密保持義務を負うことなく適法に入手した情報
⑷　相手方から開示を受けた情報に依拠することなく自ら開発した情報
⑸　法令又は官公庁の命令により開示を強制される情報
2　本条の規定は、本契約終了後5年間は効力を失わない。

第9条（反社会的勢力の排除）
1　ライセンサー及びライセンシーは、それぞれ相手方に対し、本契約締結時において、自ら（法人の場合は、代表者、役員又は実質的に経営を支配する者。）が暴力団、暴力団員、暴力団関係企業、総会屋、社会運動標ぼうゴロ又は特殊知能暴力集団その他反社会的勢力に該当しないことを表明し、かつ将来にわたっても該当しないことを確約する。
2　ライセンサー又はライセンシーの一方が前項の確約に反する事実が判明したとき、その相手方は、何らの催告を要することなく、本契約を解除

第3章　契約書チェックポイント

することができる。

3　前項の規定により、本契約を解除した場合には、解除した当事者はこれ
　による相手方の損害を賠償する責を負わない。

4　第2項の規定により、本契約を解除した場合であっても、解除した当事
　者から相手方に対する損害賠償請求を妨げない。

5　ライセンサー又はライセンシーの一方が第1項の確約に反する事実が
　判明したとき、違反当事者は、相手方に対して本契約において負担する一
　切の債務につき当然に期限の利益を喪失するものとし、債務の全てを直ち
　に相手方に弁済しなければならない。

第10条（有効期間）

本契約の有効期間は、本契約の締結日から、本件特許の存続期間満了の日ま
でとする。ただし、本件特許の全てについて、特許無効の審決が確定したとき
は、当該確定日をもって本契約は当然に終了する。

第11条（解除）

ライセンサー及びライセンシーは、相手方が次の各号の一に該当したとき
は、何らの事前の催告を要することなく本契約を解除することができ、併せ
て、損害があった場合に賠償請求をすることもできる。

⑴　相手方が本契約の定めに違反し、相当期間を定めた催告をしたにもかか
　わらず、違反状態が是正されないとき。

⑵　自ら振り出した手形又は小切手が不渡りとなったとき。

⑶　自らの財産について差押え、仮差押え、仮処分若しくは競売の申立て、
　又は公租公課の滞納処分を受けたとき。

⑷　破産手続開始、民事再生手続開始、会社更生手続開始、特別清算手続開
　始の各申立てがあったとき。

⑸　解散を決議し、又は解散したとき。

⑹　法令に違反する行為を行ったとき。

⑺　合併、事業譲渡、株式分割、株式交換、株式移転その他資本構成に重大
　な変更を生じる取引が行われたとき。

⑻　ライセンサー以外の第三者が直接又は間接にライセンシーの株式の過
　半数を取得したとき。

336

第10節　ライセンス契約書

第12条（期限の利益の喪失）

　ライセンシーが前条各号の一に該当したときは、ライセンシーは、当然に期限の利益を喪失し、ライセンサーに対し、本契約に基づき負担する一切の金銭債務を直ちに弁済する。

第13条（契約終了後の措置）

　ライセンシーは、理由のいかんを問わず本契約が終了したときは、本件製品の製造・販売を直ちに中止しなければならず、本契約終了時点でライセンシーが有する本実施品及びその仕掛け品については、ライセンシーの費用で廃棄しなければならない。

第14条（権利義務の譲渡禁止）

　ライセンサー及びライセンシーは、相手方の事前の書面による承諾なく、本契約上の地位、又は本実施権、又は本契約に基づく権利義務の全部もしくは一部を第三者に譲渡・承継させ、又は担保に供してはならない。

第15条（協議）

　本契約の各条項の解釈に疑義を生じたとき、又は本契約に定めのない事項について問題が発生したときは、ライセンサー及びライセンシーは誠実に協議の上で解決するものとする。

第16条（合意管轄）

　ライセンサー及びライセンシーは、前条の協議で解決できない場合、本契約に関する一切の紛争についての第一審の専属的合意管轄裁判所を○○地方裁判所とすることに合意する。

　本契約締結の証として、本書2通を作成し、ライセンサーライセンシー記名押印の上、各自1通を保有する。

（日付、記名押印）

337

第 **4** 章

印紙税の基礎知識

第4章　印紙税の基礎知識

1　契約書における収入印紙の取扱い

⑴　印紙税法からみた契約書

「契約書を作成すれば収入印紙を貼付しなければならない」

　このようなことを聞かれた方は多いのではないでしょうか。実はこれ、合っているようで間違っています。正確には、次のとおりです。

　「課税文書に該当する契約書を作成すれば収入印紙を貼付しなければならない」

　契約書であるからといって、その全てに収入印紙の貼付が義務付けられるわけではありません。印紙税法が収入印紙の貼付が必要であると規定している契約書に限って、その貼付が義務付けられているのです。誤解し易いところですので、注意しましょう。

　なお、収入印紙を貼付した後には、契約書と収入印紙の彩紋にかけて押印するのを忘れないようにして下さい（「消印」といいます。）。

⑵　印紙の貼付が必要な契約書とは

ア　課税文書とは

　それでは、収入印紙の貼付が必要な契約書とはどのようなものでしょうか。

　実務上、「課税文書」とよばれるものに該当する契約書ということになりますが、課税文書は、次の①ないし③を全て充足する文書をいいます。

①　印紙税法別表第一の課税物件表（本書末尾に添付しています。）に掲げられている20種類の項目により証される課税事項が記載されるもの

②　当事者間において課税事項を証明する目的で作成されるもの

③　印紙税法5条（非課税文書）の規定により、印紙税を課さないこととされる文書以外のもの

　このうち、重要な点は上記①です。課税物件に該当するか否かにより収入印紙の貼付が義務付けられるか否かが分かれることになりますし、該当するとしても、課税物件ごとに税額も異なるためです。

　実務上も、この①を巡って問題となることが多いため、次にこの点を見て

340

おくことにします。

イ　具体的類型

課税物件表には、20種類の項目に分けて、課税対象となる文書、これに応じた印紙税額が示されております。その全てをご紹介するのは紙幅の関係上難しいため、本稿が取り扱う契約書との関係で、実務上も問題となることの多い3類型の課税物件をご紹介することにします。

① 第1号文書

次の4項目に分かれます。

- ・不動産、鉱業権、無体財産権、船舶若しくは航空機または営業の譲渡に関する契約書
- ・地上権または土地の賃借権の設定、または譲渡に関する契約書
- ・消費貸借に関する契約書
- ・運送に関する契約書

② 第2号文書

請負に関する契約書です。

請負とは、当事者の一方がある仕事の完成を約し、相手方がその仕事の結果に対して報酬の支払を約することを内容とする契約です。

実務上、問題となることの多い点として、この請負と委任の区別があります。委任に該当すれば、第2号文書には該当しないことになりますが、実際上、その判断が困難である場合も少なくないためです。契約の目的（請負は仕事の完成を目的とするものであるのに対し、委任は一定の目的にしたがって事務処理を行うこと自体を目的とする。）や責任の性質（請負は仕事を完成させなければ債務不履行責任を負うのに対し、委任は所定の目的に従い善良なる管理者の注意をもって委任事務を処理している限り債務不履行責任は負わない。）も踏まえて判断することになりますが、実際の契約は判断に迷うケースも少なくないため、その際には弁護士等の専門家に相談するようにしましょう。

③ 第7号文書

継続的取引の基本となる契約書です（ただし、契約期間が3か月以内で、かつ更新の定めのないものは除きます。）。

具体的には、継続的に生ずる取引の基本となるもののうち、印紙税法施行

341

第4章　印紙税の基礎知識

令26条の規定に該当する文書をいいます。たとえば、売買取引基本契約書、特約店契約書、代理店契約書、銀行取引約定書などがあります。

なお、請負に関する基本的な事項を規定した請負基本契約書を作成した場合、上記第2号文書にも第7号文書にも該当するようにみえます。この場合、契約金額の記載があれば第2号文書、契約金額の記載がなければ第7号文書に該当するものとして処理をすることになります。

　ウ　印紙税の軽減について

「不動産譲渡契約書」および「建設工事請負契約書」については、従前より印紙税の軽減措置が導入されていましたが、令和6年4月1日から令和9年3月31日までに作成されるものについても、この措置が延長されることになりました。

通常より軽減された印紙税額となりますので、常々確認するようにしていただければと思います。

(3)　契約金額とは

印紙税額を算出するに際して、課税物件に該当するかという点とともに重要となるのが契約金額というものです。記載金額と呼ばれることもありますが、印紙税額を算出するに際して、その基本となる金額のことをいいます。収入印紙額を確認するために実務上用いられる「印紙税額一覧表」において、契約金額ごとに貼付する収入印紙額が規定されています。

この契約金額ですが、原則として対象文書に記載された金額になります。金額が具体的に記載された場合に限らず、単価、数量、記号等が記載されており、計算可能な場合も含みます。

(4)　必要となる印紙を貼付しなかった場合はどうなるか

収入印紙の貼付が必要となる契約書を作成したにもかかわらず、収入印紙を貼付しなかった場合、納付しなかった印紙税額とその2倍に相当する額の合計額が、過怠税として徴収されることになります。たとえば、契約金額の記載のない請負基本契約書を作成したものの、第7号文書として本来貼付しなければならない4,000円の収入印紙を貼付しなかった場合、納付しなかっ

た4,000円の印紙税額とその2倍に相当する8,000円の合計12,000円が過怠税として徴収されることになります。また、この事例で、誤って契約金額の記載のない第2号文書に該当するものとして200円の収入印紙しか貼付しなかった場合、納付不足分の3,800円の印紙税額とその2倍に相当する7,600円の合計11,400円が過怠税として徴収されることになります。

なお、税務調査等により過怠税の決定があることを予知されたものではない場合で、作成者が自主的に納付していない旨の申出を行った場合、過怠税が軽減されます（納付しなかった税額とその10％に相当する額の合計額）。

以上とは異なり、収入印紙を貼付したものの消印をしなかった場合、消印されていない収入印紙の額面金額と同額の過怠税が徴収されることになりますので、注意しましょう。

このような過怠税については、その全額が法人税の損金や所得税の必要経費として算入することができません。日頃から正しく貼付しているか意識するようにして下さい（偽りや不正の行為により印紙税の納付を免れるような悪質なケースでは刑事罰が科される場合もあります。）。

2　問題となるいくつかのケース

(1)　申込書や注文書等に印紙を貼付しなければならないか

一般的に、申込書や注文書等とよばれるものは、契約の申込みや注文等の内容を記載した文書であり、契約書には該当しません。そのため、収入印紙の貼付が必要となる文書ではありません。実務上も、申込書や注文書等で対応し節税を図ることもなされているところです。

しかし、相手方に対する承諾の事実を証明する目的で申込書や注文書等が作成される場合には、契約書として課税物件にしたがった収入印紙の貼付が必要となりますので、ご留意下さい。

たとえば、次の場合には、原則として契約書に該当することになります。

①　当事者間の基本契約書、規約または約款等に基づく申込み等であることが記載されており、かつ一方の申込み等により自動的に契約が成立す

第4章　印紙税の基礎知識

ることとなっている場合（ただし、相手方が別に請書等契約の成立を証明する文書を作成することが記載されている場合は除きます。）

② 見積書その他の契約の相手方が作成した文書等に基づく申込み等であることが記載されている場合（ただし、相手方が別に請書等契約の成立を証明する文書を作成することが記載されている場合は除きます。）

③ 当事者双方の署名または押印がある場合

⑵ 「覚書」「合意書」など「〜契約書」とされていない文書にも印紙が必要か

課税文書（課税物件）に該当するか否かは、文書の名称や形式的な記載文言のみならず、文書に記載されている具体的内容も踏まえた実質的な判断によりなされます。

印紙税基本通達によると、この実質的な判断は、その文書に記載または表示されている文言、符号を基として、その文言、符号等を用いることについての関係法律の規定、当事者間における了解、基本契約または慣習等を加味し、総合的に行われるべきものとされています。

そのため、「覚書」「合意書」など「〜契約書」とされていない文書であっても、その具体的な記載内容により、課税物件にしたがった収入印紙の貼付が必要となります。

⑶ 変更契約書にも印紙が必要か

課税文書（課税物件）に該当する契約について、その内容を変更する契約書を作成した場合、重要な事項を変更するものであるときには、課税物件にしたがった収入印紙の貼付が必要となります。

なお、重要な事項については、印紙税法基本通達別表第2で一覧表により示されております。たとえば、第2号文書である請負に関する契約書については、①請負の内容、②請負の期日または期限、③契約金額、④取扱数量、⑤単価、⑥契約金額の支払方法または支払期日、⑦割戻金等の計算方法または支払方法、⑧契約期間、⑨契約に付される停止条件または解除条件、⑩債務不履行の場合の損害賠償の方法が挙げられています。

344

⑷　消印は印鑑ではなくサインで行うことも可能か

　通常、消印は印鑑で押印することによりなされることが多いですが、この消印は、貼付した収入印紙が使用済みであることを明らかにするために要求されるものですので、必ずしも押印である必要はなく、サイン（署名）でも足ります（ただし、鉛筆での署名のように簡単に消し去ることができるものは除かれます。）。

⑸　契約書の写しにも印紙が必要か

　契約書の写しは、正本等の単なる複写に過ぎませんので、収入印紙を貼付する必要はありません。印紙税の節約のために、契約書の正本1通のみを作成し、いずれか一方の当事者が正本を、残りの当事者がその写しを保有するという対応も見受けられるところです。
　しかし、次の場合には、写しであっても課税文書となり、課税物件にしたがった収入印紙が必要となりますので、注意が必要です。
　①　当事者双方または一方の署名押印があるもの（ただし、文書の所持者のみが署名押印しているものを除きます。）
　②　正本と相違ないこと、または写し・副本・謄本等であることの当事者の証明（正本等との割印を含む。）のあるもの（ただし、文書の所持者のみが証明しているものを除きます。）

⑹　海外取引先との契約書にも印紙が必要か

　印紙税法は日本の法律ですので、その適用地域も日本国内に限られることになります。そのため、課税文書となる契約書の作成場所が日本国内である場合のみ、課税物件にしたがった収入印紙の貼付が必要となります。
　たとえば、海外取引先に出向いて、国外での調印となる場合には、作成場所が国外となりますので、収入印紙の貼付は必要ありません。また、先に2通署名押印の上で、これを海外取引先に送付し、当該取引先で署名押印したもの1通の返送を受けるという場合にも、最終の作成場所が国外となりますので、収入印紙の貼付は必要ないことになります。

345

第4章　印紙税の基礎知識

なお、このように国外における作成のため収入印紙の貼付が不要となる場合には、その旨を根拠記録とともに明らかにしておくようにしましょう。

(7)　電子契約にも印紙が必要か

電子契約とは、電子データに電子署名とタイムスタンプを付与する契約で、物理的な紙の契約書を作成せずに電子データのやり取りで契約を締結することができます。コロナ禍以降、近時利用が増えているものです。

印紙税は課税物件に該当する契約書に課されるものですが、前提として「紙」の契約書を対象とします。そのため、物理的な紙の契約書を作成しない電子契約については、印紙税の課税対象とはなりません。節税の観点から電子契約を導入する例も見られるところです。

資 料 編

資料編

◆◆◆用語集◆◆◆

契約書 契約締結の際に作成される当事者の意思表示が合致した内容を示す文書。契約は、法律により文書作成が契約成立の要件となっているものを除き、口頭の合意でも成立します。しかし、実務上は、取引の開始にあたり、当事者が契約上の権利・義務関係を明確にした上で内容を確認し、また、後日の裁判等において、より確実な証拠とするために、契約書という文書の形にすべきです。

合意書 当事者の合意内容を示す文書。
その内容は、実質的に契約書そのものである場合や契約締結の前段階の合意文書など様々です。表題が合意書とされていても、本文の内容に契約事項が含まれていれば、契約書としての効力が認められます。そのため、合意書の内容に法的拘束力を持たせたくない場合には「本合意書に法的拘束力はない。」などと明記することもあります（Ｍ＆Ａに関する基本合意書などの特殊な合意書において、しばしば見受けられます。）。

覚書 当事者が一定の事項について後日忘れないように記載した文書。
契約の付随事項について締結する文書として契約書と同時または契約書締結以後に締結される場合が多いです。契約交渉中に合意事項の一部を文書にする合意書のような利用もされることがあります。覚書の内容に契約事項が含まれていれば、契約書と同様の効力が認められることは合意書と同様です。

念書 当事者の一方から相手方に対し、特定の行為等を行うことを宣言する文書。
後日の裁判等を見据えた証拠として作成されることが多いです。

348

用語集

約款 定型的な内容を多数当事者に適用するために当事者の一方が設けた規定。保険契約や鉄道契約等のように、当事者の他方は相手方が作成した約款の内容に承諾するかしないかにより契約の成否が決められることになります。約款によって契約内容が定められる性格の契約を附合契約といいます。

民法には約款に関する規定があり、契約内容の一部となるための合意の要件や変更の要件について整理されています（民法第548条の2、第548条の3、第548条の4）。

示談書 交通事故や犯罪などの不法行為による紛争について、当事者の合意により解決したことを証する文書。

法的には契約書（和解契約となるのが一般的です）の一種になります。

基本契約 当事者間で反復継続される取引について共通に適用される事項を規定した契約。

個別契約 当事者間の個別具体的な取引にあたり、取引商品の種類、名称、価格、引渡期日、引渡場所、支払期日等の事項を規定した契約。

契約実務上は、通常、基本契約に基づく個別具体的な取引に際して締結されるものを指します。この場合、個別契約の締結方法や個別契約に定めるべき内容を基本契約で予め定めておくことにより、定型的な文書で大量の個別契約を簡易迅速に締結することが可能となります。

注文書 商品の購入等の申込みを行うための文書。

一方当事者が注文書を相手方に送付し、相手方から注文書に対応する注文請書を返送することにより、個別契約を簡易迅速に締結するための手法として用いられることがあります。

注文請書 注文書の内容について承諾したことを示す文書。

注文書を受領した当事者が、注文書内に設けられた所定欄に記名押印し、FAX などで返送することで注文請書に代える場合もあります。

349

資料編

見積書 契約上の義務の履行により代金や報酬などの金銭の請求を相手方に行う当事者が、事前に、履行を行った場合に必要な金額を相手方に対し提示した文書。
見積書は、あくまで一方当事者の請求予定額の概算に過ぎないので、通常は契約の申込みとも認められません。

借用証書 金銭や物品の借用を証明する証書。
通常は、金銭の貸借を証明する書面の意味で用いられ、借主から貸主に差入れる形式のもの（いわゆる「借用書」）と、借主・貸主間の契約書の形式をとるもの（金銭消費貸借契約書）の双方を指します。

収入印紙 租税や国に納付する手数料等の支払に使用されるもの。
契約書との関係では、文書に収入印紙を貼付し、消印をすることで印紙税を納付するのが原則となります。

電子契約 紙ベースで契約を行うのではなく、電子文書（電子ファイル）に電子署名を行った上で、インターネット上で相互に取り交わすことにより契約を行うもの。
文書が作成されないため、事務作業が軽減・効率化されたり、印紙税の節約となったりする等のメリットがあります。

原本 一定事項の内容とする文書として作成された書類そのもののこと。

謄本 原本の内容をそのまま転写した文書。
原本の内容と相違ない旨の証明が付されたものは、「認証謄本」といいます。

抄本 原本となる書類の一部を転写した文書。

正本 法律上の権限ある者が原本に基づいて作成する謄本の一種で、原本と同一の効力があるもの。

350

用語集

> たとえば、民事裁判の判決は、原本は裁判所の記録として保管され、当事者には裁判所書記官の認証のある正本が交付されます。

署名
> 自筆で自己の名称を記載すること。
> 電子文書において作成名義人を証明する、電子署名というものもあります。

記名
> 手書きに限らず、印刷、ゴム印等の方法で印字された当事者の名称。

押印（捺印）
> 印鑑を押すこと。
> 「押印」と「捺印」はほぼ同じ意味で使われていますが、現在は常用漢字である「押印」の表現が用いられることが多くなっています。なお、一般的には「署名捺印」「記名押印」とされている。

実印
> 印鑑登録されている印鑑。
> 個人においては、居住地の市町村長に印鑑届出をした印鑑証明書の交付を求めることのできる印章がこれにあたり、法人においては、所在地の法務局に届出をした印鑑がこれにあたります。元々は会社設立時に代表者印が登記所に届け出るものとされておりましたが、現在では届出が任意となっています。

認印
> 認めた証拠として押印する印鑑。
> 実印、銀行印以外のいわゆる三文判がこれにあたります。

銀行印
> 口座開設等の際、銀行に届け出た印鑑。

契印
> 2枚以上にわたる文書が一体のものであることを示すために押印される印。
> 各ページの見開きに押印する方法と、契約書をテープで綴じ、綴じたテープの上に押印する方法があります。契印のことも実務上は「割印」と呼ぶこともあります。

351

資料編

割印 ┃ ２つの独立した文書が同一または関連するものであることを示すため独立した文書にまたがって押印される印。

訂正印 ┃ 文書を訂正する際に押印される印。
訂正箇所に押印する方法と、欄外に押印する方法の２つがあります。欄外に押印する場合には、訂正した文字数を「削除○○字、加入○○字」と削除、加入した文字数を記載します。契約書の訂正は改ざんであると誤解されないように、訂正印を用いた上記方法で行うのが一般的です。訂正個所が多い場合や、金額等の重要部分に間違いがある場合には、契約書自体を作成しなおすべきでしょう。

捨印 ┃ 後日、訂正を可能とするためあらかじめ欄外に押印される印。悪用の危険があるため安易に捨印を押印することは避けるべきです。

消印 ┃ 収入印紙と紙にまたがって押印する印。収入印紙を再利用できないようにするのが目的です。

任意代理人 ┃ 本人との合意によって代理権が与えられ、その権限の範囲が決められる代理人のこと。
たとえば本人から土地の売買契約の締結をすることを頼まれた者のことをいいます。単に「代理人」という場合は、任意代理人を指すことがほとんどです。また、代理権を与えた者のことを「本人」といいます。

法定代理人 ┃ 法律によって代理権限が与えられ、その権限の範囲が定められている代理人のこと。
たとえば未成年者である子については、親権者の父母が法定代理人とされています。

復代理人 ┃ 代理人が選任した代理人のこと。復代理人が代理するのは本人であり、代理人の代理をするわけではありません。

352

用語集

| 委任状 | 任意代理人の権限を本人の間で決めた内容が記載された書面。委任状を見れば、代理人の権限の範囲がわかることになります。権限の範囲を明記せずに本人が記名押印した委任状を「白紙委任状」といいますが、悪用される可能性があり非常に危険です。 |

契約自由の原則　①契約を締結するかしないかの自由、②契約の相手方選択の自由、③契約内容の自由、④契約方法の自由の各原則を意味し、契約は相手方との合意により自由に締結することができるとする近代市民法の原則のこと。もっとも、消費者関連法規や労働法規等の現代立法により、各原則について多くの例外が規定されています。たとえば消費者契約法第10条、労働基準法第13条などの条項では、当該条項に反する内容の合意は無効とされています。また、一般電気事業者の電力供給義務や、医師の応招義務など、公益性を有する契約については法律上契約を拒否できない場合もあります。

贈与契約　当事者の一方が自己の財産を無償で相手方に与える意思を表示し、相手方がこれを受諾することによって効力が生じる契約（民法第549条）。書面によらない贈与は、履行が終わるまで各当事者が撤回することができます（民法第550条）。

売買契約　当事者の一方がある財産権を相手方に移転することを約し、相手方がこれに対して代金を支払うことを約することによって効力を生じる契約（民法第555条）。

交換契約　当事者が互いに金銭の所有権以外の財産権を移転することを約することによって効力を生じる契約（民法第586条第１項）。

消費貸借契約　当事者の一方が金銭その他の物を引き渡すことを約束し、相手方がその受け取った物と種類、品質、数量の同じものをもって返還をすることを約束することによって効力を有する契約です。契約を書面で行う場合には、物の授受は不要ですが、口頭

353

資料編

で行う場合には物の授受が行われて初めて有効になります（民法第587条の２、第587条）。

金銭の貸借も消費貸借契約となりますが、契約時に金銭を渡す場合には、契約書上、「貸渡した」「貸し付けた」などと表現し、契約時点で目的物の授受がなされたことを明らかにしておくのが一般的です。

準消費貸借契約

消費貸借によらないで金銭その他の物を給付する義務を負う者が、その物を消費貸借の目的とすることによって成立する契約（民法第588条）。たとえば、商品売買において未払いの代金債務を借入金として分割弁済させるときに用いられます。

使用貸借契約

当事者の一方がある物を引き渡すことを約束し、相手方が目的物を無償で使用および収益をした後に返還することを約束することによって効力を生じる契約（民法第593条）。

借りた物そのものを返還する点が消費貸借契約と異なります。

賃貸借契約

当事者の一方がある物の使用および収益を相手方にさせることを約し、相手方がこれに対しその賃料を支払うことを約することによって効力を生じる契約（民法第601条）。

目的物は動産・不動産を問いませんが、不動産賃貸借契約のうち、建物所有目的の土地賃貸借契約および建物の賃貸借契約は賃借人保護を目的とする借地借家法の適用を受けることになります（借地借家法第１条）。

雇用契約

当事者の一方が相手方に対して労働に服することを約し、相手方がこれに対してその報酬を与えることを約することによって効力を生じる契約（民法第623条）。

雇用契約は労働契約に該当するため、労働契約法、労働基準法等の各労働法規が適用され、労働者保護の観点から雇用契約の内容は契約内容に関する当事者の自由が大幅に制約されることになります。

用語集

請負契約　当事者の一方がある仕事を完成することを約し、相手方が仕事の結果に対してその報酬を与えることを約することによって効力が生じる契約（民法第632条）。

委任契約　当事者の一方が法律行為をすることを相手方に委託し、相手方がこれを承諾することによって効力が生じる契約（民法第643条）。

寄託契約　当事者の一方がある物を保管することを相手方に委託し、相手方がこれを承諾することによって効力が生じる契約（民法第657条）。委託を受けた者は、無償寄託の場合は自己の財産と同一の注意義務、有償寄託の場合には善管注意義務を負うものとされています。

フランチャイズ契約　フランチャイズ本部がフランチャイズ加盟店に対して、特定の商標、商号等を使用する権利を与え、物品販売、サービス提供等、加盟店の事業運営・経営について統一的な方法で指導、援助を行い、これらの対価としてフランチャイズ加盟店がフランチャイズ本部にロイヤリティ等の金銭を支払う旨規定した契約。

代理店契約　メーカー等の商標を付した商品等の販売に関する企業間のアライアンスに関する契約の１つ。
メーカー等の企業が代理店になろうとする企業に対し、商品の継続的な販売を委託するに当たり、商標の使用許諾を行うとともに代理店の行うべき業務を定めるものです。
なお、代理店が契約の締結に関与せず、顧客の紹介を行うことを主たる要素とする形式のものは「営業代理店契約」と呼ばれます。

解除　当事者の一方的意思表示により、始めから契約がなかったことにすること。
売買契約、請負契約などの契約を消滅させる場合は解除となり

355

資料編

ます。解除には、法律上認められた解除権に基づく法定解除と、契約上の特約により当事者に認められた解除権に基づく約定解除があります。また、合意により契約をなかったことにすることを、合意解除といいます。

解約　一方的意思表示により、将来に向かって契約がなかったことにすること。賃貸借契約、使用貸借契約、委任契約、労働契約など、継続的な契約関係を消滅させる場合に該当します。民法上は、解約も含めて「解除」という呼び方をしています。「解約告知」、あるいは単に「告知」という場合もあります。

無効　法律行為が当然に効力をもたないこと。

取消　一応有効とされる契約を、一方的な意思表示により、初めにさかのぼって効力を失わせること。
法律行為が無効となる場合としては、その内容が公序良俗に反する場合、強行法規に反する場合、意思表示をする当事者に意思能力がない場合、当事者に錯誤がある場合等があります。
意思表示の取消ができる場面は、民法などの法律で定められています。なお、効力消滅の効果が行為の時にさかのぼらないものを「撤回」といいます。

契約不適合責任　売買において引き渡された目的物が種類、品質、数量に関して契約の内容に適合しないものであるときに売主が買主に対して負う責任（民法第562条）。
売買以外の有償契約においても認められます（民法第559条）。
契約不適合責任の内容は、原則として履行の追完の請求ですが、売主が追完を行わないときは代金の減額を請求できます。その他、損害賠償や解除権の行使が売主に認められています（民法第564条）。

危険負担　当事者双方いずれの責任でもない事情で債務を履行することが出来なくなった時の処理を定めたものです（民法第536条）。言

356

用語集

い換えれば債務が履行できなくなるリスク（危険）が発生した
ときにその不利益を債権者、債務者のどちらに課すべきかとい
う問題です。契約書においてはこの危険負担につき民法より不
利な規定が入っていることがあるため注視すべき条項の１つで
す。

手付金 売買契約、請負契約などの契約締結の際に、買主や注文主が交
付する金銭のこと。
民法では、買主は、手付金を放棄して、売主は手付金の倍額を
交付することで、契約を解除できるとされています（民法第557
条）。このような手付を「解約手付」といいます。もっとも一方
が契約の履行に着手すれば、解約することはできなくなります
（民法第557条）。契約違反があれば当然に没収されるという約
束で交付された手付は、「違約手付」といいます。

内金 前払いされた代金額の一部のこと。
手付金とは異なり、内金を放棄したとしても契約の解除ができ
ません。

違約金 予定された損害賠償の金額。
民法上も違約金は賠償額の予定と推定しています（民法第420条
第３項）。違約金に損害賠償額の予定以外の意味を持たせる場
合には、その意味を明記する必要があります。なお、損害額を
予定しない場合には、損害賠償請求をする当事者が、損害額を
証明しなければなりません。

担保 相手方の債務の履行を確保する手段。
抵当権のように特定の物件を対象とする物的担保と、保証人の
ように特定の者の財産全体を引当とする人的担保の２種類があ
ります。

更新 契約期間の満了後、契約の期間を一定期間延長すること。

357

資料編

期限	契約の効力の発生、消滅、債務の履行などを、将来必ず発生する事実にかからせる特約のことをいいます。
期限の利益	期限が到来するまでは、債務を履行する必要はないという利益。代金の分割払債務や貸金の返還債務については、一度でも支払を怠れば期限の利益を喪失するという特約（期限の利益喪失約款）が規定されることがあります。
条件	法律行為の効力の発生、消滅を将来発生するのが不確実な事実にかからせる特約。
停止条件	当該条件が成就した時から法律行為の効力が生じるとされている特約。たとえば、「大学に合格すれば10万円を贈与する」などという契約の場合、「大学に合格すれば」という条件が停止条件となります。
解除条件	当該条件が成就した時から法律行為の効力を失うとされている特約。たとえば、「10万円を贈与するが、大学に合格しなければ返してくれ」などという条件の場合、「大学に合格しなければ」という条件が解除条件となります。
表明保証条項	当事者が、契約締結時における一定の事項について、事実を表明し保証するもの。M&Aや投資契約など、対象となる企業の状態が重要な判断材料となる契約において、多く見られます。
反社会的勢力排除条項	当事者が、反社会的勢力に該当しないことについて、その旨表明し保証するもの。「反社条項」とも呼ばれ、全国各地で暴力団排除条例が施行されて以来、反社会的勢力の排除はコンプライアンス上必要不可欠となっています。
準拠法	契約の効力や解釈を考えるに際し適用されるべき法律。海外取引について必須となる条項の1つです。

用語集

| 知的財産 | 発明、考案、植物の新品種、意匠、著作物その他の人間の創造的活動により生み出されるもの、商標、商号その他事業活動に用いられる商品または役務を表示するものおよび営業秘密その他の事業活動に有用な技術上または営業上の情報（知的財産基本法第 2 条第 1 項）。
いわゆるノウハウも知的財産に位置づけられます。 |

| 知的財産権 | 特許権、実用新案権、育成者権、意匠権、著作権、商標権その他知的財産に関して法令により定められた権利または法律上保護される利益に係る権利（知的財産基本法第 2 条第 2 項）。
知的財産権を保護する法律を総称して知的財産権法といいますが、それぞれの産業の発達、文化の発展、国民経済の健全な発展などを法目的として定められています。知的財産権のうち、特許権、実用新案権、意匠権および商標権を「産業財産権」と呼びます。 |

| 著作権 | 著作権法の保護対象である著作物に関する財産的権利をいい、様々な支分権によって構成される権利（複製権、上演権・演奏権・上映権・公衆送信権等、口述権、展示権、頒布権、譲渡権、貸与権、翻訳権・翻案権、二次的著作物に関する原著作者の権利）の集合体。
著作権は、文化の発展のため、音楽、絵画、小説、映画、ソフトウェア等の著作物を保護することを目的としています。著作物を作り出した人（著作者）が、登録の手続なく創作と同時に自動的に著作権を取得します。著作権は、排他的独占権ですので、第三者の無断使用に対しては、損害賠償請求や、差止請求が可能となります。このため、著作権を第三者が利用する場合には、著作権者に対して事前に利用許諾を求めることになります。なお、著作権の存続期間については、著作権法に規定があります（著作権法第51条から第54条）。 |

| 著作者人格権 | 著作者が、自己の著作物について有している人格的な利益を対象とした権利であり、公表権（著作権法第18条）、氏名表示権 |

359

資料編

（同法第19条）、同一性保持権（同法第20条）を総称した権利。一身専属的な権利であり、相続の対象にならず、譲渡もできません。もっとも著作者の死後は、その遺族に著作者人格権と同内容の権利が発生します（同法第116条第1項）。著作者人格権の侵害に対しては損害賠償請求や、名誉回復請求が可能です。

著作隣接権　既存の著作物という情報を伝達または利用する者である著作隣接権者が著作権法に基づいて保有する権利をいい、実演家、レコード製作者、および有線事業放送事業者に著作権法上与えられた諸権利（実演家の録音権・録画権、放送権・有線放送権、送信可能化権、譲渡権、商業用レコードの貸与権等、放送事業者及び有線事業者の複製権、送信可能化権）。これらの権利を第三者が無断で利用した場合には、損害賠償請求や、差止請求ができます。

特許権　発明につき特許出願および特許審査という手続を経て、特許権が付与されるための要件を満たす場合に成立する権利。
ここにいう「発明」は、自然法則を利用した技術的思想の創作のうち高度なもの、と定義されます（特許法第2条第1項）。特許制度は、このような発明を公開した者に対し、一定の期間その利用についての独占的な権利を付与することによって発明を奨励するとともに、第三者に対しても、この公開された発明を利用する機会を与え、もって産業の発達に寄与しようとするものです。特許権者は、独占的に特許発明を実施することができ、第三者が許諾を得ずに実施した場合に、損害賠償請求および差止請求をすることができます。特許権の存続期間は特許出願の日から20年間ですが、いくつかの例外が設けられています。

商標　文字、図形、記号、立体的形状若しくは色彩またはこれらの結合、音その他政令で定めるものであって、かつ、①業として商品を生産し、証明し、または譲渡する者がその商品について使用をするもの（商品商標）、あるいは、②業として役務を提供し、または証明する者がその役務について使用するもの（役務

360

用語集

商標=サービスマーク）（商標法第 2 条第 1 項）。

商標権　自己の業務に係る商品または役務について使用する商標について、商標の設定登録を受けたものについて発生する権利（商標法第18条第 1 項）。存続期間は10年ですが、存続期間の更新を行うことが可能です。商標権が侵害された場合、差止請求（商標法第36条）、損害賠償請求（商標法第38条、民法第709条）、信用回復措置請求（商標法第39条、特許法第106条）をすることができます。

意匠　物品（物品の部分を含む。）の形状、模倣もしくは色彩またはこれらの結合であって、視覚を通じて美感を起こさせるもの（意匠法第 2 条第 1 項）。

意匠権　業として登録意匠およびこれに類似する意匠を排他的独占的に実施する権利（意匠法第23条）。
設定の登録によって発生します（意匠法第20条）、存続期間は25年です（意匠法第21条）。

実用新案権　物品の形状、構造または組合わせに係る考案（自然法則を利用した技術的思想の創作）を業として実施することができる権利（実用新案法第16条）。実用新案権は、設定の登録により生じるとされています（同法第14条）。

職務発明　会社の従業員、法人の役員、国家公務員または地方公務員（以下「従業員等」という。）の発明であり、使用者、法人、国または地方公共団体（以下「使用者等」という。）の業務範囲に属し、かつ、その発明をするに至った行為がその使用者等における従業員等の現在または過去の職務に属する発明（特許法第35条第 1 項）。

ライセンス契約　知的財産権の権利者から、第三者に、知的財産の実施権等を設定し、あるいは実施等の許諾をすることで対価を取得すること

361

資料編

を目的とする契約。権利者にとっては、権利を保有したまま実
施料収入が得られ、第三者にとっては、研究開発に時間とコス
トをかけずに技術を利用できるという利点があります。相互に
知的財産権の行使を互いに許諾する契約はクロスライセンス契
約といい、相互の技術を安価に実施することができ、また、技
術の共通化も実現できるという利点があります。

M & A　Mergers & Acquisitions（合併と買収）の略。企業の合併や買収
の総称です。合併、会社分割、株式交換、株式移転といった法
的な企業再編手続の他、事業譲渡、株式取得、新株引受け、公
開買付け、MBO（マネジメント・バイ・アウト）、EBO（エンプ
ロイー・バイ・アウト）、LBO（レバレッジド・バイ・アウト）
といった各種の買収手段を広く含む概念です。

事業譲渡　会社が取引行為として、事業を他人に譲渡すること。
会社法の定める事業とは、一定の事業目的のため組織化され、
有機的一体として機能する財産の全部または一部の譲渡であっ
て、譲渡会社がその財産によって営んでいた事業活動を譲受人
に受け継がせ、それによって譲渡会社が法律上当然に、会社法
第21条に定める競業避止義務を負担することになるものとされ
ています。会社法は、株式会社がこのような事業の全部または
重要な一部を譲渡するときは、株主総会の特別決議による承認
を要件としています。

合併　複数の会社が合一して1つの会社になること。
合併には、合併により存続する会社に消滅する会社の権利義務
の全部を承継させる吸収合併と合併により新設する会社に合併
により消滅する複数の会社の権利義務の全部を承継させて当時
会社全てが消滅する新設合併があります。

会社分割　1つの会社（株式会社または合同会社）を複数の会社に分ける
ため、ある会社の事業の全部または一部を他の会社に包括的に
承継させること。

362

会社分割には、既存の会社にその事業に関して有する権利義務の全部または一部を分割後承継させる吸収分割と、会社分割により新設する会社に、事業に関して有する権利義務の全部または一部を承継させる新設分割があります。

株式交換 親会社となることが予定される株式会社の株式やその他の財産と引き換えに、子会社となることが予定されている株式会社の発行済株式の全部を親会社となることが予定されている他の株式会社または合同会社に取得させて、完全親子会社関係を構築する行為。

株式移転 子会社となることが予定される1つまたは複数の株式会社が発行済株式の全部を新たに設立する株式会社に取得させることより完全親子会社関係を構築する行為。

基本合意書 最終契約書の作成に先立ち、予め当事者間において各事項について基本的な合意に達したときにこれを確認するために作成される合意書。M&Aの分野において、M&Aの対象範囲、取引価格、取引形態、独占交渉権の基本的な合意事項や最終契約に至るまでのプロセスを規定するのが一般的です。なお、M&A以外の分野でも使われることがあります。

デュー・ディリジェンス M&A取引の実施にあたり、関連する当事者がM&A取引の実行の可否、取引条件、対象会社の価値等を判断するため、対象会社等の問題点やリスク要素の有無、程度を調査検討する手続。法務、財務、税務、ビジネス、環境、人事、IT等の幅広い分野でのデュー・ディリジェンスが存在しますが、実際は対象会社の事業活動やM&A取引における時間的制約等を考慮しながら重点的に調査検討する分野を選択することになります。

クロージング 決済がなされ、M&Aが成立すること。決済日をクロージング日といいます。M&A以外の契約でも決済の意味で使われることがあります。

363

資料編

NDA ▮ Non-Disclosure Agreement（機密保持契約書）の略

CA ▮ Confidential Agreement（機密保持契約書）の略

株式交付 ▮ 株式会社が他の株式会社をその子会社とするために当該他の株式会社の株式を譲り受け、当該株式の譲渡人に対して当該株式の対価として当該株式会社の株式を交付すること。

カーブアウト ▮ M＆Aその他契約交渉において、一定の事項を除外すること。
例：●●●●を表明保証する。ただし、△△△△を除く。
※企業の一部の事業の切り出しにおいても用いられることがあります。

アライアンス ▮ 複数の企業が互いに協力・提携すること。

管轄 ▮ 各裁判所間の事件分担の定め。

合意管轄 ▮ 当事者の合意によって定まる管轄。合意管轄には専属的合意と付加的合意がある。専属的合意は法定管轄を排除するのに対し、付加的合意は法定管轄に加えて特定の管轄を生じさせるものです。

専属的合意管轄 ▮ 法定管轄の有無を問わずに特定の裁判所にだけ管轄を認める合意により定まる管轄。専属的合意があるにもかかわらず他の裁判所の訴訟を提起した場合には、管轄違いとして合意管轄裁判所に移送がなされます（民事訴訟法第16条）。

執行証書 ▮ 金銭の一定の額の支払またはその他の代替物若しくは有価証券の一定の数量の給付を目的とする請求について公証人が作成した公正証書で、債務者が直ちに強制執行に服する旨の陳述が記載されているもの。確定判決等と同様に民事執行法上の債務名義として強制執行を行う際に用いることができます。

364

用語集

時効の更新	時効期間の進行が一度リセットされ、あらためて時効期間が進行すること。
時効の完成猶予	時効の完成が一定期間だけ猶予されること（先延ばしにされること。）。
EULA	End-User License Agreement（使用許諾契約書や利用許諾契約書）の略
SPA	Stock Purchase Agreement（株式譲渡契約書）の略
SHA	Shareholders Agreement（株主間契約書）の略

資料編

印紙税額一覧表

10万円以下又は10万円以上 …… 10万円は含まれます。
10万円を超え又は10万円未満 …… 10万円は含まれません。

令和6年4月現在

番号	文書の種類（物件名）	印紙税額（1通又は1冊につき）	主な非課税文書
1	**1 不動産、鉱業権、無体財産権、船舶若しくは航空機又は営業の譲渡に関する契約書** （注） 無体財産権とは、特許権、実用新案権、商標権、意匠権、回路配置利用権、育成者権、商号及び著作権をいいます。 （例） 不動産売買契約書、不動産交換契約書、不動産売渡証書など **2 地上権又は土地の賃借権の設定又は譲渡に関する契約書** （例） 土地賃貸借契約書、土地賃料変更契約書など **3 消費貸借に関する契約書** （例） 金銭借用証書、金銭消費貸借契約書など **4 運送に関する契約書** （注） 運送に関する契約書には、傭船契約書を含み、乗車券、乗船券、航空券及び送り状は含まれません。 （例） 運送契約書、貨物運送引受書など	記載された契約金額が 10万円以下のもの　　　　　　　　200円 10万円を超え　50万円以下のもの　400円 50万円を超え　100万円以下　〃　1千円 100万円を超え　500万円以下　〃　2千円 500万円を超え　1千万円以下　〃　1万円 1千万円を超え5千万円以下　〃　2万円 5千万円を超え1億円以下　〃　6万円 1億円を超え　5億円以下　〃　10万円 5億円を超え　10億円以下　〃　20万円 10億円を超え　50億円以下　〃　40万円 50億円を超えるもの　　　　　60万円 契約金額の記載のないもの　　　200円	記載された契約金額が<u>1万円未満（※）</u>のもの ※　第1号文書と第3号から第17号文書とに該当する文書で第1号文書に所属が決定されるものは、記載された契約金額が1万円未満であっても非課税文書となりません。
	上記の1に該当する「不動産の譲渡に関する契約書」のうち、平成26年4月1日から令和9年3月31日までの間に作成されるものは、記載された契約金額に応じ、右欄のとおり印紙税額が軽減されています。 （注） <u>契約金額の記載のないものの印紙税額は、本則どおり200円となります。</u>	記載された契約金額が 50万円以下のもの　　　　　　　200円 50万円を超え　100万円以下のもの　500円 100万円を超え　500万円以下　〃　1千円 500万円を超え　1千万円以下　〃　5千円 1千万円を超え5千万円以下　〃　1万円 5千万円を超え1億円以下　〃　3万円 1億円を超え　5億円以下　〃　6万円 5億円を超え　10億円以下　〃　16万円 10億円を超え　50億円以下　〃　32万円 50億円を超えるもの　　　　　48万円	

印紙税額一覧表

		記載された契約金額が		記載された契約金額が**1万円未満（※）**のもの
2	**請負に関する契約書** （注）　請負には、職業野球の選手、映画（演劇）の俳優（監督・演出家・プロデューサー）、プロボクサー、プロレスラー、音楽家、舞踊家、テレビジョン放送の演技者（演出家、プロデューサー）が、その者としての役務の提供を約することを内容とする契約を含みます。 （例）　工事請負契約書、工事注文請書、物品加工注文請書、広告契約書、映画俳優専属契約書、請負金額変更契約書など	100万円以下のもの　　　　　　200円 100万円を超え 200万円以下のもの　400円 200万円を超え 300万円以下　〃　1千円 300万円を超え 500万円以下　〃　2千円 500万円を超え 1千万円以下　〃　1万円 1千万円を超え 5千万円以下　〃　2万円 5千万円を超え 1億円以下　　〃　6万円 1億円を超え　　5億円以下　〃　10万円 5億円を超え　10億円以下　〃　20万円 10億円を超え　50億円以下　〃　40万円 50億円を超えるもの　　　　　60万円 契約金額の記載のないもの　　　200円		※　第2号文書と第3号から第17号文書とに該当する文書で第2号文書に所属が決定されるものは、記載された契約金額が1万円未満であっても非課税文書となりません。
	上記の「請負に関する契約書」のうち、建設業法第2条第1項に規定する建設工事の請負に係る契約に基づき作成されるもので、平成26年4月1日から令和9年3月31日までの間に作成されるものは、記載された契約金額に応じ、右欄のとおり印紙税額が軽減されています。 （注）　契約金額の記載のないものの印紙税額は、本則どおり200円となります。	記載された契約金額が 200万円以下のもの　　　　　　200円 200万円を超え 300万円以下のもの　500円 300万円を超え 500万円以下　〃　1千円 500万円を超え 1千万円以下　〃　5千円 1千万円を超え 5千万円以下　〃　1万円 5千万円を超え 1億円以下　　〃　3万円 1億円を超え　　5億円以下　〃　6万円 5億円を超え　10億円以下　〃　16万円 10億円を超え　50億円以下　〃　32万円 50億円を超えるもの　　　　　48万円		
3	**約束手形、為替手形** （注）1　手形金額の記載のない手形は非課税となりますが、金額を補充したときは、その補充をした人がその手形を作成したものとみなされ、納税義務者となります。	記載された手形金額が 10万円以上　　100万円以下のもの　200円 100万円を超え 200万円以下　〃　400円 200万円を超え 300万円以下　〃　600円 300万円を超え 500万円以下　〃　1千円 500万円を超え 1千万円以下　〃　2千円 1千万円を超え 2千万円以下　〃　4千円 2千万円を超え 3千万円以下　〃　6千円 3千万円を超え 5千万円以下　〃　1万円		1　記載された手形金額が10万円未満のもの 2　手形金額の記載のないもの 3　手形の複本又は謄本

367

資料編

	2　振出人の署名のない白地手形（手形金額の記載のないものは除きます。）で、引受人やその他の手形当事者の署名のあるものは、引受人やその他の手形当事者がその手形を作成したことになります。	5千万円を超え1億円以下　〃　2万円 1億円を超え　2億円以下　〃　4万円 2億円を超え　3億円以下　〃　6万円 3億円を超え　5億円以下　〃　10万円 5億円を超え　10億円以下　〃　15万円 10億円を超えるもの　　　　　20万円		
	①一覧払のもの、②金融機関相互間のもの、③外国通貨で金額を表示したもの、④非居住者円表示のもの、⑤円建銀行引受手形	200円		
4	**株券、出資証券若しくは社債券又は投資信託、貸付信託、特定目的信託若しくは受益証券発行信託の受益証券** （注）1　出資証券には、投資証券を含みます。 　　　2　社債券には、特別の法律により法人の発行する債券及び相互会社の社債券を含みます。	記載された券面金額が 500万円以下のもの　　　　　　200円 500万円を超え　1千万円以下のもの　1千円 1千万円を超え5千万円以下　〃　2千円 5千万円を超え1億円以下　　〃　1万円 1億円を超えるもの　　　　　　2万円 （注）　株券、投資証券については、1株（1口）当たりの払込金額に株数（口数）を掛けた金額を券面金額とします。	1　日本銀行その他特定の法人の作成する出資証券 2　譲渡が禁止されている特定の受益証券 3　一定の要件を満たしている額面株式の株券の無効手続に伴い新たに作成する株券
5	**合併契約書又は吸収分割契約書若しくは新設分割計画書** （注）1　会社法又は保険業法に規定する合併契約を証する文書に限ります。 　　　2　会社法に規定する吸収分割契約又は新設分割計画を証する文書に限ります。	4万円		

印紙税額一覧表

6	定　款 （注）　株式会社、合名会社、合資会社、合同会社又は相互会社の設立のときに作成される定款の原本に限ります。	4万円	株式会社又は相互会社の定款のうち公証人法の規定により公証人の保存するもの以外のもの
7	継続的取引の基本となる契約書 （注）　契約期間が3か月以内で、かつ、更新の定めのないものは除きます。 （例）　売買取引基本契約書、特約店契約書、代理店契約書、業務委託契約書、銀行取引約定書など	4千円	
8	預金証書、貯金証書	200円	信用金庫その他特定の金融機関の作成するもので記載された預入額が1万円未満のもの
9	倉荷証券、船荷証券、複合運送証券 （注）　法定記載事項の一部を欠く証書で類似の効用があるものを含みます。	200円	
10	保険証券	200円	
11	信　用　状	200円	
12	信託行為に関する契約書 （注）　信託証書を含みます。	200円	
13	債務の保証に関する契約書 （注）　主たる債務の契約書に併記するものは除きます。	200円	身元保証ニ関スル法律に定める身元保証に関する契約書
14	金銭又は有価証券の寄託に関する契約書	200円	
15	債権譲渡又は債務引受けに関する契約書	記載された契約金額が1万円以上のもの　200円 契約金額の記載のないもの　200円	記載された契約金額が1万円未満のもの

369

16	配当金領収証、配当金振込通知書	記載された配当金額が3千円以上のもの　200円 配当金額の記載のないもの　　　　　　　200円	記載された配当金額が3千円未満のもの
17	1　売上代金に係る金銭又は有価証券の受取書 （注）1　売上代金とは、資産を譲渡することによる対価、資産を使用させること（権利を設定することを含みます。）による対価及び役務を提供することによる対価をいい、手付けを含みます。 2　株券等の譲渡代金、保険料、公社債及び預貯金の利子などは売上代金から除かれます。 （例）　商品販売代金の受取書、不動産の賃貸料の受取書、請負代金の受取書、広告料の受取書など	記載された受取金額が 100万円以下のもの　　　　　　　　　200円 100万円を超え　200万円以下のもの　400円 200万円を超え　300万円以下　〃　　600円 300万円を超え　500万円以下　〃　　1千円 500万円を超え　1千万円以下　〃　　2千円 1千万円を超え2千万円以下　〃　　　4千円 2千万円を超え3千万円以下　〃　　　6千円 3千万円を超え5千万円以下　〃　　　1万円 5千万円を超え1億円以下　　〃　　　2万円 1億円を超え　　2億円以下　　〃　　4万円 2億円を超え　　3億円以下　　〃　　6万円 3億円を超え　　5億円以下　　〃　　10万円 5億円を超え　　10億円以下　　〃　　15万円 10億円を超えるもの　　　　　　　　20万円 受取金額の記載のないもの　　　　　　200円	次の受取書は非課税 1　記載された受取金額が5万円未満のもの 2　営業に関しないもの 3　有価証券、預貯金証書など特定の文書に追記した受取書
	2　売上代金以外の金銭又は有価証券の受取書 （例）　借入金の受取書、保険金の受取書、損害賠償金の受取書、補償金の受取書、返還金の受取書など	200円	
18	預金通帳、貯金通帳、信託通帳、掛金通帳、保険料通帳	1年ごとに　　　　　　　　　　　　　200円	1　信用金庫など特定の金融機関の作成する預貯金通帳 2　所得税が非課税となる普通預金通帳など 3　納税準備預金通帳

印紙税額一覧表

19	消費貸借通帳、請負通帳、有価証券の預り通帳、金銭の受取通帳などの通帳 （注）　18に該当する通帳を除きます。	1年ごとに	400円
20	判取帳	1年ごとに	4千円

371

●執筆者紹介●

五島　洋（ごしま　ひろし）

大阪府出身　岡山大学法学部卒業

同志社大学大学院法学研究科公法学専攻博士前期課程修了

1998年弁護士登録　弁護士法人飛翔法律事務所パートナー弁護士

一般社団法人関西 IPO チャンスセンター代表

特定非営利活動法人同志社大学産官学連携支援ネットワーク理事長

株式会社ケー・エフ・シー社外監査役、他の法人でも社外取締役・社外監査役を兼任

大阪公立大学社会人大学院で「M & A 論」の非常勤講師

M & A・事業承継・start-up 支援（IPO 法務を含む）・ファンド組成を含むファイナンス法務・人事労務等の企業法務を手掛ける。

濱永　健太（はまなが　けんた）

大分県出身　岡山大学法学部卒業、立命館大学法務研究科法曹養成専攻修了

2009年弁護士登録　弁護士法人飛翔法律事務所パートナー弁護士

株式会社スタートライン社外監査役

公益財団法人大阪産業局　大阪産業創造館　経営サポーター

景品表示法、特定商取引法、消費者契約法等の BtoC 取引分野を得意とする。また、各種契約書作成・チェック、不動産に関する紛争対応、人事・労務に関する予防・紛争、相続・遺言に関する対応も多く手掛ける。

執筆者紹介

江崎　辰典（えさき　たつのり）

佐賀県出身　立命館大学法学部卒業、立命館大学法務研究科法曹養成専攻修了

2010年弁護士登録　弁護士法人飛翔法律事務所パートナー弁護士

一般社団法人関西IPOチャンスセンター理事

各種契約書チェック（印紙税の確認等を含む）・作成、利用規約に関する相談とともに、人事労務分野に関する案件対応、M＆Aを数多く手掛ける。その他、事業再生や相続・遺言に関する案件も比較的多く手掛けている。

吉田　尚平（よしだ　しょうへい）

京都府出身　大阪大学法学部卒業、立命館大学法務研究科法曹養成専攻修了

2011年弁護士登録　弁護士法人飛翔法律事務所パートナー弁護士

一般社団法人関西IPOチャンスセンター理事

契約書作成及びチェック（ファイナンス関連・M＆A関連を含む）、企業法務（スタートアップを含む）を中心に幅広い分野の業務を行う。社外監査役業務や大学における研究倫理審査委員や内部通報窓口対応などコンプライアンスに関連する業務も行っている。

三島　大樹（みしま　だいき）

兵庫県出身　京都大学法学部卒業

京都大学大学院法学研究科法曹養成専攻修了

2014年弁護士登録　弁護士法人飛翔法律事務所パートナー弁護士

企業からの法律相談、契約書の作成やリーガルチェックを数多く行っている。その他、知的財産法やM＆A、株主総会対応、債権回収、不動産関係訴訟等、企業法務を中心に幅広く手掛けている。

大原　滉矢（おおはら　ひろや）

大阪府出身　京都大学法学部卒業

京都大学大学院法学研究科法曹養成専攻修了

2019年弁護士登録　弁護士法人飛翔法律事務所アソシエイト弁護士

各種契約書チェック業務のほか、不動産、労働法務、M＆A関連法務をはじめとして、精力的に企業法務に取り組む。そのほか、契約書関連業務をはじめとして、企

執筆者紹介

業法務にまつわる様々なセミナーも手掛けている。

田村　泰暉

大阪府出身　同志社大学法学部卒業

京都大学大学院法学研究科法曹養成専攻修了

2023年弁護士登録　弁護士法人飛翔法律事務所アソシエイト弁護士

各種契約書チェック、Ｍ＆Ａ、不動産、債権回収等の企業法務案件を多く取扱う一方で、相続、離婚、交通事故等の事件も幅広く手掛けている。

●おわりに●

　私ども弁護士法人飛翔法律事務所は、クライアントの皆様が紛争に巻き込まれることなく、日々の経済活動に注力していただけるよう、日頃より、予防法務に重きを置いたリーガルサービスの提供を心掛けてまいりました。中でも、契約書チェック業務は、経済活動のリスクヘッジそのものと言っても過言ではないことから、私どもは予防法務の基礎である契約書チェックの技術に関し、日々研究と実践に努めてまいりました。本書は、そうした私どもの日々の業務の中で培った知見を読者の皆様に共有させていただくことで、ささやかながら皆様の健やかな経済活動の一助となればとの思いから執筆させていただいたものとなります。本書は弊所のクライアントに限らず、幅広い皆様にお使いいただくことを想定しておりますので、ぜひとも皆様が紛争に巻き込まれないようにするためのツールとしてお使いいただけますと幸甚です。

　本書の上梓にあたりましては、私どもがこれまで出版してきた書籍のコンセプトは堅持しつつも、さらなる利便性の追求のため、章立ての思い切った再構成や、契約書書式・チェックポイントの拡充、新たな章を追加する試みなどを行いました。また書籍のレイアウト等の形式面においても、より読みやすさを重視した変更がなされております。

　本書の解説を参考にしていただき、皆様の契約書がブラッシュアップされることや、契約書によるリスクヘッジが実現されることを願ってやみません。契約書の確認をなさる際に横に置いて使っていただくことで、ぜひとも本書の良さを実感していただければと思います。特に、本書は、契約書チェック業務に長らく従事されたベテランの皆様にとっても、有益な記載を心掛けて執筆いたしました。私どもの作成した条項例や、各当事者の立場に立った変更例の記載は、一定の年次を経た方々にとって、有益なものであると自負しております。どうぞ「登り切ったあとには捨てねばならぬ梯子」と

375

おわりに

お思いにならず、末永くお手元に置いていただき、何度もご参照いただけますと幸いです。
　本書をお使いになる皆様が契約書の充実により、紛争を回避され、益々ご発展なされることを心より祈念しております。

　　　　　2024年10月　著者を代表して
　　　　　弁護士法人飛翔法律事務所　パートナー弁護士　五島　洋

事項索引

あ行

意思表示　29, 34, 37, 51, 52, 70, 75, 112, 260, 277, 329, 348, 355, 356

印鑑証明書　117, 118, 351

か行

解除　7, 8, 15, 16, 37, 70, 71, 72, 73, 74, 75, 76, 77, 83, 86, 88, 95, 96, 98, 118, 119, 120, 128, 135, 137, 144, 154, 156, 161, 168, 188, 190, 210, 211, 213, 216, 224, 225, 235, 238, 242, 243, 252, 262, 263, 280, 315, 328, 330, 331, 332, 334, 335, 336, 344, 355, 356, 357, 358

解約事由　70, 71, 73

価格　5, 124, 125, 128, 157, 158, 159, 164, 165, 166, 167, 185, 186, 229, 244, 245, 260, 322, 323, 333, 349, 363

価格変更　165, 166, 167

確定日付　114

管轄裁判所　8, 14, 15, 38, 39, 105, 106, 107, 108, 109, 211, 225, 239, 264, 281, 300, 316, 337, 364

期限の利益喪失　88, 90, 274, 275, 276, 277, 279, 358

危険負担　5, 136, 137, 154, 155, 156, 158, 356, 357

基本原則　46, 47, 48

記名押印　4, 8, 28, 29, 30, 32, 33, 35, 50, 110, 111, 112, 116, 118, 129, 130, 211, 222, 225, 239, 264, 281, 300, 316, 337, 349, 351, 353

クレーム処理　38, 52, 53

契約終了後の措置　337

契約書変更　4

契約締結日　28, 85, 91, 92, 93, 111, 112, 113, 114, 207, 239, 260, 261, 296, 297, 300, 315, 322, 324, 328, 329, 333

契約不適合責任　5, 10, 11, 17, 20, 54, 132, 142, 143, 144, 145, 146, 147, 148, 150, 186, 213, 217, 218, 219, 225, 356

検査　4, 5, 9, 10, 11, 17, 19, 133, 134, 135, 136, 137, 138, 140, 141, 142, 143, 144, 145, 146, 147, 152, 153, 154, 155, 156, 159, 197, 198, 199

検査（検収）期間　134, 135, 136, 156

検索の抗弁権　270, 271

検査終了　5, 10, 11, 17, 19, 134, 135, 136, 137, 138, 143, 144, 145, 146, 147, 152, 153, 154, 155, 156

原本　33, 110, 111, 114, 350, 351, 369

権利義務の譲渡制限　61

権利の帰属　172, 173, 208

合意管轄　8, 14, 15, 38, 101, 103, 105, 106, 107, 108, 109, 211, 225, 239, 264, 281, 300, 316, 337, 364

後文　109, 111, 112, 114

個人情報　27, 28, 64, 65, 66, 209, 210, 295

個別契約　4, 6, 7, 8, 11, 12, 13, 14, 15, 16, 33, 43, 50, 51, 71, 85, 87, 88, 96, 105, 106, 121, 122, 123, 124, 125, 126, 127, 128, 135, 137, 168, 224, 274, 275, 279, 349

個別契約書　43, 124

さ行

債権譲渡　62, 63, 369

377

事項索引

在庫確保　182, 183, 184
在庫期間　184
催告の抗弁権　270, 271
最終合意確認　4, 48, 49
債務引受　62, 63, 369
債務不履行　14, 69, 70, 71, 72, 74, 80, 85, 86, 124, 127, 128, 137, 138, 142, 144, 145, 149, 150, 187, 189, 190, 193, 213, 216, 224, 225, 274, 277, 294, 341, 344
債務不履行責任　14, 124, 127, 128, 137, 138, 142, 145, 149, 150, 189, 193, 213, 341
産業財産権　169, 171, 172, 359
支給　76, 156, 157, 158, 159, 160, 162
自己の財産に対するのと同一の注意　141, 142
実印　116, 117, 118, 351
自動更新　29, 92, 297, 329, 330
支払　5, 12, 13, 55
支払日　5, 12, 13, 20, 55, 56
締め日　55, 56, 136
重過失　78, 80
収入印紙　27, 34, 111, 340, 342, 343, 344, 345, 346, 350, 352
準拠法　101, 211, 300, 358
仕様　128, 129, 130, 131, 132, 133, 134, 170, 171, 172, 173, 175, 193, 207, 208, 215, 216
消費税　164, 165, 195, 207, 260, 322, 323, 333, 334
消費税の総額表示　165
署名押印　110, 111, 112, 116, 117, 118, 281, 345
所有権の移転　5, 152, 153
信義誠実の原則（信義則）　46, 47, 48, 225
人的担保　87, 89, 153, 270, 357
請求書　13, 55, 56, 195, 196
製造物責任　54, 148, 149, 150, 151, 152

善管注意義務　140, 142, 213, 355
専属管轄　106
専属的管轄合意　106, 108
前文　44, 45, 46
相殺　57, 58, 59, 87, 151, 262
相殺予約　59
損害賠償　6, 7, 8, 11, 14, 15, 16, 54, 64, 71, 72, 74, 77, 78, 79, 80, 85, 87, 126, 128, 143, 144, 145, 146, 148, 150, 162, 169, 170, 175, 184, 187, 189, 190, 210, 211, 213, 224, 225, 280, 288, 292, 293, 294, 295, 296, 297, 300, 327, 328, 336, 344, 356, 357, 359, 360, 361, 370

た行

貸与　76, 77, 159, 160, 161, 162, 163, 209
貸与品の返還　77, 162
担当者　39, 50, 51, 52, 66, 312, 313
担保提供　62, 63, 64, 87, 88, 89, 91, 158
遅延損害金　6, 36, 59, 60, 61, 261, 267, 268, 269, 274, 275, 279
知的財産権　15, 83, 167, 168, 169, 170, 171, 172, 177, 180, 299, 308, 311, 312, 314, 315, 321, 325, 359, 361, 362
知的財産権の取扱い　171
知的財産権非侵害の保証　167
注文請書　4, 13, 123, 124, 125, 349, 367
注文書　4, 13, 14, 122, 123, 124, 343, 349
通常損害　80
手形　7, 57, 71, 72, 210, 238, 262, 272, 274, 275, 276, 280, 336, 367, 368
適用法令　83, 101, 103
当事者の表示　111, 112, 114, 117
独占禁止法　128, 171, 174, 175, 176, 177, 229

378

事項索引

特別裁判籍　107
特別採用　5, 38, 137, 138, 139, 140
特別損害　79, 80
土地管轄　106, 107

な行

任意解約　6, 69, 70
任意管轄　106
納期遅れ　11, 79, 126, 127, 128
納期の変更　129, 130
納入　4, 5, 10, 11, 12, 47, 124, 125, 126, 127,
　128, 129, 130, 131, 132, 133, 135, 136, 137,
　138, 139, 140, 141, 142, 143, 144, 147, 148,
　149, 154, 155, 156, 158, 220, 222, 223, 224
納入時期（納期）　125, 126, 127
納入態様　127
納入場所　11, 125, 126, 127
納入費用　125, 126, 127

は行

賠償制限　14, 54, 78
バックデート　93, 94, 111, 113
PL 法　148, 149
PL 保険　152
引渡時期　124, 125
秘密情報　45, 159, 223, 282, 283, 284, 285,
　286, 287, 288, 290, 291, 292, 294, 295, 296,
　297, 298, 299, 314
秘密保持　6, 65, 83, 173, 176, 208, 209, 210,
　223, 237, 282, 284, 286, 287, 288, 289, 290,
　291, 292, 295, 296, 297, 298, 299, 300, 314,
　335
表題　42, 43, 348

品質保証　9, 131, 132, 133
不合格品の返還　140, 141
不公正な取引方法　174, 175, 177
普通裁判籍　107
物的担保　87, 89, 270, 273, 357
振込手数料　6, 12, 13, 20, 55, 57, 195, 207,
　214, 222, 236, 260, 322, 324, 333
返還費用の分担　77
弁護士費用　14, 54, 78, 79, 80, 81, 149, 151,
　168, 170, 293, 294, 295, 300
法定利息　36, 60
法の適用に関する通則法　102
補充性　271
補修部品　185, 186, 187
保証金　84, 85, 86, 89, 153, 257, 261, 262
保証人　265, 269, 270, 271, 272, 273, 357

ま行

増担保請求　88, 90
無催告解除　72

や行

予告解約　69
予告期間　6, 69, 70, 91, 92, 205, 206, 207,
　252, 253, 254

ら行

履行遅滞　35, 128, 188, 190
「流通・取引慣行に関する独占禁止法上の
　指針」　177
連帯保証人　30, 87, 89, 110, 116, 117, 118,
　259, 269, 270, 271, 272, 277, 278

379

実務必携　契約書チェックマニュアル

2024年12月20日　初版第1刷発行

編　　者　　弁護士法人 飛翔法律事務所

発 行 者　　石 川 雅 規

発 行 所　　株式会社 商 事 法 務
　　　　　　〒103-0027 東京都中央区日本橋3-6-2
　　　　　　TEL 03-6262-6756・FAX 03-6262-6804〔営業〕
　　　　　　TEL 03-6262-6769〔編集〕
　　　　　　https://www.shojihomu.co.jp/

落丁・乱丁本はお取り替えいたします。　　　　印刷／三報社印刷㈱
© 2024 Hisho Legal Professional Corporation　Printed in Japan
　　　　　　　　　Shojihomu Co., Ltd.
　　　　ISBN978-4-7857-3126-7
　　　＊定価はカバーに表示してあります。

JCOPY ＜出版者著作権管理機構 委託出版物＞
本書の無断複製は著作権法上での例外を除き禁じられています。
複製される場合は、そのつど事前に、出版者著作権管理機構
（電話 03-5244-5088、FAX 03-5244-5089、e-mail：info@jcopy.or.jp）
の許諾を得てください。